D1937204

MANESSE BIBLIOTHEK DER WELTLITERATUR

GÄRTEN

■

TEXTE AUS DER WELTLITERATUR

Herausgegeben
von Anne Marie Fröhlich

Mit 20 Illustrationen

MANESSE VERLAG
ZÜRICH

HUGO VON HOFMANNSTHAL

1874–1929

■

Gärten

Es ist ganz gleich, ob ein Garten klein oder groß ist. Was die Möglichkeiten seiner Schönheit betrifft, so ist seine Ausdehnung so gleichgültig, wie es gleichgültig ist, ob ein Bild groß oder klein, ob ein Gedicht zehn oder hundert Zeilen lang ist. Die Möglichkeiten der Schönheit, die sich in einem Raum von fünfzehn Schritt im Geviert, umgeben von vier Mauern, entfalten können, sind einfach unmeßbar. Es können im Hof eines Bauernhauses eine alte Linde und ein gekrümmter Nußbaum beisammenstehen und zwischen ihnen im Rasen durch eine Rinne aus glänzenden Steinen das Wasser aus dem Brunnentrog ablaufen, und es kann ein Anblick sein, der durchs Auge hindurch die Seele so ausfüllt wie kein Claude Lorrain. Ein einziger alter Ahorn adelt einen ganzen Garten, eine einzige majestätische Buche, eine einzige riesige Kastanie, die die halbe Nacht in ihrer Krone trägt. Aber es müssen nicht große Bäume sein, sowenig als auf einem Bild ein dunkelglühendes Rot oder ein prangendes Gelb auch nur an einer Stelle vorkommen muß. Hier wie dort hängt die Schönheit nicht an irgendeiner Materie, sondern an den nicht auszuschöpfenden Kombinationen der Materie. Die

Japaner machen eine Welt von Schönheit mit der Art, wie sie ein paar ungleiche Steine in einen samtgrünen, dicken Rasen legen, mit den Kurven, wie sie einen kleinen kristallhellen Wasserlauf sich biegen lassen, mit der Kraft des Rhythmus, wie sie ein paar Sträucher, wie sie einen Strauch und einen zwerghaften Baum gegeneinanderstellen, und das alles in einem offenen Garten von soviel Bodenfläche wie eines unserer Zimmer. Aber von dieser Feinfühligkeit sind wir noch weltenweit, unsere Augen, unsere Hände (auch unsere Seele, denn was wahrhaft in der Seele ist, das ist auch in den Händen). Immerhin kommen wir allmählich wieder dorthin zurück, wo unsere Großväter waren oder mindestens unsere naiveren Urgroßväter: die Harmonie der Dinge zu fühlen, aus denen ein Garten zusammengesetzt ist: daß sie untereinander harmonisch sind, daß sie einander etwas zu sagen haben, daß in ihrem Miteinanderleben eine Seele ist, so wie die Worte des Gedichtes und die Farben des Bildes einander anglühen, eines das andere schwingen und leben machen.

Ein alter Garten ist immer beseelt. Der seelenloseste Garten braucht nur zu verwildern, um sich zu beseelen. Es entsteht unter diesen schweigenden grünen Kreaturen ein stummes Suchen und Fliehen, Anklammern und Ausweichen, eine solche Atmosphäre von Liebe und Furcht, daß es fast beklemmend ist, unter ihnen allein zu sein. Und doch sollte es nichts Beseelteres geben als einen kleinen

Garten, in dem die lebende Seele seines Gärtners webt. Es sollte hier überall die Spur einer Hand sein, die zauberhaft das Eigenleben aller dieser stummen Geschöpfe hervorholt, reinigt, gleichsam badet und stark und leuchtend macht. Der Gärtner tut mit seinen Sträuchern und Stauden, was der Dichter mit den Worten tut: er stellt sie so zusammen, daß sie zugleich neu und seltsam scheinen und zugleich auch wie zum erstenmal ganz sich selbst bedeuten, sich auf sich selbst besinnen. Das Zusammenstellen oder Auseinanderstellen ist alles: denn ein Strauch oder eine Staude ist für sich allein weder hoch noch niedrig, weder unedel noch edel, weder üppig noch schlank: erst seine Nachbarschaft macht ihn dazu, erst die Mauer, an der er schattet, das Beet, aus dem er sich hebt, geben ihm Gestalt und Miene. Dies alles ist ein rechtes ABC, und ich habe Furcht, es könnte trotzdem scheinen, ich rede von raffinierten Dingen. Aber ein jeder Blumengarten hat die Harmonie, die ich meine: seine Pelargonien im Fenster, seine Malven am Gatter, seine Kohlköpfe in der Erde, das Wasser dazwischenhin, und, weil das Wasser schon da ist, Büschel Schwertlilien und Vergißmeinnicht dabei, und, wenn's hochkommt, neben dem Basilikum ein Beet Federnelken; das alles ist einander zugeordnet und leuchtet eins durchs andere. Gleicherweise hat jeder ältere Garten, der zu einem bürgerlichen oder adeligen Haus gehört, seine Harmonie, ich rede von Gärten, die heute mehr als sechzig

Jahre alt sind: da hat jeder größere Baum seinen Frieden um sich und streut seinen Schatten auf einen schönen stillen Fleck oder auf einen breiten, geraden, rechtschaffenen Weg, die Blumen sind dort, wo sie wollen und sollen, als hätte die Sonne selbst sie aus der Erde hervorgeglüht, und der Efeu hat sich mit jedem Stück Holz und Mauer zusammengelebt, als könnte eins ohne das andere nicht sein. Das ist aber nicht bloß der edle Rost, den die Zeit über die angefaßten Dinge bringt, sondern auch die Anlage, deren selbstsichere Simplizität die paar Elemente der ganzen Kunst in sich hält.

Es hat nicht jeder einen alten Garten bei seinem Hause, und wer heute baut, soll nicht einen alten Garten kopieren, sondern ihm seine paar Wahrheiten ablernen. Wer heute einen Garten anlegt, hat eine feinfühligere Zeit darin auszudrücken, als die unserer Urgroßväter Anno Metternich und Bäuerle* war. Er hat eine so merkwürdige, innerlich schwingende, geheimnisvolle Zeit auszudrücken, als nur je eine war, eine unendlich beziehungsvolle Zeit, eine Zeit, beladen mit Vergangenheit und bebend vom Gefühl der Zukunft, eine Generation, deren Sensibilität unendlich groß und unendlich unsicher und zugleich die Quelle maßloser Schmerzen und unberechenbarer Beglückungen ist. Irgendwie wird er mit der Anlage dieses Gartens seine stumme Biographie schreiben, so wie er sie mit der

* Metternichs Zeitgenosse Adolf Bäuerle (1784–1859) gilt als Meister der gemütlich-witzigen Wiener Lokalposse.

Zusammenstellung der Möbel in seinen Zimmern schreibt. Der Ausgleich zwischen dem Bürgerlichen und dem Künstlerischen (es gibt im Grunde nichts, was dem Dichten so nahesteht, als ein Stück lebendiger Natur nach seiner Phantasie umzugestalten), der Ausgleich zwischen dem Netten und dem Pittoresken, der Ausgleich zwischen dem Persönlichen und der allgemeinen Tradition, dies alles wird unseren neuen Gärten ihre nie zu verwischenden Physiognomien geben. Sie werden da sein und werden ganz etwas Bestimmtes sein, eine jener Chiffern, die eine Zeit zurückläßt für die Zeiten, die nach ihr kommen. Es werden Gärten sein, in denen die Luft und der freigelassene Raum eine größere Rolle spielen wird als in irgendwelchen früheren Zeiten. Nichts wird ihre ganze Atmosphäre so stark bestimmen als die überall fühlbare Angst vor Überladung, eine vibrierende, nie einschlafende Zurückhaltung und eine schrankenlose Andacht zum Einzelnen. Es wird unendlich viel freie Luft nötig sein, um diesem Trieb für das Einzelne so stark nachzuhängen, als er mächtig sein wird. Denn er wird zunächst die ganze Sensibilität dessen ausfüllen, der einen Garten anlegt. Fürs erste wird nichts da sein als ein unendlicher Hunger und Durst nach dem Erfassen der einzelnen Elemente der Schönheit. Man wird sich besinnen, daß man niemals den einzelnen Strauch genossen hat, niemals die einzelne Staude, niemals die einzelne Blume, kaum jemals den einzelnen Baum. Denn immer hatte die Gruppe den einzeln blühenden Strauch verschlungen, das Boskett alles zu einem formlosen Knäuel von Grün vermengt. Die Reaktion gegen diesen gärtnerischen Begriff der «Gruppe» wird heftig sein und von unberechenbarer Fruchtbarkeit, denn man wird erkennen, daß die «Gruppe» den ganzen Reiz der individuellen und so bestimmten Formen verschluckt hat, um an seine Stelle ihre eigenen schablonenhaften Formen zu setzen.

Die Gärtner der neuen Gärten aber werden für sich mit Leidenschaft zunächst die einfachsten Elemente, die geometrischen Elemente der Schönheit, wiedererobern. Dieser Leidenschaft wird fürs erste alles andere weichen, selbst das Bedürfnis nach Schatten. Man möchte schon heute wünschen, es möge die Periode nicht zu kurz sein, in der eine frisch geweckte Feinfühligkeit sich satt trinkt an der Schönheit des Einzelnen: die gefühlte Form eines überhängenden Busches, die gefühlte Form des noch blütenlosen Schaftes der Taglilie, die gefühlten Formen der einzelnen Rispe, der einzelnen Staude, des einzelnen Blümchens, gefühlt mit der äußersten Intimität des Mannes, der jeden Keim in seinem Garten kennt, an jedes glänzende Blatt mit dem Auge gerührt, jeden jungen Trieb in zarten Fingern gewogen und um seine Kraft gefragt hat: auf diesen Elementen wird die zarte, zurückhaltende Harmonie des neuen Gartens ruhen, und die Farbe wird nur das Letzte an Glanz hineinbringen wie das Auge in einem Gesicht. Eine

Der Gärtner betrachtet eine Lilie
Radierung von Jacques Callot (1592–1635)

nie aussetzende respektvolle Liebe für das Einzelne wird immer das Besonderste an diesem Garten sein. Nicht leicht wird sich die Farbe eines leuchtenden Beetes wiederholen, und ein schön blühender Strauch wird nirgends da und dort seinen Zwillingsbruder haben.

Ich weiß nicht, was bedeutender und schöner sein kann, als wenn den noch mächtigen, starrenden Strunk eines abgestorbenen Baumes eine wuchernde Rose oder eine dunkelrote Klematis überspinnt; dies ist ein Anblick, in dem etwas Sentimentales sich mit einem ganz primitiven Vergnügen mischt, das Tote vom Leben zugedeckt zu sehen. Aber wenn ich das in einem Garten dreimal finde, so ist es degradiert, und mir wäre lieber, man hätte den Strunk ausgehauen und die Rose an der Stallmauer hinaufgezogen. Ich weiß aus der Zeit, da ich fünf Jahre alt war, was für die Phantasie eines Kindes der Strauch mit den fliegenden Herzen ist. Wären ihrer sechs davon in dem Garten gewesen statt des einen, der in einer Ecke stand, unweit eines alten, unheimlichen Bottichs, unter dem die Kröte wohnte, aus den sechs hätte ich mir wenig gemacht: der eine war mir wie der Vertraute einer Königstochter. Wir dürfen in diesen Dingen keine abgestumpftere Phantasie haben als ein fünfjähriges Kind und müssen fühlen, wie die Vielzahl ein Zaubermittel ist, das wir brauchen dürfen, um den Rhythmus zu schaffen, das aber alles verdirbt, wo wir sie gedankenlos wuchern lassen.

FRANCISCO AYALA

geb. 1906

■

Unser Garten

In der Mitte unter der mit blühenden Topfpflanzen gekrönten Balustrade das runde Wasserbecken mit dem Springbrunnen; daneben auf dem Boden der rot und blau bemalte Spielzeugreifen, den ein Mädchen eben hat fallen lassen. Zwei Kreise, der Reifen und der Brunnen, einer ziemlich klein und der andere recht groß, liegen im Sand. Ich sehe sie als Kreise und weiß gleichwohl, daß es eigentlich Ovale sind; die Hand, die sie auf die Leinwand malte, verstand es so – eine Frage der Perspektive –, Kreise vorzutäuschen.

Die Zeit steht still in unserem Garten. Nach einer Ewigkeit habe ich ihn kürzlich wieder einmal gesehen. Jetzt hängt das Bild bei einem meiner Brüder am andern Ufer des Atlantiks; als ich ihn neulich besuchte, habe ich es wieder betrachtet: das Bild unseres Gartens mit seinem zeitlosen Frieden. Ich habe es in aller Muße angesehen (ich habe jetzt immer alle Muße, denn ich bin auch schon auf der andern Seite), genau wie ich es damals als Kind mit dem ganzen Leben vor mir in aller Muße angeschaut hatte.* Im Hintergrund die Balustrade mit

* In Granada geboren, verbrachte Ayala die Jahre des Spanischen Bürgerkriegs in Buenos Aires und in den USA. Das

den Geranientöpfen darauf, einer dicht neben dem andern; in der Mitte das Becken mit dem grünlichen Wasser und dem kleinen Springbrunnen; auf der rechten Seite neigt sich ein Mädchen mit einem gürtellosen Kleid, einer Art Ärmelschürze, über das Brunnenbecken; links plaudern oder lesen drei Frauen in Korbsesseln.

«Wer ist dieses Mädchen? Sag es mir, Mama.»

«So oft habe ich es dir schon gesagt, Kind: dieses Mädchen ist deine Kusine Laura. Das Gesicht kannst du zwar kaum sehen, aber schau einmal ihren blonden Zopf an.»

«Die Kusine Laura hat keinen Zopf. Die Kusine Laura ist eine Frau; und das hier ist ein Kind.»

«Wie halsstarrig du bist! Wie oft muß ich dasselbe wiederholen? Als ich das Bild malte, war Laurita etwa so alt, wie du jetzt bist, und du, mein Herzkäfer, warst noch nicht einmal auf der Welt.»

Es war aber nicht Halsstarrigkeit meinerseits; ich hatte es einfach gern, wenn sie mir Sachen erzählte, und zu diesem Zweck mußte ich es in Kauf nehmen, ihre Geduld auf die Folter zu spannen. Ich wollte immer und immer wieder das gleiche von ihr hören. Ich ließ ihr ein bißchen Zeit und machte eine Pause, denn ich fürchtete, sie zu verdrießen, aber dann hakte ich von neuem ein: «Sag mir, war dieser Reifen wirklich mit roten und blauen Streifen bemalt, wie man hier sieht? Es war

---

Bild des Familiengartens, das die Mutter gemalt hatte, nahm später sein Bruder nach Amerika mit.

ein großer Reifen, nicht wahr? Ich will die Kusine Laura fragen, ob sie ihn immer noch zu Hause hat. Es kann ja sein, daß sie ihn aufbewahrt; und wenn sie ihn noch hat, dann schenkt sie ihn mir vielleicht.»

«Sei nicht so einfältig! Wieso soll sie ihn noch haben! Laurita ist jetzt eine Frau, und sie denkt doch nicht mehr an Spielzeugreifen.»

Aber ich ließ nicht locker: «Ich möchte gern wissen, wo dieser schöne Reifen hingekommen ist.»

«Wer weiß, mein Kind. Alles geht verloren. Ich habe dir schon gesagt, daß unser Haus verkauft wurde, als dein Großvater starb. Der Reifen! Wer weiß!»

Unseren Garten hatte ich immer nur auf diesem Bild gemalt gesehen. Wirklich gesehen habe ich ihn nie; aber wie oft habe ich in meiner Umgebung gesprächsweise Anspielungen auf diesen Garten gehört! Fast immer, um seine Vorzüge gegenüber unserem jetzigen herauszustreichen, der viel kleiner, enger und weniger fröhlich ist. Ich hatte mir so sehnlich gewünscht, einmal hineingehen zu dürfen, nur ein Weilchen, oder wenigstens einen Blick hineinzuwerfen, in unseren Garten!

«Mama, sag mir: könntest du mich nicht einmal zum Garten mitnehmen, damit ich hineinschauen kann?»

«Wozu willst du ihn sehen?» scherzte sie. «Damit du siehst, was alles falsch ist auf dem Bild, und du mich dauernd mit deinen Fragen bestürmen kannst?»

«Etwas möchte ich dich noch fragen, Mama: du hast doch gesagt, eine von den Frauen, die da sitzen, die mit dem Buch in der Hand, seist du. Aber wie konntest du dich selbst beim Lesen malen? Von wo aus maltest du denn? Ich verstehe das nicht. Wie konntest du dich selbst sehen, um dich mit dem Buch in der Hand zu malen?»

«Ich habe dir ja gesagt, daß ich mich aus dem Gedächtnis malte. Als ich mich selbst malte, saß niemand auf dem Stuhl. Deine Kusine Laura und Esperanza hatte ich schon gemalt. Dann malte ich noch mich selbst aus dem Gedächtnis ... Außerdem, Dummerchen, sind das gar keine Porträts: das sind einfach drei Frauen. Es sind einfach drei kleine Figuren auf dem Bild. Drei Frauengestalten, einfach irgendwelche.»

Eine Weile schwieg ich, dann fing ich wieder an: «Könntest du mich nicht einmal mitnehmen, damit ich den Garten sehen kann?»

«Aber du weißt doch, Kind, daß der Garten und das Haus jetzt andern Leuten gehören. Wir können nicht einfach hingehen und fremde Leute belästigen.»

Ich muß wohl ein so untröstliches Gesicht gemacht haben, daß sie schnell hinzufügte: «Immerhin, vielleicht bietet sich einmal eine günstige Gelegenheit, und wir können um Erlaubnis fragen, ob wir einen Blick in den Garten werfen dürfen.»

Die Gelegenheit bot sich nie. Eines Abends kamen wir von einem Ausflug in die Umgebung zurück, als die Kirschbäume schwer mit Früchten behangen waren. Ich rannte hinter meinem Reifen her, einem ganz gewöhnlichen unbemalten Reifen, aber er rollte gut, und ich trieb ihn geschickt und schön regelmäßig immer wieder an, als ich auf einmal aus der Gruppe der Erwachsenen die Stimme meiner Mutter hörte: «Komm, schau, das ist unser Garten» – und sie zeigte auf eine hohe dicke Umfassungsmauer, die von einer Balustrade gekrönt war.

Hier also befand sich unser Garten? So nahe von da, wo wir wohnten? Ich hielt meinen Reifen fest und schaute ganz aufgeregt in die Höhe; aber ich konnte nichts sehen: eine sehr hohe Mauer und oben eine Balustrade. Ich ging so weit zurück, wie ich konnte, um hineinzuschauen, aber ich sah nichts. Ich sagte: «Dort sind die Geranien.» Denn auf der Balustrade standen einige Blumentöpfe. Tatsache ist, daß sie überhaupt nicht so aussahen wie auf dem Bild. Außerdem waren es gar keine Geranien. Einen Augenblick vermutete ich – wie unsinnig –, daß zwischen den Töpfen das blonde Mädchen im blauen Kleid hervorschaue.

«Mama», bettelte ich, «könnten wir nicht, da wir schon hier sind, um Erlaubnis fragen, den Garten zu sehen?»

«Heute ist es schon zu spät, und wir sind alle müde vom Ausflug. Es ist viel zu spät. Ein andermal.»

Aber dieses andere Mal kam nie. Als ich nun vor kurzem – vielleicht zum letzten Mal – wieder vor dem Bild stand und unsern unsterblichen Garten lange anschaute, kam mein Neffe, der mich schweigend beobachtet hatte, und fragte mich: «War das Mädchen, das den Reifen vom Boden aufhebt, nicht eine Kusine von Papa und von dir? Und ist die Frau dort nicht die Großmutter? Papa hat den Garten des Urgroßvaters nie gesehen? Hast du ihn einmal gesehen, Onkel?»

HUGO VON HOFMANNSTHAL

1874–1929

■

Mein Garten

Schön ist mein Garten mit den goldnen Bäumen,
Den Blättern, die mit Silbersäuseln zittern,
Dem Diamantentau, den Wappengittern,
Dem Klang des Gong, bei dem die Löwen
träumen,
Die ehernen, und den Topasmäandern
Und der Volière, wo die Reiher blinken,
Die niemals aus den Silberbrunnen trinken...
So schön, ich sehn' mich kaum nach jenem
andern,
Dem andern Garten, wo ich früher war.
Ich weiß nicht wo... Ich rieche nur den Tau,
Den Tau, der früh an meinen Haaren hing,
Den Duft der Erde weiß ich, feucht und lau,
Wenn ich die weichen Beeren suchen ging...
In jenem Garten, wo ich früher war...

ITALO CALVINO

1923–1985

■

Der verzauberte Garten

Giovannino und Serenella wanderten auf dem Bahndamm dahin. Unten lag das Meer, dunkelblau-hellblau gewürfelt, oben ein Himmel, kaum gestreift von weißen Wolkenstrichen. Die Schienen leuchteten und waren so heiß, daß man sich beinah verbrannte. Auf dem Bahndamm ging es sich gut, und man konnte allerlei Spiele erfinden: er schritt auf der einen Schiene voran und sie auf der anderen, und beide hielten sich in der Mitte an der Hand; oder man konnte von einer Schwelle zur nächsten springen, ohne den Schotter dazwischen mit dem Fuß zu berühren. Giovannino und Serenella waren auf Krebsfang gewesen, und jetzt hatten sie beschlossen, den Eisenbahndamm bis in den Tunnel hinein zu erforschen. Es machte Spaß, mit Serenella zu spielen, denn sie war nicht so wie all die anderen Mädchen, die immer Angst hatten und bei jeder Kleinigkeit zu heulen anfingen. Wenn Giovannino sagte: «Gehen wir da und da hin!», folgte Serenella ihm ohne jede Widerrede.

Deng! Sie sprangen hoch und blickten auf. Die runde Scheibe am Arm der Signalanlage war emporgeschnellt. Das Signal sah aus wie ein eiserner Storch, der plötzlich seinen langen Schnabel geschlossen hatte. Noch ein Weilchen standen sie so, die Nase in der Luft: wie schade, daß sie es nicht gesehen hatten! Jetzt machte der Signalmast das nicht mehr so bald noch einmal.

«Gleich kommt ein Zug», sagte Giovannino.

Serenella blieb auf dem Gleis. «Von wo?» fragte sie.

Giovannino blickte sich um, als wüßte er Bescheid. Er zeigte auf den Tunnel, das schwarze Loch, das bald klarer, bald verschwommener zu sehen war, je nach dem unmerklichen, zitternden Dunst, der über den glühenden Steinen des Bahndamms aufstieg.

«Von da», sagte er. Er glaubte das finstere Brausen im Tunnel zu hören und sah schon das Ungetüm aus Flammen und Rauch auf sie zuschießen und erbarmungslos mit den Rädern die Schienen verschlingen.

«Wo gehen wir hin, Giovannino?»

Zum Meer hin standen große graue Agaven mit fächerförmig ausstrahlenden, undurchdringlichen Stachelarmen; zum Berg hin bildete blätterüberladenes, blütenloses Gestrüpp eine Hecke. Vom Zug hörte man noch nichts: vielleicht fuhr er mit gelöschter Lokomotive lautlos daher und würde plötzlich über sie hereinbrechen. Da hatte Giovannino jedoch eine Lücke in der Hecke gefunden. «Hier durch», sagte er.

Die Einfriedung am Fuß des Bahndamms bestand aus einem alten, herabhängenden Drahtzaun.

An einer Stelle faltete er sich vom Boden auf wie die Ecke eines Papiers. Giovannino hatte sich bereits hindurchgezwängt.

«Gib mir die Hand, Giovannino!»

Sie fanden sich im Winkel eines Gartens wieder, beide hockten sie auf allen vieren im Gras, die Haare voll trockener Blätter und Erdklumpen. Ringsum war es still, kein Blatt rührte sich.

«Los!» sagte Giovannino, und Serenella sagte: «Ja.»

Da waren große, uralte, fleischfarbene Eukalyptusbäume, und da waren Kieswege. Giovannino und Serenella gingen die Wege auf Zehenspitzen entlang und achteten darauf, daß der Kies unter ihren Schuhen nicht knirschte. Wenn jetzt die Besitzer auf sie zukämen, was dann?

Herrlich war das alles: die Kurven der gebogenen Eukalyptuszweige hoch oben und dazwischen Stücke aus Himmelblau; nur die ängstliche Unruhe blieb in ihnen, weil der Garten ihnen doch nicht gehörte und sie von einem Augenblick zum anderen daraus verjagt werden konnten. Doch kein Laut war zu vernehmen. Von einer Erdbeerstaude hinter einer Wegbiegung flogen plötzlich lärmend Spatzen auf. Dann wieder die Stille. War es vielleicht ein verlassener Garten?

Doch einmal hörten die Schatten der großen Bäume auf, und sie befanden sich unter freiem Himmel; vor ihnen lagen wohlgeordnete Reihen von Blumenbeeten, mit Petunien und Kornwinden, und neue Wege und Spaliere und Buchsbaumhecken. Und oben auf der Höhe lag eine große Villa mit blitzenden Scheiben und gelben und orangefarbenen Markisen.

Und alles war verödet. Vorsichtig schritten die beiden Kinder über den Kies auf das Haus zu; vielleicht würden die Fenster alle auf einmal aufspringen und entsetzlich strenge Herren und Damen auf den Terrassen erscheinen und große Hunde auf die Wege loslassen. In der Nähe eines Tümpels stießen sie auf einen Schubkarren. Giovannino packte ihn an den beiden Griffen und stieß ihn vor sich her: bei jeder Drehung der Räder gab er ein Kreischen von sich wie einen Pfiff. Serenella setzte sich darauf, und schweigend ging es weiter; Giovannino schob Karren und Mädchen zwischen den Beeten und dem Spiel des Wassers vorwärts.

«Die da», sagte Serenella von Zeit zu Zeit leise und zeigte auf eine Blume. Giovannino setzte ab und ging, um sie zu pflücken. Das Mädchen hatte schon einen hübschen Strauß im Schoß. Doch wenn sie auf der Flucht über die Hecken springen mußten, blieb nichts übrig, als die Blumen alle wegzuwerfen.

Sie kamen an einen freien Platz, der nicht mehr mit Kies bedeckt war, sondern mit Zement und Steinfliesen. Mittendrin öffnete sich ein großes, tiefes Rechteck: ein Schwimmbecken. Sie traten an den Rand heran – da lag es, mit blauen Kacheln, voll mit klarem Wasser, bis obenhin.

«Springen wir hinein?» fragte Giovannino. Es mußte schon etwas sehr Bedenkliches sein, wenn er sie nach ihrer Meinung fragte und nicht einfach sagte: «Los!» Doch das Wasser war so sauber und blau, und Serenella hatte nie Angst. Sie stieg aus dem Karren und legte ihren Blumenstrauß hinein. Ihr Badezeug hatten sie schon an, sie waren ja eben noch auf Krebsfang gewesen. Giovannino tauchte ins Wasser; nicht vom Sprungbrett aus, das hätte zuviel Lärm gemacht, sondern vom Rand des Bekkens. Mit offenen Augen glitt er immer tiefer und sah nichts als Blau, und seine Hände schimmerten rosig wie Fische; ganz anders als im Meer mit den ungleichmäßigen grünschwarzen Schatten. Und nun über ihm ein rosiger Schein: Serenella. Sie nahmen sich bei der Hand und tauchten, etwas keuchend, am gegenüberliegenden Rand wieder empor. Nein, es hatte sie tatsächlich niemand gesehen. So schön, wie sie es sich vorgestellt hatten, war es doch nicht: immer blieb jener bittere Rest von Angst in ihnen zurück, daß dies alles sie nichts anging und sie jeden Augenblick verjagt werden könnten.

Sie kletterten aus dem Wasser, und da sahen sie nicht weit von dem Schwimmbecken einen Pingpongtisch. Giovannino ergriff rasch einen Schläger und jagte einen Ball über das Netz, und Serenella konnte ihn eben noch auffangen und zurückgeben. So spielten sie, aber mit sachten Schlägen, damit man es in der Villa nicht hörte. Einmal stieg der

Die Medici-Vase

Radierung von Stefano della Bella (1610–1664)

Ball steil auf, und als Giovannino ihn zurückschlagen wollte, flog er weit über den Tisch hinweg. Er traf auf einen Gong, der zwischen den Pfeilern einer Pergola hing und nun dumpf und lange tönte. Die zwei Kinder kauerten sich geduckt hinter ein Ranunkelbeet. Alsbald erschienen zwei Diener in weißen Jacken mit großen Tabletts in der Hand, stellten etwas auf einen runden Tisch unter einem gelb-orange gestreiften Sonnenschirm und entfernten sich.

Giovannino und Serenella traten auf den Tisch zu. Da waren Tee, Milch, Kuchen. Man brauchte sich nur zu setzen und zuzugreifen. Sie füllten zwei Tassen und schnitten zwei Stücke Kuchen ab. Doch es wollte ihnen nicht recht gelingen, richtig auf den Stühlen zu sitzen, sie klebten nur eben vorn am Rand und wußten nicht, wohin mit ihren Knien. Auch den Geschmack von Tee und Milch und Gebäck konnten sie nicht wirklich empfinden; so war alles in diesem Garten, schön und doch nicht ganz zu genießen, mit dieser Unruhe im Innern, dieser Besorgnis – es käme alles ja doch nur von einer Zerstreutheit des Schicksals und bald würde man sie zur Rechenschaft ziehen.

Tief geduckt schlichen sie auf die Villa zu. Durch die Spalten einer Jalousie sahen sie drinnen ein schönes schattiges Zimmer mit Sammlungen von Faltern und Schmetterlingen an den Wänden. Und in dem Zimmer saß ein blasser Junge. Das mußte wohl der Besitzer der Villa und des Gartens sein: dieser Glückliche. Er saß in einem Liegestuhl und blätterte in einem dicken Bilderbuch. Er hatte feine weiße Hände – und einen Pyjama, der bis obenhin zugeknöpft war, jetzt, mitten im Sommer.

Wie die beiden Kinder ihn durch die Jalousie hindurch anstarrten, beruhigte sich allmählich ihr klopfender Herzschlag. Es sah wirklich so aus, als habe der Junge, der in seinem Buch blätterte und sich im Zimmer umblickte, noch größere Angst, eine noch stärkere Beklemmung als sie. Und jetzt stand er ganz vorsichtig auf, als fürchtete er, daß jeden Augenblick jemand kommen und ihn fortjagen könne, als habe er das Gefühl, dieses Buch, dieser Liegestuhl, die Schmetterlinge an den Wänden und der Garten mit Spiel und Vesper und Schwimmbecken und Kieswegen seien ihm nur aufgrund eines ungeheuren Irrtums zugestanden worden und er könnte das alles unmöglich genießen, sondern nur die Bitternis dieses Irrtums empfinden, etwas wie eine eigene Schuld.

Mit verhaltenen Schritten ging der blasse Junge durch das schattige Zimmer, strich mit weißen Fingern über die Ränder der Glaskästen, in denen die Falter aufbewahrt wurden, und blieb dann lauschend stehen. Giovannino und Serenella spürten, wie ihr eben zur Ruhe gekommenes Herz von neuem wild klopfte, stärker als zuvor. Es war die Furcht vor dem Zauberbann, der auf dieser Villa, auf dem Garten, auf all den herrlichen, bequemen

Dingen lasten mußte wie ein ehemals begangenes Unrecht.

Wolken verdunkelten die Sonne. Lautlos, lautlos schlichen Giovannino und Serenella davon. Schnell, doch nie laufend, gingen sie den Weg zurück, den sie gekommen waren. Und geduckt zwängten sie sich durch den Drahtzaun. Zwischen den Agaven fanden sie einen Pfad, der zum Strand führte. Da lag er, kurz und steinig, mit Algenhaufen am Uferrand. Sie erfanden ein wunderbares Spiel: Algenschlacht. Sie warfen sich ganze Hände voll ins Gesicht, bis zum Abend. Es war wirklich gut, daß Serenella nie weinte.

HERBERT GEORGE WELLS

1866–1946

Die Tür in der Mauer

I

Eines Abends, vor knapp drei Monaten, erzählte mir Lionel Wallace im vertraulichen Gespräch diese Geschichte von der Tür in der Mauer. Und damals glaubte ich, daß es – zumindest für ihn – eine wahre Geschichte sei.

Er erzählte sie mir so schlicht und voll innerer Gewißheit, daß ich nicht anders konnte, als ihm zu glauben. Aber am Morgen darauf, als ich in meiner eigenen Wohnung aufwachte, umgab mich eine andere Atmosphäre; und wie ich mir so im Bett liegend den Inhalt seiner Erzählung ins Gedächtnis zurückrief, diesmal des Zaubers seiner ernsten, bedächtigen Stimme beraubt, entblößt vom begrenzten Lichtkreis der abgedunkelten Tischlampe, von der schattenreichen Umgebung, die ihn und mich eingehüllt hatte, und den angenehm schimmernden Dingen, des Desserts und der Gläser und des Tafeltuchs von der Mahlzeit, die wir zusammen eingenommen hatten, was alles zu der Zeit eine kleine lichte Welt schuf, die von den Realitäten des Alltags ziemlich entfernt war, kam mir das Ganze offen gestanden unglaubhaft vor.

«Er war mysteriös!» sagte ich, und dann: «Wie gut er es machte...! Ich hätte eigentlich nicht erwartet, daß ausgerechnet er so etwas gut konnte.»

Später, als ich im Bett saß und meinen morgendlichen Tee schlürfte, ertappte ich mich bei dem Versuch, mir den Anschein von Realität, der mich bei seinen unmöglichen Erinnerungen so erstaunte, mit der Annahme zu erklären, daß er damit irgendwie Erlebnisse andeuten, darstellen, übermitteln wollte – ich weiß kaum, welches Wort ich wählen soll –, Erlebnisse, die anders nicht wiederzugeben waren.

Nun nehme ich aber nicht länger Zuflucht zu dieser Erklärung. Ich habe meine dazwischen auftretenden Zweifel überwunden. Ich glaube jetzt, was ich während seiner Erzählung glaubte, daß Wallace mir nach bestem Vermögen die Wahrheit seines Geheimnisses entdeckte. Doch ob er wirklich sah oder nur vermeinte zu sehen, ob er ein unschätzbares Privileg genoß oder das Opfer eines phantastischen Traums war, darüber kann ich mir kein Urteil anmaßen. Selbst die Umstände seines Todes, die meine Zweifel für immer beseitigten, erhellen nichts.

Der Leser muß sich also sein eigenes Urteil bilden.

Ich habe vergessen zu sagen, welche zufällige Bemerkung oder welche Kritik meinerseits einen sonst so zurückhaltenden Mann dazu veranlassen konnte, sich mir anzuvertrauen. Ich glaube aber, er verteidigte sich gegen einen Vorwurf, den ich ihm gemacht hatte, den Vorwurf mangelnden Engagements und der Unzuverlässigkeit im Hinblick auf eine große öffentliche Bewegung, wodurch er mich enttäuscht hatte. Ganz plötzlich begann er. «Meine Gedanken sind völlig von einer Sache in Anspruch genommen...», sagte er.

«Ich weiß», fuhr er nach einer Pause fort, «ich habe anderes vernachlässigt. Es ist nämlich so ... es handelt sich nicht um Geistererscheinungen, und doch ... es hört sich merkwürdig an, Redmond – ich bin heimgesucht. Ich bin durch etwas heimgesucht – das alles andere verblassen läßt, das mich mit Sehnsucht erfüllt ...»

Er hielt inne, gehemmt durch jene englische Schüchternheit, die uns so oft überkommt, wenn wir von etwas Bewegendem, Ernstem oder Schönem sprechen wollen. «Du warst doch auch auf Saint Althelstan», sagte er, und in dem Augenblick erschien mir das völlig irrelevant. «Nun» – und wieder verstummte er. Dann fing er an, zunächst sehr stockend, doch allmählich fließender, von einem Geheimnis in seinem Leben zu berichten, von der ihn heimsuchenden Erinnerung an eine Schönheit und ein Glück, die sein Herz mit unstillbarer Sehnsucht erfüllten und ihm alle Interessen und das Schauspiel des irdischen Lebens trist und ermüdend und sinnlos erscheinen ließen.

Nun, da ich den Schlüssel dazu habe, scheint es seinem Gesicht sichtbar aufgeprägt. Ich besitze ein

Photo, auf dem dieser abwesende Blick eingefangen und verstärkt ist. Es erinnert mich an den Ausspruch einer Frau – einer Frau, die ihn sehr geliebt hatte. «Plötzlich», sagte sie, «verliert er das Interesse. Er vergißt dich. Er macht sich keinen Deut aus dir – während du ihm direkt vor der Nase sitzt ...»

Aber Wallace war nicht immer so teilnahmslos, und wenn er sich auf eine Sache konzentrierte, konnte er äußerst erfolgreich sein. Seine Karriere war in der Tat voller Erfolge. Er ließ mich schon früh hinter sich zurück; er schwang sich weit über mich und machte sich einen Namen in der Welt, den ich mir jedenfalls nicht machen konnte. Ein Jahr fehlte ihm noch zur Vollendung seines vierten Lebensjahrzehnts, und es heißt nun, daß er gewählt worden wäre und sehr wahrscheinlich dem neuen Kabinett angehören würde, wäre er noch am Leben. Auf der Schule stach er mich stets mühelos aus – als wäre das ganz natürlich. Wir gingen fast die ganze Schulzeit zusammen auf das Saint Althelstan College in West Kensington. Er wurde in dieselbe Klasse wie ich aufgenommen, aber er verließ das College viel früher, in einer Aureole von Stipendien und ausgezeichneten Leistungen. Und ich glaube doch, daß ich selbst ein recht guter Schüler war. Auf der Schule war es auch, daß ich zum erstenmal von der «Tür in der Mauer» hörte – von der ich ein zweites Mal erst einen Monat vor seinem Tode hören sollte.

Für ihn wenigstens war die Tür in der Mauer eine wirkliche Tür, die durch eine wirkliche Mauer zu einer unvergänglichen, wirklichen Welt führte. Davon bin ich jetzt überzeugt.

Und sie trat frühzeitig in sein Leben, als er ein kleiner Junge zwischen fünf und sechs Jahren war. Ich weiß noch, wie er den Zeitpunkt festzustellen versuchte, als er langsam und feierlich sein Bekenntnis ablegte. «Es gab da eine rote Weinranke», erzählte er, «von leuchtendem Uniformrot, in bernsteinklarem Sonnenschein vor einer weißen Mauer.» Das gehörte irgendwie zum Bild, obwohl ich nicht mehr deutlich weiß, wieso, und Blätter der Roßkastanie lagen auf dem sauberen Bürgersteig vor der grünen Tür. Die Blätter waren gelbgrün gefleckt, sie waren nicht braun oder schmutzig, so daß sie frisch gefallen sein mußten. Ich nehme an, das bedeutet Oktober. Ich halte jedes Jahr nach Roßkastanienblättern Ausschau, und ich sollte es also wissen.

«Wenn ich mich hierin nicht irre, war ich demnach ungefähr fünf Jahre und vier Monate alt.»

Er sei, meinte er, ein ziemlich frühreifes Kind gewesen – in einem außergewöhnlich frühen Alter lernte er sprechen, und er war so vernünftig und «altklug», wie man es nennt, daß er eine Freiheit genoß, die anderen Kindern meist erst mit sieben oder acht Jahren zugebilligt wird. Seine Mutter war gestorben, als er zwei Jahre alt war, und er stand unter der weniger wachsamen und autoritären Obhut einer Kinderfrau. Sein Vater war ein strenger, stark beschäftigter Rechtsanwalt, der ihm wenig Aufmerksamkeit schenkte und Großes von ihm erwartete. Trotz seiner Aufgewecktheit erschien ihm das Leben grau und öde, glaube ich. Und eines Tages lief er fort. Er wußte nicht mehr, infolge welcher Unachtsamkeit er damals entwischen konnte, und auch nicht mehr, welchen Weg er auf den Straßen West Kensingtons einschlug. All das war im undurchdringlichen Nebel der Erinnerung verschwunden. Aber die weiße Mauer und die grüne Tür leuchteten deutlich hervor.

Die Erinnerung an das kindliche Erlebnis ließ den Schluß zu, daß er beim allerersten Anblick jener Tür ein eigenartiges Gefühl verspürte, eine Anziehungskraft, ein Verlangen, zur Tür zu gehen, sie zu öffnen und einzutreten. Und gleichzeitig war er fest davon überzeugt, daß es entweder unklug oder nicht recht von ihm war – er wußte nicht, welches von beiden –, dieser Anziehungskraft nachzugeben. Er versicherte, es sei merkwürdig, daß er von Anfang an – wenn das Gedächtnis ihm nicht einen seltsamen Streich spielte – wußte, daß die Tür unverschlossen war und daß er nach Belieben eintreten konnte.

Ich sehe die Gestalt des kleinen Jungen vor mir, gleichzeitig angezogen und abgestoßen. Und ihm war auch ganz klar, daß sein Vater sehr ärgerlich wäre, wenn er durch diese Tür ginge, obwohl der Grund dafür nie zur Sprache kam.

Wallace beschrieb mir diese Augenblicke des Zögerns mit äußerster Präzision. Er ging dicht an der Tür vorbei, und dann schlenderte er mit den Händen in den Taschen und dem kindlichen Versuch zu pfeifen weiter, bis die Mauer zu Ende war. Dort befanden sich seiner Erinnerung nach eine Anzahl ärmlicher, schmutziger Läden und insbesondere ein Installateur- und Tapetengeschäft mit einem staubigen Durcheinander von Tonröhren, Bleiblechen, Wasserhähnen, Tapetenmusterheften und Farbbüchsen. Er stand davor und tat so, als ob er diese Dinge betrachtete, und verspürte ein begieriges, leidenschaftliches Verlangen nach der grünen Tür.

Dann, so erzählte er, hatte er einen Gefühlsausbruch. Er rannte auf sie zu, damit ihn nicht wieder Zögern überkäme; er stürzte mit ausgestreckter Hand durch die grüne Tür und ließ sie hinter sich zuschlagen. So kam er im Handumdrehen in den Garten, der ihn sein ganzes Leben lang nicht mehr losließ.

Es fiel Wallace sehr schwer, mir eine Vorstellung von jenem Garten, in den er gelangte, zu vermitteln.

Es lag dort etwas in der Luft, das freudig erregte, das einem ein Gefühl der Leichtigkeit und des Wohlbefindens verlieh und frohe Ereignisse erwarten ließ; es war etwas an dem Anblick, der alle Farben klar und rein und zart leuchten ließ. Sobald man eintrat, war man unsagbar glücklich – wie man nur in seltenen Augenblicken, und wenn man jung und fröhlich ist, auf dieser Welt glücklich sein kann. Und alles dort war schön...

Wallace dachte nach, bevor er weitersprach. «Siehst du», sagte er mit dem zweifelnden Tonfall eines Mannes, der vor unglaublichen Dingen innehält, «es gab dort zwei große Leoparden... Ja, gefleckte Leoparden. Und ich hatte keine Angst. Da war ein langer, breiter Weg mit marmorgefaßten Blumenbeeten zu beiden Seiten, und diese zwei großen samtigen Raubtiere spielten mit einem Ball. Eins der Tiere sah hoch und näherte sich mir, ein wenig neugierig, wie es schien. Es kam ganz dicht an mich heran, rieb sein weiches, rundes Ohr sehr sanft an der kleinen Hand, die ich ausstreckte, und schnurrte. Es war wahrhaftig ein verwunschener Garten. Jawohl. Wie groß er war? Oh, er erstreckte sich weithin, nach allen Richtungen. Ich glaube, in der Ferne sah man Hügel. Der Himmel mag wissen, wo West Kensington plötzlich geblieben war. Und irgendwie war es ganz so, als käme man nach Hause.

Weißt du, als die Tür hinter mir zufiel, vergaß ich sogleich die Straße mit ihren herabgefallenen Kastanienblättern, ihren Droschken und den Karren der Händler, ich vergaß die gravitationsähnliche Kraft, die mich zu Disziplin und Gehorsam nach Hause zurückzog, ich vergaß alles Zögern und alle Furcht, vergaß, was ich meinem Vater schuldig war, vergaß alle vertrauten Dinge dieses

Lebens. Ich wurde im Handumdrehen ein sehr glücklicher und wunderseliger kleiner Junge – in einer anderen Welt. Es war eine Welt von anderer Beschaffenheit, das Licht war dort wärmer, klarer und milder, es lag ein Hauch von Frohsinn in der Luft, und in der Himmelsbläue schwammen sonnenbestrahlte Wölkchen. Und vor mir lag einladend dieser lange, breite Weg, gesäumt von unkrautfreien Beeten, auf denen Blumen üppig wucherten, und dann diese zwei großen Leoparden. Ich legte ihnen meine beiden kleinen Hände furchtlos auf das weiche Fell und liebkoste ihre runden Ohren und die empfindsamen Stellen unter den Ohren und spielte mit ihnen, und es war, als ob sie einen nach Hause Gekommenen begrüßten. Ich fühlte mich ganz wie ein Heimgekehrter, und als dann ein großes, hübsches Mädchen auf dem Weg erschien und lächelnd auf mich zukam und ‹Nun?› zu mir sagte, mich hochhob und küßte, und dann wieder niedersetzte und bei der Hand nahm, gab es kein Verwundern, sondern nur das herrliche Gefühl, daß alles in Ordnung war, und Heiteres fiel mir ein, das seltsamerweise irgendwie außerhalb meines Gesichtskreises geraten war. Zwischen Rittersporntrauben kamen breite rote Stufen in Sicht, so erinnere ich mich, und da hinauf gingen wir zu einer großen Allee zwischen uralten, dunkelschattigen Bäumen. Die ganze Allee entlang aber, zwischen den rotrissigen Stämmen, befanden sich marmorne Ehrensitze und

Statuen und ganz zahme und zutrauliche weiße Tauben...

Auf dieser kühlen Allee führte mich meine Freundin dahin, sie blickte zu mir herab – ich sehe die anmutigen Linien, das feinmodellierte Kinn ihres lieblich freundlichen Antlitzes noch vor mir – und stellte mir mit sanfter, angenehmer Stimme Fragen und erzählte mir etwas. Ich weiß, es war etwas Angenehmes, obwohl mir später nie einfallen wollte, worum es sich handelte... Dann kam ein Kapuzineräffchen, sehr sauber, mit rostbraunem Fell und Haselnußaugen, von einem Baum herab zu uns, lief neben mir her und sah freundlich grinsend zu mir auf und sprang dann auf meine Schulter. So gingen wir sehr glücklich auf unserem Weg dahin.»

Er machte eine Pause.

«Erzähl weiter», bat ich.

«Ich erinnere mich an Kleinigkeiten. Wir kamen an einem Alten vorüber, der sinnend zwischen Lorbeerbüschen saß, und an einem Platz voll lustiger Papageien, und wir gelangten durch eine breite schattige Kolonnade zu einem großen kühlen Palast, voller heiterer Brunnen, voll von schönen Dingen und allem, was das Herz begehrt. Und es gab da so viele Dinge und so viele Menschen; einige stehen noch deutlich vor mir, andere erscheinen undeutlicher; aber diese Menschen waren allesamt schön und freundlich. Auf irgendeine Weise – ich weiß nicht wie – wurde mir klar, daß sie mir alle wohlgesinnt waren und froh darüber, mich bei sich zu haben, und sie machten mich glücklich durch ihre Gesten, durch die Berührung ihrer Hände, durch das Willkommen und die Liebe in ihren Augen. Ja...»

Er sann eine Weile. «Ich fand dort Gespielen. Das bedeutete mir sehr viel, denn ich war ein einsamer kleiner Junge. Sie spielten wunderbare Spiele in einem rasenbewachsenen Hof, wo es eine Sonnenuhr aus Blumen gab. Und wir spielten voll Zuneigung miteinander...

Aber merkwürdig, es gibt da eine Lücke in meiner Erinnerung. Ich kann mich nicht auf unsere Spiele besinnen. Niemals konnte ich das. Hinterher, als Kind, verbrachte ich lange Stunden mit dem Versuch, auch unter Tränen, mich zu erinnern, welche Formen jenes Glück hatte. Ich wollte alles noch einmal spielen – in meinem Kinderzimmer – für mich. Nein! Alles, woran ich mich erinnern kann, ist, daß ich glücklich war und zwei liebe Spielkameraden hatte, die die meiste Zeit mit mir zusammen waren... Dann kam eine schwermütige, dunkelhaarige Frau mit ernstem, blassem Gesicht und träumerischen Augen, eine schwermütige Frau, die ein weiches langes Gewand von zartpurpurner Farbe trug und ein Buch in der Hand hielt; sie winkte mich zu sich und führte mich zu einer Galerie in einem Saal – obwohl meine Spielkameraden mich nicht gehen lassen wollten, ihr Spiel unterbrachen und mich nicht aus den Augen ließen, während ich fortgeführt wurde. ‹Komm wieder zu uns!› riefen sie. ‹Komm bald wieder zu uns!› Ich sah zu ihr auf, aber sie beachtete sie überhaupt nicht. Ihr Gesicht war sehr gütig und feierlich. Sie führte mich zu einem Sitzplatz auf der Galerie, ich stand neben ihr und wollte in ihr Buch sehen, als sie es auf ihrem Schoß öffnete. Es klappte auf. Sie zeigte darauf, und ich sah es mir staunend an, denn in den lebenden Seiten des Buches sah ich mich; die Geschichte handelte von mir, und alles kam darin vor, was mir seit meiner Geburt zugestoßen war...

Es war wunderbar für mich, denn die Seiten jenes Buches enthielten keine Bilder, sondern wirkliches Geschehen.»

Wallace machte eine feierliche Pause – er sah mich zweifelnd an.

«Erzähl weiter», sagte ich. «Ich verstehe.»

«Es war wirkliches Geschehen – ja, es muß wirklich gewesen sein; die Menschen bewegten sich, und Dinge tauchten auf und verschwanden; meine liebe Mutter, die ich fast vergessen hatte; dann mein Vater, streng und aufrecht, die Diener, das Kinderzimmer, all die vertrauten Dinge daheim. Dann die Haustür und die belebten Straßen mit dem hin und her fließenden Verkehr. Ich sah mir das an und staunte und blickte dann wieder halb zweifelnd in das Gesicht der Frau und wendete die Seiten um, hier und da etwas überspringend, um mehr und immer mehr von dem Buch zu sehen. So kam ich schließlich bis dahin, wo ich unschlüssig draußen vor der grünen Tür in der langen weißen Mauer stand, und durchlebte den Konflikt und die Furcht noch einmal.

‹Und weiter?› rief ich und hätte umgeblättert, aber die kühle Hand der ernsten Frau hielt mich zurück.

‹Weiter?› sagte ich hartnäckig und kämpfte sanft mit ihrer Hand, zog mit meiner ganzen kindlichen Kraft ihre Finger hoch, und als sie nachgab und die nächste Seite erschien, beugte sie sich wie ein Schatten über mich und küße mich auf die Stirn.

Aber die Seite zeigte nicht den verwunschenen Garten, die Leoparden nicht und auch nicht das Mädchen, das mich bei der Hand geführt hatte, und nicht die Spielkameraden, die mich nicht gehen lassen wollten. Sie zeigte eine lange graue Straße in West Kensington zu der frostigen nachmittäglichen Stunde, bevor die Lampen angezündet werden; und dort stand ich, ein unglückliches kleines Wesen, laut schluchzend, obwohl ich mich mit aller Kraft zu beherrschen versuchte, und ich weinte, weil ich nicht zu meinen lieben Spielkameraden zurückkehren konnte, die mir nachgerufen hatten: ‹Komm bald wieder zu uns! Komm bald wieder zu uns!› Da stand ich. Das war keine Buchseite, sondern rauhe Wirklichkeit; der verwunschene Garten und die mir wehrende Hand der ernsten Mutter, an deren Knie ich mich gelehnt hatte, waren entschwunden – wohin waren sie entschwunden?»

Er hielt inne und starrte eine Zeitlang in das Feuer.

«O wie schmerzlich diese Rückkehr war!» murmelte er.

«Nun?» sagte ich, nachdem etwa eine Minute verstrichen sein mochte.

«Ich bedauernswertes Kerlchen! – wieder in diese graue Welt versetzt! Als ich so recht begriff, was mit mir geschehen war, gab ich mich meinem untröstlichen Kummer hin. Und die Beschämung und Demütigung, in aller Öffentlichkeit zu weinen, und meine schmachvolle Heimkehr sind mir noch heute gegenwärtig. Ich sehe wieder den wohlwollenden alten Herrn mit Goldbrille vor mir, der stehengeblieben war und mich ansprach, nachdem er mich zunächst mit seinem Schirm angetippt hatte. ‹Armer Kleiner›, sagte er; ‹du hast dich wohl verlaufen?› – und ich war ein Londoner Junge von über fünf Jahren! Und er konnte es nicht lassen, einen freundlichen jungen Polizisten zu alarmieren, und eine Menschenmenge versammelte sich um mich, und so wurde ich nach Hause gebracht. Schluchzend, unter neugierigen Blicken und ängstlich kam ich aus dem verwunschenen Garten zurück zu den Stufen meines Vaterhauses.

Das ist, so gut ich mich daran erinnern kann, meine Vision von jenem Garten – dem Garten, dessen Bild mich immer noch verfolgt. Natürlich vermag ich nichts von jener unbeschreiblichen, durchscheinenden Unwirklichkeit zu vermitteln, jener Abweichung von der gewöhnlichen Erfahrungswelt, die über allem lag; aber das – das ist es, was sich ereignete. Wenn es ein Traum gewesen war, bin ich sicher, daß es ein Wachtraum und ein ganz und gar außergewöhnlicher Traum war... Hm! – natürlich folgte nun ein schreckliches Ausfragen, von seiten meiner Tante, meines Vaters, der Kinderfrau, der Gouvernante – von allen...

Ich versuchte es ihnen zu erzählen, und mein Vater verabreichte mir meine erste Tracht Prügel für meine Lügen. Als ich es später meiner Tante erzählen wollte, bestrafte sie mich erneut wegen meiner bösartigen Verstocktheit. Dann wurde, wie gesagt, allen verboten, mir zuzuhören, auch nur ein Wort davon anzuhören. Man entzog mir sogar für eine Zeit meine Märchenbücher – weil ich eine zu ‹lebhafte Phantasie› hätte. Wie? Ja, das taten sie! Mein Vater war von der alten Schule... Und ich mußte mit meiner Geschichte ganz allein fertig werden. Ich erzählte sie flüsternd meinem Kissen – meinem Kissen, das oft feucht und salzig war von meinen Kindertränen. Und zu meinen förmlichen und weniger leidenschaftlichen Gebeten fügte ich stets die eine, von Herzen kommende Bitte: ‹Lieber Gott, laß mich bitte von dem Garten träumen. Oh, bring mich wieder in meinen Garten! Bring mich wieder in meinen Garten!› Ich träumte oft von dem Garten. Vielleicht habe ich einiges hinzugefügt oder auch manches verändert; ich weiß es nicht... Das alles stellt ja einen Versuch dar, aus bruchstückhaften Erinnerungen ein sehr frühes Erlebnis zu rekonstruieren. Zwischen dieser Erinnerung und späteren Kindheitserinnerungen tut sich eine Kluft auf. Es kam eine Zeit, in der es unmöglich schien, daß ich je wieder von diesem wunderbaren Erlebnis sprechen sollte.»

Ich stellte eine naheliegende Frage.

«Nein», sagte er. «Ich kann mich nicht entsinnen, daß ich in jenen frühen Jahren jemals versucht hätte, den Weg zum Garten wiederzufinden. Das erscheint mir jetzt seltsam, aber ich glaube, daß ich sehr wahrscheinlich nach diesem unglücklichen Abenteuer strenger beaufsichtigt wurde, damit ich nicht noch einmal wegliefe. Nein, bevor wir uns kennenlernten, versuchte ich nicht wieder, den Garten zu finden. Und ich glaube, es gab eine Zeit – so unglaublich mir das jetzt erscheint –, da vergaß ich den Garten vollkommen – mit acht oder neun Jahren mag das gewesen sein. Kannst du dich an mich als kleinen Jungen auf Saint Althelstan erinnern?»

«Ganz gut!»

«In jener Zeit gab es doch nichts an mir, was einen geheimen Traum vermuten ließ?»

2

Er sah plötzlich mit einem Lächeln hoch. «Hast du einmal Nordwestpassage mit mir gespielt ...? Nein, du hattest natürlich einen anderen Schulweg!

Es war ein Spiel von der Art», fuhr er fort, «wie sie jedes phantasiebegabte Kind den ganzen Tag lang spielt. Die Idee war die Entdeckung einer Nordwestpassage zur Schule. Der Schulweg war unkompliziert; das Spiel bestand in der Suche nach einem Weg, der nicht so unkompliziert war. Ich ging zehn Minuten früher weg, wandte mich in eine fast hoffnungslose Richtung und arbeitete mich dann durch ungewohnte Straßen bis zu meinem Ziel. Und eines Tages steckte ich plötzlich in einem Gewirr ziemlich ärmlicher Straßen jenseits von Campden Hill, und ich begann schon zu glauben, das Spiel diesmal verloren zu haben und zu spät zur Schule zu kommen. Ziemlich verzweifelt versuchte ich eine Straße, die eine Sackgasse zu sein schien, und stieß an ihrem Ende auf eine Passage. Mit neuer Hoffnung eilte ich hindurch. ‹Ich schaffe es noch›, sagte ich und ging an einer Reihe schmutziger kleiner Läden vorbei, die mir merkwürdig bekannt vorkamen, und sieh da, ich stand vor meiner langen weißen Mauer und der grünen Tür, die in den verwunschenen Garten führte!

Es durchzuckte mich. Dann war also jener Garten, jener wunderbare Garten, doch kein Traum!»

Er hielt inne.

«Ich nehme an, mein zweites Erlebnis mit der grünen Tür ist bezeichnend für den weltweiten Unterschied, der zwischen dem geschäftigen Leben eines Schuljungen und der unbegrenzten Muße eines Kindes besteht. Jedenfalls dachte ich bei diesem zweiten Mal nicht einen Augenblick daran, sofort einzutreten. Weißt du ... Zunächst einmal hatte ich den Kopf damit voll, rechtzeitig zur Schule zu kommen – war bedacht, meinen Pünktlichkeitsrekord nicht zu brechen. Sicher muß ich wenigstens ein *kleines* Verlangen gespürt haben ... Aber ich scheine mich der Anziehungskraft der Tür hauptsächlich zu erinnern als ein weiteres Hindernis für mein vordringlichstes Ziel, zur Schule zu gelangen. Die Entdeckung, die ich da gemacht hatte, interessierte mich natürlich ungeheuer – beim Weitergehen dachte ich nur daran –, aber ich ging weiter. Es hielt mich nicht auf. Im Vorbeilaufen zog ich meine Uhr heraus und sah, daß mir noch zehn Minuten blieben, und dann lief ich bergab in vertraute Umgebung. Ich erreichte die Schule, atemlos allerdings und in Schweiß gebadet, doch pünktlich. Ich kann mich noch erinnern, wie ich Mantel und Hut aufhängte ... Ging geradewegs daran vorbei und ließ sie hinter mir. Verrückt, was?»

Er sah mich nachdenklich an. «Natürlich wußte ich damals noch nicht, daß sie nicht immer da sein würde. Schuljungen haben eine begrenzte Vorstellungskraft. Vermutlich dachte ich, es sei prima, daß sie dort war, und ich würde mich schon wieder einfinden; aber die Schule zog an mir. Wahrscheinlich war ich an jenem Vormittag ziemlich zerfahren und unaufmerksam, weil ich mir, soviel ich konnte, von den schönen, seltsamen Menschen ins

Paradiesgarten

Frontispiz von Christopher Switzer, 1656

Gedächtnis zurückrief, die ich unmittelbar darauf wiedersehen sollte. Seltsam genug, hegte ich keinen Zweifel, daß sie erfreut sein würden, mich zu sehen ... Ja, an jenem Morgen muß mir der Garten als ein lustiger Ort erschienen sein, zu dem man in den Pausen einer anstrengenden Schulkarriere Zuflucht nehmen könnte.

An dem Tag ging ich überhaupt nicht hin. Der nächste Tag war zur Hälfte frei, und das mag mich dazu bewogen haben. Vielleicht brachte mir auch meine Unaufmerksamkeit Strafen ein, die die für den Umweg nötige Zeit in Anspruch nahmen. Ich weiß nicht. Ich weiß aber, daß mich in der Zwischenzeit der verwunschene Garten so beschäftigte, daß ich es nicht für mich behalten konnte.

Ich erzählte es – wie hieß er doch? – einem Jungen, der wie ein Frettchen aussah und den wir ‹Squiff› nannten.»

«Hopkins», sagte ich.

«Ja, Hopkins war es. Ich habe es ihm nicht gern erzählt. Ich hatte ein Gefühl, als sei es irgendwie gegen die Spielregeln, aber ich tat es doch. Wir hatten ein Stück gemeinsamen Heimwegs; er war gesprächig, und wenn wir uns nicht über den verwunschenen Garten unterhalten hätten, wäre ein anderes Thema dran gewesen, und es war mir unerträglich, an etwas anderes zu denken. So plauderte ich es aus.

Nun, er verriet mein Geheimnis. Am nächsten Tag wurde ich in der Spielpause von einem halben

Dutzend größerer Jungen umringt, die mich ein bißchen aufzogen und begierig waren, mehr von dem verwunschenen Garten zu hören. Da war der große Fawcett – kannst du dich noch an ihn erinnern? – und Carnaby und Morley Reynolds. Du warst wohl nicht zufällig dabei? Nein, ich glaube, daran hätte ich mich erinnert...

Ein Junge ist ein Wesen mit merkwürdigen Gefühlen. Obwohl ich mich insgeheim dafür verachtete, war ich ein wenig geschmeichelt, daß ich die Aufmerksamkeit dieser großen Jungen erregte. Ich entsinne mich besonders eines freudigen Augenblicks, den mir ein Lob von Crawshaw bereitete – du erinnerst dich wohl noch an Crawshaw den Älteren, den Sohn des Komponisten Crawshaw? –, der sagte, es sei die beste Lüge, die er jemals gehört habe. Aber gleichzeitig empfand ich beim Erzählen dessen, was in Wirklichkeit ein heiliges Geheimnis war, im Innern sehr schmerzlich die Scham. Der brutale Fawcett machte einen Witz über das Mädchen in Grün...»

Wallaces Stimme sank bei der noch lebendigen, beschämenden Erinnerung. «Ich tat, als hätte ich es überhört», sagte er. «Nun, dann nannte mich Carnaby plötzlich einen kleinen Lügner und stritt mit mir, als ich sagte, es sei wahr gewesen. Ich sagte, ich wisse, wo die grüne Tür zu finden sei, ich könnte sie alle in zehn Minuten hinführen. Carnaby wurde zum regelrechten Tugendwächter und sagte, das müßte ich auch – und hätte meine Worte zu beweisen oder dafür zu büßen. Hat dir Carnaby mal den Arm umgedreht? Dann kannst du vielleicht nachfühlen, wie es mir erging. Ich schwor, daß meine Geschichte wahr sei. Damals gab es keinen in der ganzen Schule, der einen vor Carnaby in Schutz nehmen konnte, obwohl Crawshaw ein gutes Wort einlegte. Carnaby hatte sein Opfer. Ich wurde aufgeregt und bekam rote Ohren und hatte auch etwas Angst. Ich benahm mich insgesamt wie ein dummer Junge, und das Ergebnis war schließlich, daß ich, statt allein meinen verwunschenen Garten zu suchen, mit erhitzten Wangen, heißen Ohren, Tränen in den Augen, und in der Seele brennende Scham und Jammer, einem Trupp von sechs spöttelnden, neugierigen und mir drohenden Mitschülern den Weg zeigte.

Wir haben die weiße Mauer und die grüne Tür nicht gefunden ...»

«Du willst sagen ... ?»

«Ich will sagen, daß ich sie nicht finden konnte. Ich hätte sie gefunden, wenn es mir möglich gewesen wäre.

Auch später, als ich allein gehen konnte, vermochte ich sie nicht zu finden. Ich habe sie nie gefunden. Es scheint mir jetzt, als wäre ich meine ganze Schulzeit lang nach ihr auf der Suche gewesen, aber ich bin nie mehr auf sie gestoßen – nie.»

«Die Jungs – waren sie sehr widerlich?»

«Höllisch ... Carnaby hielt Gericht über mich wegen böswilligen Lügens. Ich weiß noch, wie ich mich nach Hause und in mein Zimmer stahl, um die Spuren meiner Tränen zu verbergen. Aber als ich mich schließlich in den Schlaf weinte, war es nicht wegen Carnaby, sondern wegen des Gartens, wegen des schönen Nachmittags, auf den ich gehofft hatte, wegen der anmutigen, freundlichen Frau und der wartenden Spielkameraden und des Spiels, das ich neu zu lernen gehofft hatte, jenes wunderbare vergessene Spiel...

Ich glaubte fest, daß ich – wenn ich nichts verraten hätte... Danach ging es mir schlecht – ich weinte nachts und blies tagsüber Trübsal. Zwei Semester lang fiel ich zurück und bekam schlechte Zeugnisse. Erinnerst du dich daran? Doch, sicherlich! *Du* warst es ja, der mich wieder zum Büffeln brachte, weil du mich in Mathematik überholt hattest.»

3

Eine Weile starrte mein Freund schweigend in die Glut. Dann sagte er: «Ich habe sie nicht eher wieder zu Gesicht bekommen, als bis ich siebzehn war.

Sie kam mir zum drittenmal vor Augen – als ich auf dem Weg nach Paddington war, um wegen eines Stipendiums nach Oxford zu fahren. Ich konnte nur einen ganz kurzen Blick darauf werfen. Ich lehnte mich über die Tür meines Hansoms, rauchte eine Zigarette und kam mir zweifellos sehr wie ein Mann von Welt vor, und plötzlich war da die Tür, die Mauer, die teure Erinnerung an unvergeßliche und noch erreichbare Dinge.

Wir klapperten vorüber – ich war zu überrascht, um meinen Wagen anzuhalten, bis wir schon ein gutes Stück vorbei und um eine Ecke waren. Dann hatte ich einen seltsamen Moment, eine zweifache, sich widersprechende Willensregung: ich pochte an die kleine Tür im Verdeck meiner Droschke und nahm den Arm herunter, um die Uhr zu ziehen. ‹Ja, Sir!› sagte der Kutscher forsch. ‹Hm, ja – es hat nichts zu bedeuten›, rief ich. ‹Entschuldigen Sie! Wir haben nicht mehr viel Zeit! Fahren Sie weiter!› Und er fuhr weiter...

Ich erhielt das Stipendium. Und am Abend, nachdem mir das mitgeteilt wurde, saß ich am Feuer in meinem kleinen Oberstübchen, meinem Studierzimmer, im Haus meines Vaters, und sein Lob – sein seltenes Lob – und seine vernünftigen Ratschläge klangen mir in den Ohren, und ich rauchte meine Lieblingspfeife – die gewaltige Bulldogge der Jugend – und dachte an die Tür in der langen weißen Mauer. ‹Wenn ich angehalten hätte›, dachte ich, ‹wäre ich um mein Stipendium gekommen, mit Oxford wäre es vorbei gewesen – die großartige Karriere, die vor mir lag, ruiniert! Ich fange an, die Dinge im richtigen Licht zu sehen!› Ich versank in tiefes Nachdenken, aber ich zweifelte damals nicht daran, daß meine Karriere ein Opfer wohl wert war.

Jene teuren Freunde und die reine Atmosphäre

erschienen mir lieblich und wunderbar, aber weit weg. Mein Trachten war jetzt auf die Welt gerichtet. Ich sah eine andere Tür sich auftun – die Tür meiner Karriere.»

Er starrte wieder ins Feuer. Sein roter Widerschein hob flackernd einen Augenblick lang einen Zug von Hartnäckigkeit in seinem Gesicht hervor, der dann wieder verschwand.

«Nun ja», sagte er und seufzte, «ich habe dieser Karriere gedient. Ich habe gearbeitet – viel und hart. Aber ich habe von dem verwunschenen Garten tausend Träume geträumt und seine Tür seitdem viermal gesehen oder zumindest einen Blick von ihr erhascht. Ja – viermal. Eine Zeitlang war diese Welt so licht und interessant, schien so bedeutungsvoll und chancenreich, daß der halb verblichene Zauber des Gartens vergleichsweise sanft und fern war. Wer möchte schon auf dem Weg zum Dinner mit schönen Frauen und bedeutenden Männern Leoparden tätscheln? Von Oxford kam ich nach London, ein hoffnungsvoller junger Mann, der etwas dafür tat, daß diese Hoffnungen sich erfüllten. Und doch hat es auch Enttäuschungen gegeben ...

Zweimal liebte ich – ich will mich nicht dabei aufhalten –, aber als ich einst auf dem Weg zu jemandem war, der – wie ich wußte – bezweifelte, ob ich zu kommen wagte, versuchte ich auf gut Glück eine Abkürzung durch eine einsame Straße von Earl's Court und stieß so auf eine weiße Mauer und eine wohlbekannte grüne Tür. ‹Merkwürdig›, sagte ich zu mir, ‹ich habe geglaubt, daß dieser Ort sich auf Campden Hill befände. Das ist also der Ort, den ich aus irgendeinem Grund nie finden konnte – es war so aussichtslos, wie die Steine von Stonehenge zu zählen –, der Ort meines seltsamen Wachtraumes von damals.› Und ich schritt daran vorüber, gewillt, das zu tun, was ich vorhatte. An jenem Nachmittag übte er keine Anziehungskraft auf mich aus.

Ich verspürte nur einen flüchtigen Impuls, die Klinke niederzudrücken, ich hätte höchstens drei Schritte zur Seite zu machen brauchen – obwohl ich im Innersten sehr sicher war, daß die Tür sich mir öffnen würde –, und dann fiel mir ein, wenn ich es täte, könnte ich zu spät zu der Verabredung kommen, bei der es um meine Ehre ging. Hinterher tat mir meine Pünktlichkeit leid – ich hätte wenigstens einen Blick hineinwerfen und den Leoparden zuwinken können, aber diesmal wußte ich genug, um nicht verspätet zu suchen, was durch Suchen nicht zu finden ist. Ja, dieses Mal war ich sehr unglücklich ...

Jahre voll harter Arbeit folgten, und niemals zeigte sich die Tür. Erst vor kurzem ist sie mir wieder erschienen. Mit ihr hat sich ein Gefühl eingestellt, als ob ein Schleier sich über meine Welt gebreitet hätte. Ich hatte angefangen, es für traurig und bitter zu halten, daß ich die Tür nicht wieder erblicken sollte. Vielleicht hatte ich mich etwas überarbeitet – vielleicht war es Ausdruck dessen, was ich das Lebensgefühl mit Vierzig habe nennen hören. Ich weiß es nicht. Aber ganz sicher haben die Dinge kürzlich ihren Glanz verloren, der Mühen leicht werden läßt, und das gerade zu einer Zeit, in der so viele politische Veränderungen vor sich gehen und ich arbeiten müßte. Seltsam, nicht wahr? Aber ich beginne wirklich, das Leben als Mühe zu empfinden, seinen Lohn, wenn ich ihm nahe bin, als enttäuschend. Vor kurzem fing ich an, mich recht nach dem Garten zu sehnen. Ja – und ich erblickte ihn dreimal.»

«Den Garten?»

«Nein – nur die Tür! Und ich bin nicht hineingegangen!»

Er beugte sich über den Tisch zu mir und sprach mit ungeheurem Bedauern in der Stimme: «Dreimal hatte ich Gelegenheit – *dreimal!* Wenn sich mir jemals wieder die Tür darbietet, so schwor ich, werde ich eintreten, diesem Staub und dieser Hitze entfliehen, diesem kalten Geglitzer der Eitelkeit, diesen vergeblichen Mühen. Ich werde gehen und nie mehr zurückkehren. Diesmal will ich bleiben ... So schwor ich mir, und als die Zeit da war – *ging ich nicht.*

Dreimal in einem Jahr bin ich an der Tür vorübergegangen und bin nicht eingetreten. Dreimal letztes Jahr.

Das erste Mal geschah es am Abend der Abstimmung über den Gesetzentwurf zur Mieterleichterung, bei der die Regierung durch eine knappe Mehrheit von drei Stimmen gerettet wurde. Du erinnerst dich doch? Niemand auf unserer Seite – vielleicht nur sehr wenige auf der Gegenseite – erwartete an jenem Abend diesen Ausgang: dann brach die Debatte wie ein Kartenhaus zusammen. Ich speiste mit Hotchkiss und seinem Cousin bei Brentford zu Abend; wir hatten beide keine Damen bei uns, und wir wurden per Telephon hingerufen und machten uns sofort im Wagen seines Cousins auf den Weg. Wir kamen gerade noch so zurecht, und unterwegs fuhren wir an meiner Mauer und der Tür vorüber – fahl im Mondlicht und von den gelben Lichtkegeln unserer Lampen gefleckt, aber unverkennbar. ‹Mein Gott!› rief ich aus. ‹Was ist?› fragte Hotchkiss. ‹Nichts!› antwortete ich, und der Moment war vorbei.

‹Ich habe ein großes Opfer gebracht›, sagte ich zum Whip, als wir eintrafen. ‹Alle haben Opfer gebracht›, sagte er und eilte weiter.

Ich sehe nicht, wie ich mich damals anders hätte verhalten sollen. Und die nächste Gelegenheit kam, als ich an meines Vaters Bett eilte, um von dem strengen alten Mann Abschied zu nehmen. Auch da waren die Forderungen, die das Leben an mich stellte, unerbittlich. Aber das dritte Mal war anders. Es war vor einer Woche. Bittere Reue erfüllt mich, wenn ich daran denke. Ich war mit Gurker und Ralphs zusammen – es ist kein Geheimnis mehr, daß ich eine Aussprache mit Gurker hatte. Wir hatten bei Frobisher zu Abend gegessen, und wir waren in ein vertrauliches Gespräch gekommen. Die Frage, welchen Platz ich in der umgebildeten Regierung einnehmen sollte, lag immer sehr nahe. Ja, ja. Das ist beschlossene Sache. Man sollte noch nicht darüber reden, aber es gibt keinen Grund, es dir zu verheimlichen ... Ja, besten Dank! Danke! Aber laß mich meine Geschichte weitererzählen.

Damals, an jenem Abend, lag alles fast greifbar in der Luft. Meine Lage war recht prekär. Ich war sehr bedacht darauf, ein definitives Wort von Gurker zu erhalten, wurde aber durch Ralphs' Anwesenheit gestört. Ich strengte alle meine Geisteskräfte an, um das leichte und sorglose Gespräch nicht zu offenkundig auf die Frage kommen zu lassen, die mich bewegte. Ich mußte das. Ralphs' Verhalten seither hat meine Vorsicht mehr als gerechtfertigt ... Ich wußte, daß Ralphs uns nach der Kensington High Street verlassen würde und dann könnte ich Gurker mit plötzlicher Freimütigkeit überrumpeln. Man muß manchmal zu diesen kleinen Tricks greifen ... Und da nahm ich am Rand meines Blickfeldes wieder die weiße Mauer, die grüne Tür vor uns auf der Straße wahr.

Wir gingen im Gespräch daran vorüber. Ich ging daran vorüber. Ich sehe noch jetzt Gurkers markantes Schattenprofil – den Opernhut, der über seiner prominenten Nase nach vorn gebogen war, die vielen Falten seines Schals –, das sich vor meinem und Ralphs' Schatten bewegte, als wir vorüberschlenderten.

Ich ging im Abstand von einem halben Meter an der Tür vorbei. ‹Wenn ich ihnen gute Nacht wünsche und eintrete›, fragte ich mich, ‹was wird dann geschehen?› Und ich war ganz begierig auf jenes Wort mit Gurker.

Ich konnte diese Frage im Gewirr meiner anderen Probleme nicht beantworten. ‹Sie werden mich für verrückt halten›, dachte ich. ‹Und angenommen, ich verschwände jetzt! – Rätselhaftes Verschwinden eines prominenten Politikers!› Das zählte. Tausend unbegreiflich unwichtige weltliche Belange waren in dieser Krise für mich ausschlaggebend.»

Dann wandte er sich mir mit traurigem Lächeln zu, und langsam sagte er: «Hier bin ich!»

«Hier bin ich!» wiederholte er. «Und ich habe meine Chance verpaßt. Dreimal in einem Jahr ist mir die Tür angeboten worden – die Tür, die zu Frieden und Freude führt, zu einer Schönheit, wie man sie nicht erträumen kann, zu einer Freundlichkeit, die kein Mensch auf Erden kennt. Und ich habe sie zurückgewiesen, Redmond, und sie ist auf ewig entschwunden ...»

«Woher weißt du das?»

«Ich weiß es. Ich weiß es. Mir bleibt jetzt nur noch, es durchzustehen, den Aufgaben treu zu bleiben, die mich so sehr beschäftigten, als meine Augenblicke kamen. Du sagst, ich habe Erfolg –

diese gewöhnliche, wertlose, lästige, beneidete Sache. Ich habe ihn, diesen Erfolg.» Er hielt eine Walnuß in seiner großen Hand. «Wenn das mein Erfolg wäre», sagte er und zerdrückte sie und hielt sie mir hin, damit ich sie betrachten konnte.

«Ich will dir etwas sagen, Redmond. Dieser Verlust zerstört mich. Seit zwei Monaten, es werden nun bald zehn Wochen, habe ich überhaupt nicht gearbeitet, nur die wichtigsten und dringlichsten Angelegenheiten erledigt. Meine Seele ist voller Reue, die nicht zum Schweigen gebracht werden kann. Nachts – wenn es weniger wahrscheinlich ist, daß ich erkannt werde – gehe ich hinaus. Ich streife umher. Ja. Ich möchte wissen, was die Leute davon halten würden, wenn sie das erführen. Ein Minister des Kabinetts, das verantwortungtragende Oberhaupt dieser wichtigsten Abteilung, allein umherstreifend … voll Kummer … manchmal fast hörbar in Klagen ausbrechend – um einer Tür, eines Gartens willen!»

4

Ich sehe noch sein bleiches Gesicht vor mir und das ungewohnt düstere Feuer, das in seinen Augen glomm. Heute abend sehe ich ihn sehr deutlich vor mir. Ich sitze da und erinnere mich seiner Worte, seines Tonfalls, und die «Westminster Gazette» vom gestrigen Abend liegt noch immer auf dem Sofa. In ihr steht die Nachricht von seinem Tod.

Heute beim Lunch sprach man im Club nur von seinem Tod. Es kam kein anderes Gesprächsthema auf.

Sie haben ihn gestern in den frühen Morgenstunden in einer tiefen Ausschachtung in der Nähe der East Kensington Station gefunden. Es ist einer von zwei Schächten, die im Zusammenhang mit einer Streckenerweiterung nach Süden hin angelegt wurden. Eine Bretterwand schützt sie nach der Straße vor unbefugtem Betreten. Man hatte zur Bequemlichkeit einiger Arbeiter, die in dieser Richtung wohnen, eine kleine Tür darin angebracht. Durch ein Mißverständnis zwischen zwei Vorarbeitern war diese Tür unverschlossen geblieben; durch sie ging er.

Fragen und Rätsel verdüstern meine Gedanken. Es scheint, als sei er gestern nacht den ganzen Weg vom Parlament nach Hause gelaufen – während der letzten Sitzungsperiode hatte er das häufig getan –, und so stelle ich mir vor, wie seine dunkle Gestalt die späten, menschenleeren Straßen entlang kam, vermummt, in Gedanken versunken. Und täuschte dann das fahle Licht der elektrischen Straßenbeleuchtung am Bahnhof bei der rohen Bretterwand Weiß vor? Erinnerte ihn die fatale unverschlossene Tür an etwas? Hatte es schließlich überhaupt jemals eine grüne Tür in der Mauer gegeben?

Ich weiß es nicht. Ich habe seine Geschichte so erzählt, wie er sie mir erzählte. Zuzeiten glaube ich, daß Wallace lediglich das Opfer einer seltenen, aber nicht einmaligen Art von Halluzination war, die zufällig mit dieser durch Fahrlässigkeit verursachten Unfallquelle korrespondierte, aber in Wirklichkeit ist es mir nicht ernst damit. Man mag mich für abergläubisch halten oder für närrisch; doch ich bin in der Tat fast davon überzeugt, daß er wirklich eine ungewöhnliche Gabe und ein Gespür, irgend etwas besaß, das ihm in Gestalt einer Mauer und einer Tür einen Ausweg bot, einen geheimen und besonderen Fluchtweg in eine andere und unsagbar schönere Welt. Wie dem auch sei, wird man sagen, sie führte letztlich in die Irre. Aber war dem so? Da ist man beim innersten Geheimnis dieser Träumer, dieser Seher und Phantasten angelangt. Wir sehen unsere leidliche Alltagswelt, die Bretterwand und den Schacht. Mit unserem Maßstab des Tageslichtes gemessen, ging er aus der Sicherheit in das Dunkel, in die Gefahr und den Tod. Ob er aber das so sah?

FJODOR SOLOGUB

1863–1927

■

Der vergiftete Garten*

Die Natur der dürstenden Steppen
Gebar ihn am Tage des Zorns.
Puschkin

I

«Schöner Jüngling, worüber denkst du so tief nach?» fragte die alte Frau, bei der der Jüngling ein Zimmer gemietet hatte.

Sie war am Abend leise in sein halbdunkles Zimmer gekommen und, in ihren weichen Pantoffeln auf dem braunrot gestrichenen, unebenen Fußboden kaum hörbar sich nähernd, neben den Jüngling getreten. Er schrak zusammen, weil es so unverhofft geschah. Schon eine halbe Stunde stand er am einzigen Fenster seiner engen Kammer im Obergeschoß des alten Hauses und schaute unentwegt in den sich vor ihm öffnenden schönen Garten, wo viele zart, süß und sonderbar duftende Pflanzen blühten. Der Jüngling antwortete der alten Frau: «Nein, Alte, ich denke an gar nichts. Ich stehe, schaue und warte.»

* Als Vorlage diente die Erzählung «Rappaccinis Tochter» von Nathaniel Hawthorne.

Die alte Frau schüttelte vorwurfsvoll den grauen Kopf, und die Zipfel ihres dunklen Tuchs schaukelten hin und her wie zwei wachsam gespitzte Ohren. Ihr runzliges Gesicht, das gelblicher und hagerer war als das der anderen alten Frauen, die in dieser Straße am Rande der großen alten Stadt wohnten, drückte jetzt Besorgnis und Unruhe aus. Die alte Frau sprach leise und traurig: «Du dauerst mich, lieber Jüngling.»

Ihre Stimme, obwohl auch schon heiser, war so wohltönend erfüllt von Trauer, von aufrichtigem Mitleid, und ihre schon vom Alter verblaßten Augen blickten so bekümmert, daß es den Jüngling im Halbdunkel seines Zimmers für einen kurzen Moment dünkte, als wären diese äußeren Merkmale des Alters nur eine gut angepaßte Maske und als verberge sich dahinter eine junge, schöne Frau, die erst unlängst das herzzerreißende Leid einer Mutter, die um ihren toten Sohn weint, erfahren hat.

Doch der seltsame Augenblick verging, und der Jüngling lächelte über seinen wunderschönen Traum. Er fragte: «Warum dauere ich dich, Alte?»

Die alte Frau stand neben ihm, blickte aus dem Fenster in den schönen, blühenden, von den Strahlen der untergehenden Sonne beschienenen Garten und sagte: «Du dauerst mich, lieber Jüngling, weil ich weiß, wohin du schaust und worauf du wartest. Du und deine Mutter, ihr dauert mich.»

Vielleicht durch diese Worte, vielleicht auch durch etwas anderes wandelte sich die Stimmung des Jünglings. Der blühende und duftende, von einem hohen Zaun umgebene Garten unter seinem Fenster erschien ihm auf einmal merkwürdig, und ein dunkles Gefühl, wie plötzliche Angst, ließ sein Herz entsetzt stocken; es schien, als käme das von den würzigen, betörenden Düften, die die bunten Blumen dort unten verströmten.

«Was ist das bloß?» dachte der Jüngling befremdet.

Er wollte sich nicht dem träumerischen Zauber abendlicher Wehmut hingeben und versuchte, sich zusammenzunehmen, lächelte, strich mit einer raschen Bewegung der kräftigen Hand eine schwarze Locke aus der hohen Stirn und fragte: «Was ist denn Unrechtes daran, daß ich schaue, und worauf warte ich? Und woher weißt du, worauf ich warte?»

In diesem Augenblick war er fröhlich, kühn und schön, seine schwarzen Augen flammten, seine frischen Wangen glühten, seine roten, leuchtenden Lippen sahen aus, als wären sie soeben geküßt worden, und dahinter schimmerten feste, weiße Zähne – lustige, böse Zähne.

Die alte Frau sprach: «Lieber Jüngling, du schaust in den Garten und weißt nicht, daß es ein böser Garten ist. Du erwartest die Schöne und weißt nicht, daß ihre Schönheit Verderben bringt. Zwei Jahre wohnst du in meinem Zimmer, aber niemals warst du so in diesen Anblick versunken wie heute. Offenbar kommt nun die Reihe an dich.

Noch ist es nicht zu spät. Geh weg vom Fenster, atme nicht den Odem der heimtückischen Blumen, und warte nicht, bis die Schöne unter dein Fenster tritt, um zu zaubern! Sie wird kommen, wird zu zaubern beginnen, und du wirst ihr folgen, auch, wohin du nicht willst.»

Bei diesen Worten zündete die alte Frau zwei Kerzen auf dem Tisch an, wo Bücher lagen, schloß das Fenster und zog den Vorhang zu. Leise klirrend glitten die Ringe auf dem kupfernen Stab entlang, der gelbe Stoff des Vorhangs wellte und beruhigte sich wieder, und im Zimmer wurde es fröhlich, ruhig und behaglich. Und es war, als gäbe es vorm Fenster keinen Garten und auf der Welt keine Verzauberung, als wäre alles einfach, gewöhnlich, ein für allemal festgelegt.

«Es stimmt», sagte der Jüngling, «ich habe den Garten nie beachtet. Heute habe ich zum erstenmal die Schöne gesehen.»

«Nun hast du sie schon gesehen», sagte die alte Frau traurig. «Nun ist bereits der böse Same der Verzauberung in deine Seele gelegt.»

Der Jüngling aber sagte, halb zur alten Frau, halb zu sich selbst: «Früher hatte ich gar keine Zeit dazu. Am Tag war ich in den Vorlesungen an der Universität, abends saß ich über meinen Büchern oder war mit fröhlichen Kameraden und schönen Mädchen auf Abendgesellschaften oder im Theater, oben auf der Galerie oder mit dem Studentenbillett auch im Parkett, wenn wenig zahlendes Publikum kam: die Theaterdirektoren lieben uns, wir klatschen ausdauernd Beifall und rufen die Schauspielerinnen heraus, bis alle Lichter gelöscht werden. Im Sommer fährt man zu den Eltern. So hatte ich bisher nur davon gehört, daß der großartige Garten unseres Professors, des berühmten Botanikers, sich nebenan befindet.»

«Berühmt ist er, weil er seine Seele dem Teufel verkauft hat», sagte die alte Frau zornig.

Der Student lachte vergnügt. «Und trotzdem», sagte er, «finde ich es sonderbar, daß ich seine Tochter bis zum heutigen Tag nicht gesehen habe, obwohl mir viel von ihrer wunderbaren Schönheit zu Ohren gekommen war und davon, daß viele vornehme Jünglinge aus der alten Stadt und aus anderen nahen und fernen Orten um ihre Liebe geworben, gehofft und sich getäuscht haben und manche sogar gestorben sind, weil sie ihre Kälte nicht ertrugen.»

«Sie ist heimtückisch», sagte die alte Frau. «Sie kennt den Wert ihrer Zauberkünste und zeigt sich nicht jedem. Ein armer Student hat es schwer, ihre Bekanntschaft zu machen. Ihr Vater hat sie in vielem unterrichtet, was selbst Gelehrte nicht wissen, doch mit dir wird sie sich kein Stelldichein geben. Sie hält es mehr mit den Reichen, von denen sie viele Geschenke erwarten kann.»

«Alte, heute habe ich sie nun genau gesehen», wandte der Jüngling ein, «und mir scheint, daß ein Mädchen mit so schönem Gesicht, so klaren

Augen, so graziösen Manieren und so hübscher Kleidung nicht heimtückisch und eigennützig sein, nicht Geschenken nachjagen kann. Ich habe mir fest vorgenommen, ihre Bekanntschaft zu suchen. Heute noch werde ich zum Botaniker gehen.»

«Der Botaniker läßt dich niemals über seine Schwelle», sagte die alte Frau. «Sein Diener wird dich gar nicht melden, wenn er deine schäbige Kleidung sieht.»

«Was kümmert ihn meine Kleidung?» rief der Jüngling ärgerlich.

«Ja, wenn du auf einer geflügelten Eidechse geritten kämst», sagte die alte Frau, «würde man dich vielleicht einlassen und nicht auf deine Flicken schauen.»

Der Jüngling lachte und rief belustigt: «Wohlan, Alte, wenn ich nicht anders hineingelange, sattle ich eine geflügelte Eidechse!»

«Von euren Streiks ist nichts Gutes zu erwarten», knurrte die alte Frau. «Wenn ihr friedlich lerntet, wäre alles gut. Und du brauchtest nicht traurig zu sein wegen dieser schlauen Schönheit und ihres schrecklichen Gartens.»

«Was ist denn Schreckliches an ihrem Garten?» fragte der Jüngling. «Und wir kamen einfach nicht umhin, zu streiken: unsere Rechte und die Rechte der Universität sind verletzt worden. Sollten wir uns demütig damit abfinden?»

«Junge Leute müssen lernen», knurrte die alte

Frau, «und nicht ihre Rechte abwägen. Du aber, mein lieber Junge, solltest – bevor du die Schöne kennenlernst – morgen früh beim Sonnenschein, wenn man alles klar und richtig sieht, vom Fenster aus aufmerksam in ihren Garten schauen. Du wirst sehen, in diesem Garten gibt es nicht die Blumen, die hier jedermann bekannt sind. Die Blumen, die dort wachsen, kennt niemand bei uns in der Stadt. Bedenke es gut, denn das kommt nicht von ungefähr. Der Teufel ist heimtückisch – ist dies nicht sein Werk, um die Menschen zu verderben?»

«Es sind fremdländische Pflanzen», sagte der Jüngling, «man hat sie aus warmen Ländern mitgebracht, wo alles anders ist.»

Doch die alte Frau wollte die Unterhaltung nicht fortsetzen. Sie winkte verdrossen ab und schlurfte hinaus, undeutlich ärgerliche, unfreundliche Worte murmelnd.

Die erste Regung des Jünglings war, ans Fenster zu treten, den gelben Vorhang zurückzuziehen und wieder in den verzauberten Garten zu sehen und zu warten. Doch er wurde gestört: sein Freund, ein lauter, linkischer junger Mann, kam und lud ihn ein, zu ihrem Versammlungsort mitzukommen, um zu reden, zu streiten, zu lärmen und zu lachen. Lachend und – mehr als sich schickte – entrüstet die Arme schwenkend, erzählte der Freund dem Jüngling unterwegs, was am Morgen in den Hörsälen und auf den Korridoren der Universität vorgefallen, wie alle Vorlesungen gesprengt und die Gegner des Streiks beschämt worden waren, welche wunderbaren Worte die geliebten, guten Professoren gesagt und wie lächerlich sich die ungeliebten und also schlechten Professoren gemacht hatten.

Der Jüngling erlebte einen interessanten Abend. Er sprach aufgeregt wie alle. Er hörte aufrichtige, leidenschaftliche Reden. Er blickte die Freunde an, deren Gesichter die sorglose Kühnheit der Jugend und ihre hitzige Empörung ausdrückten. Er sah liebe, kluge, sittsame Mädchen und träumte davon, aus ihrem vergnügten Kreis eine Freundin zu wählen. Und beinahe hätte er die Schöne in ihrem zauberhaften Garten vergessen.

Er kehrte spät nach Hause zurück und schlief fest ein.

2

Am Morgen, als er die Augen aufschlug und sein Blick auf den gelben Stoff des Fenstervorhangs fiel, schien es ihm, als wäre das Gelb vom Purpur eines dunklen Wunsches verfärbt und berge eine seltsame, unheimliche Spannung. Es war, als richtete die Sonne zudringlich und leidenschaftlich ihre brennenden, bitteren Strahlen auf den von goldenem Licht durchstrahlten Stoff – rufend, fordernd, erregend. Und zur Antwort auf die merkwürdige äußerliche Spannung von Gold und Purpur füllten sich die Adern des Jünglings mit feurigem Leben, strömte behende Kraft in die Muskeln, wurde das Herz der Ursprung heller Brände. Von Millionen belebender, brennender, erweckender Nadeln wonnig durchbohrt, sprang er aus dem Bett und tanzte unbekleidet mit jungenhaft fröhlichem Lachen im Zimmer umher.

Von dem ungewöhnlichen Lärm angezogen, schaute die alte Wirtin zur Tür herein. Sie schüttelte vorwurfsvoll den Kopf und sagte mißmutig: «Lieber Junge, du tanzt und freust dich und beunruhigst alle, aber worüber du dich freust, weißt du selbst nicht, und du ahnst nicht, wer unter deinem Fenster steht und was sie dir bereiten wird.»

Der Jüngling geriet in Verwirrung, war leise und sittsam wie zuvor, seinem Charakter gemäß und der guten Erziehung angemessen, die er zu Hause genossen hatte. Er wusch sich gründlicher als gewöhnlich, vielleicht, weil er heute nicht zu den Vorlesungen eilen mußte, vielleicht auch aus einem anderen Grund, und kleidete sich ebenso ordentlich an, bürstete den schon recht schäbigen Rock sorgfältig aus: einen neuen hatte er nicht, denn seine Eltern waren nicht reich und konnten ihm nur wenig Geld schicken. Dann trat er ans Fenster. Sein Herz stockte vor Unruhe, als er den gelben Vorhang zurückzog. Ein bezauberndes Bild tat sich vor ihm auf – doch bemerkte er heute sofort, daß dieser weite, vortrefflich gelegene Garten etwas Seltsames an sich hatte. Was ihn befremdete, begriff er noch nicht gleich, und er betrachtete aufmerksam den Garten.

Was war unangenehm an seiner Schönheit? Weshalb stockte das Herz des Jünglings? Lag es daran, daß in diesem zauberhaften Garten alles gar zu regelmäßig war? Die Wege waren schnurgerade, sämtlich von gleicher Breite und gleichmäßig mit einer ebenen Schicht gelben Sandes bedeckt, die Pflanzen in sorgfältiger Ordnung gesetzt, die Bäume zu Kugeln, Kegeln und Zylindern beschnitten, die Blumen in den Farbtönen aufeinander abgestimmt, so daß die Anordnung das Auge erquickte, und dennoch verletzte es die Seele.

Was aber war, recht besehen, unangenehm an dieser Ordnung, die davon zeugte, daß sich jemand unermüdlich um den Garten sorgte? Nein, der Grund für die sonderbare Unruhe, die den Jüngling quälte, lag natürlich nicht darin, sondern in etwas anderem, das er noch nicht begriff.

Eines stand außer Zweifel, dieser Garten glich keinem der Gärten, die der Jüngling in seinem Leben bisher gesehen hatte. Hier erblickte er riesige und allzu bunte Blumen – zuweilen schien es, als flammten verschiedenfarbige Feuer im üppigen Grün –, die Ranken brauner und schwarzer Pflanzen, dick wie tropische Schlangen, Blätter von sonderbarer Form und unmäßiger Größe, deren Grün unnatürlich grell wirkte. Würzige, betörende Düfte strömten in leichten Wellen zum offenen

Fenster herein, der Odem von Vanille und Weihrauch und bitteren Mandeln – süße und bittere, feierliche und traurige Düfte wie das triumphale Mysterium eines Begräbnisses.

Der Jüngling spürte auf seinem Gesicht die zarte, aber ermunternde Berührung eines Lufthauches. In diesem sonderbaren Garten, so schien es, besaß der Wind keine Kraft und legte sich ermattet auf das ruhige grüne Gras in den Schatten unter den Büschen. Weil die Bäume und Gräser des Gartens atemlos still waren, nicht den leise über ihnen wehenden Wind hörten und ihm nicht antworteten, wirkten sie leblos. Und darum trügerisch, böse, feindselig für den Menschen.

Freilich, eines der Gewächse regte sich. Doch bei seinem Anblick lachte der Jüngling auf. Was er für den blattlosen Stamm eines sonderbaren Gewächses gehalten hatte, war ein kleingewachsener, hagerer, schwarzgekleideter Mann. Er stand vor einem Strauch mit hellpurpurnen Blättern, kam dann langsam, auf einen dicken Stock gestützt, den Weg entlang zu jenem Fenster, aus dem der Jüngling schaute. Nicht so sehr am Gesicht, das von der breiten Krempe des schwarzen Hutes verdeckt und von oben nur zum Teil sichtbar war, wie am Gebaren und am Gang erkannte der Jüngling den Botaniker. Der Jüngling wollte nicht unsittsam erscheinen und trat vom Fenster zurück. Plötzlich sah er, wie dem Botaniker die Schöne, seine junge Tochter, entgegeneilte.

Ihre nackten Arme hatte sie zu den hochgebundenen schwarzen Zöpfen erhoben, sie steckte sich gerade eine feuerrote Blume ins Haar. Die leichte, kurze Tunika wurde auf der Schulter von einer goldenen Spange gehalten. Ihre leicht sonnengebräunten, bis zu den Knien entblößten Beine waren wohlgestaltet wie die einer auferstandenen Göttin. Das Herz des Jünglings stockte, er vergaß alle Vorsicht und Sittsamkeit, stürzte wieder zum Fenster und blickte begierig auf die liebreizende Erscheinung. Die Schöne warf ihm einen raschen, feurigen Blick zu – unter den schwarzen, ebenmäßigen Brauen leuchteten blaue Augen – und lächelte zärtlich und listig.

Wenn Menschen glücklich sind, wenn ihnen ab und zu die Sonne einer irrsinnigen Freude scheint, sie im wonnigen Wirbel des Entzückens in Länder jenseits aller Schranken trägt, wo wären dann die Worte, dies zu sagen? Und wenn es auf der Welt bezaubernde Schönheit gibt, wie sollte man sie beschreiben?

Doch nun blieb die Schöne stehen, blickte den Jüngling unverwandt an, lachte froh – und in einem unsäglichen Wirbel des Entzückens vergaß der Jüngling alles, was es auf der Welt gab, beugte sich ungestüm aus dem Fenster und rief mit einer vor Erregung schwingenden Stimme: «Du Liebe! Schöne! Göttliche! Komm zu mir! Liebe mich!»

Die Schöne kam näher, der Jüngling hörte eine

leise klingende, klare Stimme, und ein jeder Laut verursachte seinem Herzen süße Qual: «Lieber Jüngling, kennst du den Preis meiner Liebe?»

«Sei es um den Preis des Lebens!» rief der Jüngling aus. «Führe sie mich auch an das dunkle Tor des Todes!»

Wie die flammende und lachende Himmelsröte stand die Schöne vor dem Jüngling und streckte ihm die schlanken, entblößten Arme entgegen. Sie sprach, und ihre Worte verströmten den betörenden, verführerischen Duft einer zarten Tuberose: «O lieber Jüngling, weiser und leidenschaftlicher Jüngling, du weißt, du siehst, du erlebst es. Viele haben mich geliebt, viele Schöne, Junge, Starke begehrten mich, vielen habe ich huldvoll zugelächelt mit dem Lächeln der letzten Trösterin, doch niemals zuvor habe ich einem die süßen und schrecklichen Worte gesagt: ‹Ich liebe dich.› Jetzt bin ich bereit und warte.»

Leidenschaft und Begehren klangen in ihrer Stimme. Sie löste eine schwarze Seidenschnur mit einem bronzenen Schlüssel von ihrem Gürtel, und sie hob bereits die Hand, um dem Jüngling den Schlüssel zuzuwerfen. Doch schon eilte der Vater hinzu, der von ferne bemerkt hatte, daß sie mit einem unbekannten Jüngling sprach. Grob packte er ihre Hand, entwand ihr den Schlüssel und rief mit heiserer Greisenstimme, die so widerwärtig klang wie das schwerfällige Krächzen eines alten Raben auf dem Friedhof: «Du Wahnsinnige, was willst du tun? Du hast mit ihm nicht zu sprechen. Dieser Jüngling ist nicht von der Art jener, für die wir den Garten gehegt, die Säfte der Pflanzen mit der giftigen Milch des Antiars* gemischt haben. Nicht für solche wie diesen Habenichts ist unser Ahnherr am verderbenbringenden Odem dieses schrecklichen Harzes gestorben. Geh, geh ins Haus und wage es nicht, mit ihm zu sprechen!»

Der Alte zog die Tochter zum Haus, das tief im Garten zu sehen war. Er hielt ihre beiden Hände fest in der seinen umklammert. Die Schöne folgte dem Vater demütig und lachte. Ihr Lachen war klar, wohltönend, süß und stach mit Tausenden von scharfen Stacheln ins flammende Herz des Jünglings.

Er stand noch am Fenster, blickte lange angestrengt in die berechneten und bereinigten Weiten des verzauberten Gartens. Doch die Schöne zeigte sich nicht mehr. Alles in dem wundersamen Garten war reglos und still; leblos erschienen die ungeheuerlich bunten Blumen, sie verströmten einen Duft, der den Jüngling schwindeln ließ, ihm vor drückender Sehnsucht das Herz zusammenzog, einen Duft, der an den dunklen, ungestümen, gierigen Odem von Vanille, Zyklamen, Tollkraut und Tuberose erinnerte, böser, unseliger Blumen, die sterbend töten, die durch das Geheimnis des Todes bezaubern.

---

* In Indien heimischer Baum, der in seinem Milchsaft das Pfeilgift Upas-Antiar enthält.

3

Der Jüngling war fest entschlossen, in den wundersamen Garten einzudringen, die geheimnisvollen Düfte zu atmen, welche die Schöne atmete, und ihre Liebe zu erobern, sei es um den Preis des Lebens, sei der Weg zu ihr auch todbringend, sei es auch ein Weg ohne Wiederkehr. Wer aber konnte ihm helfen, ins Haus des alten Botanikers zu gelangen?

Der Jüngling verließ das Haus. Lange ging er in der Stadt umher und fragte alle, die er kannte, nach der Schönen, der Tochter des Botanikers. Die einen konnten ihn nicht in das Haus des alten Botanikers einführen, die anderen wollten es nicht, und alle sprachen mißgünstig von der Schönen.

Ein Freund sagte ihm: «Alle vornehmen jungen Männer der Stadt sind in sie verliebt und preisen ihre erlesene, raffinierte Schönheit. Uns gemeinem Volk aber ist ihre Schönheit verhaßt und unnütz; ihr totes Lächeln ärgert uns, und der Irrsinn im Blau der Augen scheint uns widerwärtig.»

Ein Mädchen sprach im gleichen Sinne: «Ihre Schönheit, von der so viele nichtige und reiche Jünglinge sprechen, ist nach unserer Ansicht gar keine Schönheit. Es ist die tote Schönheit des Verfalls und des Niedergangs. Ich glaube gar, sie legt rote und weiße Schminke auf. Sie riecht wie eine giftige Blume: selbst ihr Atem ist parfümiert, und das ist widerwärtig.»

Ein populärer Professor sagte: «Mein Kollege Botaniker ist ein berühmter und gelehrter Mensch; doch er will seine Wissenschaft nicht den hohen Interessen der Humanität unterordnen. Und seine Tochter, heißt es, sei bezaubernd. Manche sagen gar, ihre Kostüme und Manieren seien originell; ich hatte übrigens nicht die Gelegenheit, mich mehr oder minder ausgiebig mit ihr zu unterhalten; überdies trifft man sie in unserem Kreise selten an. Ich denke jedoch, ihr Zauber enthält etwas der Gesundheit Schädliches – mir sind seltsame Gerüchte zu Ohren gekommen, für deren Glaubwürdigkeit ich allerdings nicht bürgen kann, Gerüchte, wonach die Sterblichkeit bei den jungen Aristokraten, die dieses Haus besuchen, über dem Durchschnitt liege.»

Ein Abt mit einem feinen Lächeln im glattrasierten, blassen Gesicht sagte: «Wenn die Schöne zu mir in die Kirche kommt, betet sie gar zu inbrünstig. Man könnte meinen, sie habe schwere Sünden zu büßen. Ich hoffe indes, wir müssen sie nicht im Leinenhemd einer reumütigen Sünderin in der Vorhalle der Kirche stehen sehen.»

Eine Mutter sagte, nachdem sie ihre Töchter aus dem Zimmer geschickt hatte: «Ich verstehe nicht, was man Anziehendes an ihr findet. Ihretwegen ruiniert man sich; sie kokettiert, bricht die Herzen der Jünglinge, macht den Bräuten die Bräutigame abspenstig, doch sie selbst liebt keinen. Meinen lieben Töchtern Minotschka, Linotschka,

Der Botaniker Jan Commelin mit seinen Schülern
Nach einem Aquarell von J. und M. Moninckx, 1697

Dinotschka, Ninotschka, Rinotschka, Tinotschka und Sinotschka erlaube ich nicht, mit ihr Bekanntschaft zu pflegen. Sie sind sittsam, lieb, reizend, fröhlich, freundlich, fleißig, sind emsig im Haushalt und bei den Handarbeiten. Mag es mir auch noch so leid tun, sie herzugeben, doch meine Älteste möchte ich mit solch einem sittsamen Jüngling vermählen, wie Sie es sind!»

Der Jüngling eilte davon. Die sieben Schwestern lächelten ihm aus dem Fenster zu, eine an die andere gedrängt. Es war ein liebreizendes, angenehmes Bild, doch das Herz des Jünglings erfüllten süße, unheimliche Träume von der Schönen.

4

Der alte Botaniker führte seine Tochter ins Haus. Sein Zorn besänftigte sich, und obwohl er die zusammengelegten zarten Hände der fröhlich lächelnden Schönen bis zur Schwelle nicht aus seinen großen knochigen Fingern ließ, preßte er sie doch nicht mehr so schmerzhaft und stieß sie nicht so grob vorwärts. Sein Gesicht war traurig. Er ließ die Hände seiner Tochter los, und sie folgte ihm gehorsam in sein Arbeitszimmer, einen großen, düsteren Raum, die Wände voller Regale mit vielen dicken, verstaubten Büchern.

Der Botaniker setzte sich auf einen dunklen Ledersessel an dem schweren Eichentisch. Er wirkte müde. Er bedeckte die noch jugendlich strahlenden Augen mit seiner pergamentgelben, zitternden Hand und sah darunter hervor seine Tochter vorwurfsvoll an. Die Schöne kniete zu Füßen des alten Botanikers nieder, blickte zu seinem Gesicht auf, lächelte zärtlich und demütig. Sie hielt sich gerade, ihre Arme waren herabgesunken, in ihrer Pose lag gefaßte Demut, im Lächeln des verführerischen Mundes sanfter Trotz. Ihr Gesicht schien erbleicht zu sein, es war, als flamme schüchtern auf ihren Lippen der Wahnsinn eines Lachens auf und als verberge sich im Blau ihrer Augen der Aberwitz der Sehnsucht. Sie schwieg und wartete, was der Vater sagen würde.

Er sprach langsam, als suche er mühevoll nach Worten: «Meine Liebe, was mußte ich hören? So etwas habe ich von dir nicht erwartet. Warum hast du das getan?»

Die Schöne senkte den Kopf und sagte leise: «Vater, früher oder später mußte dies geschehen.»

Und er fuhr fort: «Dann soll es lieber später als früher geschehen.»

«Ich bin entflammt», sagte die Schöne leise.

Das Lächeln auf ihren Lippen war wie der Widerschein eines lichterloh brennenden Feuers, in ihren Augen zuckten heimlich blaue Blitze, und ihre entblößten Schultern und Arme waren wie ein feines Alabastergefäß voll geschmolzenen Metalls. Heftig atmete die hohe Brust, und zwei weiße Wogen drängten aus den engen Umarmungen ihres Kleides, dessen zarte Farbe an das gelbliche

Rosa eines Pfirsichs erinnerte. Unter den Falten des kurzen Gewandes schauten die schlanken Beine hervor, die zitternd auf dem dunkelgrünen Samtteppich lagen.

Der Vater schüttelte leise den Kopf und sagte traurig und streng: «Du, liebe Tochter, bist, wiewohl keusch geblieben, doch so erfahren und so geschickt in der wundersamen Kunst des Zauberns; aber du mußt wissen, daß es für dich noch zu früh ist, mich zu verlassen und meinen Plan unvollendet aufzugeben.»

«Aber wird es denn kein Ende haben?» widersprach die Schöne. «Sie kommen wieder und wieder.»

«Niemand weiß», sagte der Botaniker, «ob dies das Ende ist und ob wir die Vollendung unseres Planes sehen oder sie anderen Generationen überlassen werden. Doch wir tun, was wir können. Besinne dich, jetzt kommt der junge Graf zu dir. Du wirst ihn küssen und ihm eine vergiftete Blume nach seiner Wahl geben. Er wird fortgehen, voll süßer Hoffnungen und banger Erwartungen, und das Unausweichliche wird sich an ihm vollziehen.»

Ein Ausdruck der Demut und der Langeweile legte sich auf das Gesicht der Schönen. Der Vater sagte zu ihr: «Geh.»

Er beugte sich herab, küßte sie auf die Stirn. Die Schöne schmiegte ihre heißen roten Lippen an seine runzlige gelbe Hand, preßte ihre weiße, halb entblößte Brust an seine mageren Knie, seufzte und erhob sich. Und ihr Seufzen war wie das Stöhnen einer Schalmei.

5

Eine halbe Stunde später sprach die Schöne, sanft lächelnd, zu dem jungen, schönen, hochmütigen Grafen, im gleichen Gewand vor ihm im Garten stehend, an einem runden Beet mit bunten, großen Blumen, die einen betäubenden Duft verströmten: «Lieber Graf, du willst sehr viel. Dein Begehren ist allzu feurig und allzu ungeduldig.»

Ihr Lächeln war zärtlich und listig, und ihre keuschen klaren Blicke glitten liebevoll über die schlanke Gestalt des jungen Grafen und über seine reiche Kleidung, die aus den teuersten Tuchen modisch und schön genäht und mit Gold und Edelsteinen geschmückt war.

«Liebe Zauberin», sprach der Graf, «ich weiß, du warst kalt zu den vielen, die deine Zuneigung suchten. Zu mir aber wirst du freundlicher sein. Ich vermag deine Liebe zu erringen. Bei meiner Ehre schwöre ich, ich werde das kalte Blau deiner Augen dunkel werden lassen vor Leidenschaft.»

«Wie, Graf, willst du meine Liebe erwerben?» fragte die Schöne.

Undurchdringlich war der Ausdruck ihres schönen Antlitzes, und ihre Stimme verhehlte nicht die Erregung, die so leicht von Mädchen Besitz ergreift, wenn sie die glühende Stimme einer ihnen angetragenen Leidenschaft vernehmen. Doch der selbstsichere, hochmütige Graf ließ sich nicht beirren. Er sprach: «Von meinen Vorfahren habe ich viele Schätze geerbt, und ich selbst habe sie durch Gold und Mut vermehrt. Ich besitze viele Edelsteine, Ringe, Halsbänder, Armbänder, orientalische Stoffe und Parfüme, arabische Pferde, Kleider aus Seide und Atlas, seltene Waffen und anderes mehr, was ich gar nicht so rasch aufzählen kann, was mir gar nicht gleich einfällt. Das alles werde ich dir, Zauberin, zu Füßen legen, mit Rubinen werde ich dein Lächeln aufwiegen, mit Smaragden deine Tränen, mit Gold deine duftenden Seufzer, mit Diamanten deine Küsse und mit einem Stoß des treuen Dolches deine arglistige Untreue.»

Die Schöne lachte. Sie sagte: «Noch gehöre ich dir nicht, und schon fürchtest du meine Untreue und drohst mir. Das könnte mich doch erzürnen!»

Der Graf kniete jäh vor der Schönen nieder und bedeckte ihre geschmeidigen, schlanken Hände mit Küssen, von deren zarter Haut ein leichter, unheimlicher Wohlgeruch aufstieg.

«Verzeih mir meinen Wahnsinn, bezaubernde Schöne», flehte er und hatte augenblicklich seinen Hochmut vergessen, «die Liebe zu dir raubt mir die Ruhe und gibt mir wilde Taten und seltsame Worte ein. Doch was soll ich tun? Ich liebe dich mehr als meine Seele und bin, um dich zu besitzen, bereit, nicht nur mit meinen Schätzen, nicht nur mit meinem Leben zu bezahlen, sondern auch mit dem, was mir teurer ist als mein Leben und mein Seelenheil – mit meiner Ehre!»

Die bezaubernde Schöne sagte liebenswürdig: «Deine Worte haben mich gerührt, lieber Graf. Steh auf! Ich werde keinen unangemessenen Preis für meine Liebe von dir fordern – sie ist nicht zu kaufen und nicht zu verkaufen. Doch wer liebt, muß auch warten können. Wahre Liebe findet stets einen Weg zum Herzen der Geliebten.»

Der Graf erhob sich. Mit einer eleganten Geste rückte er die Spitzenmanschetten seines grünen Atlasrockes zurecht und bedachte die Schöne mit einem langen, entzückten Blick. Ihrer beider Augen trafen sich, und der Ausdruck der keuschen hellen Augen der Schönen war wie zuvor undurchdringlich.

Von dumpfer Unruhe ergriffen, die in Minuten der Todesgefahr sogar Hochmütige und Selbstsichere ergreift, trat der Graf von der Schönen zurück. Auf einer nahen Bank lag ein reich geschnitztes eichenes Kästchen. Der Graf öffnete es und gab es mit ehrfurchtsvoller Verbeugung der Schönen. Sonnenstrahlen zuckten fröhlich lachend auf den Brillanten und Rubinen eines Diadems. Dem hochmütigen Grafen schien es, als fiele das Strahlen und Lachen von den geröteten Lippen der Schönen auf die wertvollen Steine. Doch ihr Lächeln war wie zuvor, und sie betrachtete das Geschenk, als wäre es ein wertloses, jedoch angenehmes Zeichen der Aufmerksamkeit.

Sie war einen Augenblick lang bekümmert, blickte düster und sagte: «Meine Vorfahren waren Sklaven, du aber schenkst mir ein Diadem, das selbst eine Herrscherin nicht ausschlüge.»

«Zauberin», rief der Graf, «du bist noch prächtigerer Diademe würdig!»

Die Schöne lächelte ihm freundlich zu, und wieder wurde sie ein wenig traurig, blickte düster und sprach leise: «Heiße Blutstropfen unter den Peitschen der Grausamen waren das Los meiner Vorfahren, mir aber sind feierliche Rubine gekrönter Freude beschieden.» Und ganz, ganz leise hauchte sie: «Aber ich vergesse es nicht.»

«Warum an das längst Vergangene denken!» rief der Graf. «Voller Freude sind die Tage der lichten Jugend; die Trauer der Erinnerungen überlassen wir dem Alter.»

Die Schöne lachte, vertrieb mit dem Lachen die augenblickliche Bekümmerung, die dahinschmolz wie eine Wolke in der Sommersonne. Sie sagte zum Grafen: «Für dein schönes Geschenk, lieber Graf, gebe ich dir heute eine Blume nach deiner Wahl und einen Kuß. Nur einen.»

Der junge Graf geriet in Entzücken und äußerte es so ungestüm und laut, daß die Schöne sanft und streng wiederholte: «Nur einen, nicht mehr.»

Und sie fragte den Grafen: «Welche Blume, lieber Graf, willst du von mir?»

Der Graf erwiderte: «Schöne Zauberin, was immer du mir gibst, ich werde dir für alles unsäglich dankbar sein.»

Lächelnd sprach die Schöne: «Alle Blumen, die du, lieber Graf, hier siehst, sind aus fernen Ländern mitgebracht. Sie wurden unter großen Mühen und sogar unter Gefahren gesammelt. Durch emsige Pflege hat mein Vater ihre Gestalt, ihre Farbe und ihren Duft verbessert. Lange hat er ihre Eigenschaften erforscht, hat umgepflanzt, gekreuzt, gepfropft und am Ende ereicht, daß aus armen, wilden, unschönen Blümchen von Feld und Wald solche bezaubernden und wohlriechenden Blumen wurden.»

«Und die bezauberndste Blume bist du, du Schöne!» rief der Graf.

Sie seufzte leicht und fuhr fort: «Viele finden ihren Duft zu stark und betäubend. Und ich bemerke, daß du, lieber Graf, erbleichst – wir haben zu lange inmitten dieser heißen Düfte geweilt. Ich bin es gewohnt, ich habe sie von Kind an geatmet, und mein Blut ist durchdrungen von ihren süßen Dünsten. Doch du solltest nicht zu lange hier stehen. Wähle rasch, welche Blume du von mir nehmen willst.»

Aber der Graf beharrte, die Schöne solle die Blume für ihn wählen – ungeduldig wartete er auf ihr zweites Geschenk, den versprochenen Kuß, den ersten Kuß von ihr. Die Schöne blickte auf die Blumen. Ihr Gesicht verdüsterte sich wieder durch einen leisen Schatten der Trauer. Plötzlich, wie von fremdem Willen geführt, streckte sie schnell ihre Hand aus, die so schön war in ihrer entblößten Schlankheit, und pflückte eine weiße, volle Blume. Sie verlangsamte die Bewegung der Hand, beugte den Kopf, und mit der Miene schamhafter Unentschlossenheit näherte sie sich dem Grafen und legte ihm die Blume auf eine Tresse seines Rockes.

Ein starker, durchdringender Duft strömte dem jungen Grafen ins Gesicht, und ihm schwindelte in träumerischer Ohnmacht. Gleichgültigkeit und Müdigkeit beherrschten ihn. Er war kaum noch bei Sinnen, spürte kaum, wie die Schöne ihn bei der Hand nahm und ins Haus führte, fort von den Düften des wundersamen Gartens.

Der Graf erwachte in einem Zimmer des Hauses, wo alles hell, weiß und rosa war. Die jünglingshafte Frische kehrte in sein Antlitz zurück, seine schwarzen Augen brannten wieder vor Leidenschaft, und er fühlte aufs neue Lebensfreude und drängendes Begehren. Doch schon lauerte das Unausweichliche. Eine nackte, schlanke Hand legte sich um seinen Hals, und zärtlich, süß und lang war der duftende Kuß der Schönen. Die zwei blauen Blitze ihrer Augen leuchteten dicht vor seinen Augen und verbargen sich im leisen Geheimnis der langen Wimpern. Unheimliche Feuer süßen Schmerzes umwirbelten das Herz des jungen Grafen. Er hob die Hände, um die Schöne zu umarmen, doch mit einem leisen Schrei wich sie zurück, leicht und still; sie floh und ließ ihn allein. Der Graf wollte ihr nacheilen. Doch in der Tür des rosafarbenen Zimmers begegnete ihm der alte Botaniker. Höhnisch war das Lächeln der schmalen Lippen, die sich als roter Strich in das pergamentgelbe Gesicht kerbten. Der Graf war betreten. Mit einer ihm sonst nicht eigenen Verlegenheit, im ganzen Körper Schwäche spürend, empfahl er sich dem alten Botaniker und ging.

Unheimliche Wirbel süßen Schmerzes umkreisten immer rascher das Herz des jungen Grafen, als er auf seinem arabischen Rappen nach Hause ritt, und er hörte kaum das helle Klappern der Hufe auf den Steinen. Immer bleicher wurde sein Gesicht. Plötzlich fielen seine Augen zu, die Hand ließ die Zügel fahren, er sank zusammen und glitt aus dem Sattel. Das erschrockene Pferd bäumte sich auf, warf den Reiter ab und jagte davon. Der Graf war schon tot, als man ihn aufhob, sein Kopf war an den Steinen zerschmettert. Niemand vermochte sich zu erklären, woran er gestorben war. Merkwürdig, er war doch ein gewandter Reiter gewesen!

6

Die Nacht brach an. Süß und unruhig leuchtete der Vollmond, hexte und zauberte mit seinen kalten, grabesstillen Strahlen. Dumpfe Angst erfüllte das Herz des Jünglings, als er an sein Fenster trat. Seine Hände ergriffen den Saum des gelben Vorhangs, verhielten aber und zögerten lange, bis er sich entschloß und den Vorhang gemächlich zur Seite zog. Langsam sich windend, raschelte der gelbe Stoff, und das Geräusch ähnelte dem kaum hörbaren Pfeifen einer Schlange im Waldesdickicht; leise klangen und klirrten die leichten Ringe auf der kupfernen Stange.

Die Schöne stand unter dem Fenster, blickte hinauf und wartete. Das Herz des Jünglings erschauerte, er wußte nicht, ob sein Herz sich vor Angst oder vor Entzücken quälte.

Die schwarzen Zöpfe der Schönen fielen auf ihre nackten Schultern. Ein scharfer Schatten lag zu ihren unbekleideten Füßen auf der Erde. Seitlich vom Mond beschienen, stand die Schöne da wie eine jähe, deutliche Erscheinung. Die Falten der weißen Tunika waren streng und dunkel. Dunkel war das Blau der Augen der Schönen, rätselhaft ihr unbewegtes Lächeln. In der sonderbaren Ruhe ihres Körpers und ihres Gewandes schimmerte dunkel die mattglänzende Spange auf ihrer Schulter.

Die Schöne sprach leise, ihre Worte dufteten nach Ambra, Moschus und Tuberose und klangen wie die feinen silbernen Ketten an einem angezündeten Weihrauchkessel: «Lieber Jüngling, ich liebe dich. Deinem Ruf folgend, verstoße ich gegen den Willen meines Vaters und komme dir sagen: fürchte mich und meinen Zauber, flüchte weit aus dieser alten Stadt und überlaß mich meinem finsteren Schicksal, mich, die ich vom bösen Odem des Antiars berauscht bin.»

«O du Schöne!» antwortete der Jüngling. «Du, die ich kaum kennengelernt habe und die mir schon teurer ist als mein Leben und meine Seele, warum sagst du mir solche grausamen Worte? Oder traust du meiner Liebe nicht, die plötzlich entflammt ist, aber nie mehr erlöschen wird?»

«Ich liebe dich», wiederholte die Schöne, «und ich will dich nicht ins Verderben stürzen. Mein Atem ist von Gift durchtränkt, und mein schöner Garten ist vergiftet. Du bist der erste, dem ich es sage, denn ich liebe dich. Eile und verlasse diese Stadt, fliehe diesen Garten mit seiner unheilbringenden Schönheit, fliehe weit weg und vergiß mich!»

Trunken vor Entzücken und vor Trauer, die süßer war als alle irdischen Freuden, rief der Jüngling: «Meine Geliebte! Was will ich denn von dir? Nicht nach einem Augenblick nur dürstet meine Seele! Verbrennen in der seligen Flamme des Entzückens und der Liebe und zu deinen lieblichen Füßen sterben!»

Ein leises Zucken lief über den Körper der Schönen, und sie wurde wie die klare Freude der Morgenröte hinter weißem Nebel. Mit einer feierlichen, weiten Bewegung hob sie ihre nackten Arme, strebte zu dem Jüngling und sprach: «O mein Geliebter! Es sei, wie du es willst. Mit dir zu sterben ist mir eine Wonne. Komm zu mir in meinen schrecklichen Garten, und ich erzähle dir meine Geschichte.»

Wieder, wie am Morgen, blitzte in ihrer Hand ein bronzener Schlüssel an einem rosafarbenen Band. Sie lachte, lief munter wie ein Knabe zurück, und das Weiß ihrer schlanken Füße auf dem dunkelgelben Sand des Weges schimmerte. Rasch und geschickt holte sie aus und warf ihm den Schlüssel ins Fenster. Der Jüngling streckte die Hände aus und fing ihn.

7

Im vergifteten Garten, im Schatten der geheimnisvollen Gewächse, wo der fahle Mond das Gift seines Trübsinns mit dem giftigen Odem der irdischen bösen Blumen mischte, standen der Jüngling und die Schöne trunken vor Entzücken und Trauer. Sie blickten einander in die Augen, und mit einer Stimme, die in ihrer Sprödigkeit an ein Cembalo erinnerte, sprach die Schöne: «Meine Vorfahren waren Sklaven, aber auch Sklaven dürsten nach Freiheit. Auf Geheiß seines Herrn unternahm einer meiner Ahnen eine lange, beschwerliche Reise in die Wüste, wo Antiar wächst. Er sammelte das giftige Harz des Antiars und brachte es seinem Herrn. Die vergifteten Pfeile bescherten dem Herrn so manchen Sieg. Aber mein Vorfahr starb, denn er hatte die bösen Düfte geatmet. Seine Witwe sann auf Rache am bösen Geschlecht der Sieger. Sie stahl vergiftete Pfeile, legte sie ins Wasser und verbarg den Aufguß wie kostbarsten Wein in tiefen Kellern. Einen Tropfen aber tat sie in ein Wasserfaß, und mit diesem Wasser begoß sie das Brachland am Rande der alten Stadt, wo sich jetzt unser Haus und dieser Garten befinden. Vom Boden des Fasses nahm sie einen Wassertropfen und mischte ihn in das Brot, das sie ihrem Sohn zu essen gab. So wurde der Boden dieses Gartens vergiftet und ihr Sohn gegen das Gift unempfindlich. Seit jener Zeit hat sich unser ganzes Geschlecht, Generation um Generation, von Gift ernährt. Und jetzt fließt in unseren Adern giftflammendes Blut, unser Atem ist wohlriechend, aber verderbenbringend, und wer uns küßt, stirbt. Die Kraft unseres Giftes vermindert sich nicht, solange wir in diesem vergifteten Garten leben und die Düfte dieser ungeheuerlichen Blumen atmen. Ihre Samen sind von weither gebracht worden, mein Großvater und mein Vater waren überall, wo es böse und den Menschen schädliche Pflanzen gibt, und hier, auf diesem von alters her vergifteten Boden, haben die bösen, die verderbenbringenden Blumen ihre ganze zornige Kraft entfaltet. So süß und freudig duftend, verwandeln diese Heimtückischen selbst den Tau, der vom Himmel fällt, in tödliches Gift.»

So sprach die Schöne, und ihre Stimme klang freudig, ihr Gesicht flammte in großem Jubel. Als sie geendet hatte, lachte sie leise und unfroh. Der Jüngling beugte sich vor ihr und küßte stumm ihre Hände, den betörenden Wohlgeruch von Myrrhe,

Aloe und Moschus atmend, welchen ihr Körper und ihr feines Gewand verströmten. Die Schöne fuhr fort: «Zu mir kommen die Nachfahren der Unterdrücker, denn meine böse, vergiftete Schönheit bezaubert sie. Ich lächle ihnen zu, den Todgeweihten, und sie alle tun mir leid. So manchen habe ich fast geliebt, keinem jedoch habe ich mich hingegeben. Nur einen Kuß habe ich jedem geschenkt – meine Küsse waren unschuldig wie die Küsse einer zärtlichen Schwester. Und alle, die ich geküßt habe, starben.»

Schrecken und Entzücken, die beiden so ungleichen Leidenschaften, peinigten die Seele des verwirrten Jünglings. Doch die Liebe, über alles siegend, selbst die Pein todesnaher Trübsal überwindend, obsiegte auch jetzt. Entzückt die zitternden Hände zu der zärtlichen und schrecklichen Schönen ausstreckend, rief der Jüngling: «Wenn in deinem Kuß der Tod ist, o Geliebte, so laß mich an der Unzählbarkeit der Tode berauscht sein! Schmiege dich an mich, küsse mich, liebe mich, umfange mich mit den wonnevollen Düften deines vergifteten Atems, gieße Tod um Tod in meinen Körper und in meine Seele, bis du alles zerstört hast, was ich gewesen bin!»

«Du willst es! Du fürchtest dich nicht!» rief die Schöne.

Das Gesicht der Schönen, bleich im fahlen Mondschein, war wie eine matte Leuchte, und blau flackerten die Blitze ihrer traurigen und frohen

Augen. Mit einer zutraulichen, zärtlichen, leidenschaftlichen Gebärde schmiegte sie sich an den Jüngling, und ihre nackten Arme umschlangen seinen Hals.

«Wir werden gemeinsam sterben!» hauchte sie. «Wir werden gemeinsam sterben. Alles Gift meines Herzens steht in Flammen, feurige Ströme brausen durch meine Adern, ich bin wie ein lohender Scheiterhaufen.»

«Ich stehe in Flammen!» flüsterte der Jüngling. «Ich verbrenne in deinen Umarmungen, du und ich, wir sind flammende Scheiterhaufen, lodernd im großen Entzücken der vergifteten Liebe.»

Der traurige, fahle Mond verblaßte und sank; die schwarze Nacht kam und stand auf Wacht. Sie hüllte das Geheimnis der Liebe und der Küsse, der duftenden und vergifteten, in Finsternis und Stille. Sie lauschte dem Einklang der beiden stockenden Herzen und wachte in behutsamem Schweigen über die letzten leichten Seufzer.

So starb im vergifteten Garten der schöne Jüngling, satt geatmet an den Düften, die die Schöne verströmte, und berauscht von ihrer süßen Liebe, die ihm zärtlich und tödlich zufloß. An seiner Brust starb die Schöne, hauchte im süßen Zauber der Nacht und der Liebe ihre vergiftete, aber duftende Seele aus.

Der große Liebesgarten
Kupferstich um 1465 des Meisters E. S.

WILLIAM BLAKE

1757–1827

■

The Garden of Love

I went to the Garden of Love,
And saw what I never had seen:
A Chapel was built in the midst,
Where I used to play on the green.

And the gates of this Chapel were shut,
And «Thou shalt not» writ over the door;
So I turn'd to the Garden of Love
That so many sweet flowers bore;

And I saw it was filled with graves,
And tomb-stones where flowers should be;
And Priests in black gowns were walking
their rounds,
And binding with briars my joys & desires.

WILLIAM BLAKE

1757–1827

■

Der Garten der Liebe

Ich ging zum Garten der Liebe
Und sah, was nie noch ich sah:
Im Grün, wo ich einst spielte,
Stand eine Kapelle da.

Und das Tor der Kapelle war zu,
Und «Du sollst nicht!» stand überm Portal;
Da blickt' ich zum Garten der Liebe,
Der trug so viel Blumen einmal.

Doch ich sah ihn mit Gräbern bedeckt,
Statt Blumenpracht Grabsteine nur.
Und in schwarzem Gewand schritten
Priester am Rand,
Die mit Dornen umschlangen mein Glück
und Verlangen.

THOMAS CAMPION

1567–1619

■

There is a Garden in Her Face

There is a garden in her face,
Where roses and white lilies grow,
A heavenly paradise is that place,
Wherein all pleasant fruits do flow.
There cherries grow, which none may buy
Till «Cherry ripe!» themselves do cry.

Those cherries fairly do enclose
Of orient pearl a double row,
Which when her lovely laughter shows,
They look like rosebuds filled with snow.
Yet them nor peer nor prince can buy,
Till «Cherry ripe!» themselves do cry.

Her eyes like angels watch them still;
Her brows like bended bows do stand,
Threatening with piercing frowns to kill
All that attempt with eye or hand
Those sacred sherries to come nigh,
Till «Cherry ripe!» themselves do cry.

THOMAS CAMPION

1567–1619

■

Es ist ein Garten ihr Gesicht

Es ist ein Garten ihr Gesicht,
Wo Rosen blühn und Lilien weiß,
Ein Garten Eden dies Gesicht,
Wo schönste Frucht in Fülle reift.
Dort wachsen Kirschen, nicht zum Kauf,
Bis «Kirschen reif!»* sie fordern auf.

Von diesen Kirschen wird umhüllt
Ein Orientperlen-Doppelkranz,
Ihr lieblich Lächeln zeigt sie ganz
Wie Rosenknospen, schneegefüllt.
Doch nicht für Fürst und Prinz zum Kauf,
Bis «Kirschen reif!» sie fordern auf.

Von ihren Augen engelsgleich bewacht;
Die Brauenbogen sind gespannt,
Drohn, daß ums Leben wird gebracht,
Wer es versucht mit Aug', mit Hand,
Nach den verbotnen Kirschen greift,
Bis selbst sie rufen «Kirschen reif!».

---

* Ruf der Straßenverkäuferin

JOHN DONNE

1572–1631

■

Twickenham Garden

Blasted with sighs, and surrounded with tears,
Hither I come to seek the spring,
And at mine eyes, and at mine ears,
Receive such balms, as else cure everything;
But o, self traitor, I do bring
The spider love, which transubstantiates all,
And can convert manna to gall,
And that this place may thoroughly be thought
True paradise, I have the serpent brought.

'Twere wholesomer for me, that winter did
Benight the glory of this place,
And that a grave frost did forbid
These trees to laugh, and mock me to my face;
But that I may not this disgrace
Endure, nor yet leave loving, Love, let me
Some senseless piece of this place be;
Make me a mandrake, so I may groan here,
Or a stone fountain weeping out my year.

Hither with crystal vials, lovers come,
And take my tears, which are love's wine,
And try your mistress' tears at home,
For all are false, that taste not just like mine;

JOHN DONNE

1572–1631

■

Der Twickenham-Garten

Gemartert von Seufzern, im Tränenflor,
Such' Frühling ich im Jahresring,
Und so empfängt mein Aug' und Ohr
Hier Balsam, wie er sonst heilt jeglich Ding;
Doch ich, mich selbst verratend, bring'
Die Spinne Liebe mit, Meltau der Welt,
Die noch das Manna uns vergällt;
Und daß der Platz hier zweifellos erschein'
Als Paradies, lud ich die Schlange ein.

Ach, besser wär' es, wenn der Winter ganz
Mir trübte dieses Gartens Pracht,
Wenn bittrer Frost dem grünen Glanz
Verböte, daß er ins Gesicht mir lacht;
Daß ich entgehe solcher Acht
Und Lieb' nicht lassen muß – laß, Liebe, mich
Ein fühllos Ding hier sein – ich bitte dich.
Mach zur Alraun' mich, daß ich hier nur klag',
Mach mich zum Springbrunn, weinend Tag um Tag.

Bringt, Liebende, mir Schalen aus Kristall,
Nehmt meine Tränen, die der Liebe Wein.
Wenn eurer Liebsten Tränen überall
Euch anders schmecken, müssen falsch sie sein;

Alas, hearts do not in eyes shine,
Nor can you more judge woman's thoughts by tears,
Than by her shadow, what she wears.
O perverse sex, where none is true but she,
Who's therefore true, because her truth kills me.

Das Herz liegt nicht im Augenschein:
Ihr Weinen läßt erkennen nie ihr Leid,
So wie ihr Schatten nie ihr Kleid.
O args Geschlecht: bei euch ist wahr allein,
Wer's drum ist, weil mir Wahrheit Tod muß sein.

EDUARD MÖRIKE

1804–1875

■

Der Gärtner

Auf ihrem Leibrößlein,
So weiß wie der Schnee,
Die schönste Prinzessin
Reit't durch die Allee.

Der Weg, den das Rößlein
Hintanzet so hold,
Der Sand, den ich streute,
Er blinket wie Gold.

Du rosenfarbs Hütlein,
Wohl auf und wohl ab,
O wirf eine Feder
Verstohlen herab!

Und willst du dagegen
Eine Blüte von mir,
Nimm tausend für *eine,*
Nimm alle dafür!

ARTURO BAREA

1897–1957

■

Der Garten

Der Garten von Santa Amalia liegt im alten Maurenviertel Córdobas, und die vier Mauern, die das Rechteck umfassen, sind so hoch, so massiv und so alt, daß ich immer geglaubt habe, sie hätten in vergangenen Zeiten den Garten eines arabischen Palastes geschützt. Es gibt darin Orangen-, Granat-, Kirsch-, Mispelbäume und ein halbes Dutzend jener Zitronenbäume, deren Früchte süßer und saftiger sind als jede Orange. An die Mauern haben Kletterpflanzen ihre üppigen Vorhänge gehängt, und im Schatten eines versteckten Winkels ist noch ein Springbrunnen mit einem verwitterten Marmorbecken. Wenn im April Córdoba seine Feste feiert, gerät der Garten außer Rand und Band vom feurigen Rot der ersten Kirschen, vom Weiß der Orangen- und Zitronenblüten, vom Purpur der Nelken, die aus den Knospen quellen, vom Kobaltblau der Glockenblumen und dem Gelb, Weiß, Rosa und Rot zahlloser Rosen – und dies alles hebt sich vom sattgrünen, goldblütendurchwirkten Hintergrund ab. Selbst das weiße Haus ist festlich herausgeputzt mit Kletterpflanzen und Topfblumen in allen Fenstern. Und die Libellen schwirren wie blaue Irrlichter in der Sonne.

Als Onkel Gonzalo die «Finca» um einen Pappenstiel kaufte, sagten die Leute, er sei noch weniger bei Sinnen als der vorherige Besitzer, der Mann, der in vollständiger geistiger Umnachtung versucht hatte, den Garten zu vernichten. Er hatte dicke Nägel in die Äste der Bäume geschlagen, Löcher in die Stämme gebohrt, den Obstbäumen und Rosen die Kronen abgehauen und die Topfpflanzen ebenerdig abgeschnitten. Dann hatte er das Haus in Brand gesteckt, und die Nachbarn konnten nur noch die Mauern und das Dach retten, eine leere, rauchgeschwärzte Hülse. Alle Welt schwor, daß die Orangen und Rosen nie mehr zum Blühen kommen würden. Aber mein Onkel zuckte die Achseln und sagte nur: «Dann können wir ja immer noch Brennholz daraus machen.»

Onkel Gonzalo kaufte die «Finca» im November. Er heiratete Tante Amalia im Januar, als der Garten ein Jammer, das Haus kaum instand gesetzt und die Schäden nur notdürftig mit einer Schicht Tünche überdeckt waren. Die beiden waren verliebt, und der Zustand ihres künftigen Heimes schien ihnen die geringste ihrer Sorgen: die Familie der Braut, Cordobeser reinsten Geblüts, wollte nämlich von dem fröhlichen fremden Kaufmann nichts wissen. Als sie nach der Hochzeitsfeier allein waren, verriegelte Onkel Gonzalo mit dem Eisenbalken das große Gartentor, umarmte die Braut und sagte mit einem Blick auf die verstümmelten

Bäume: «Im nächsten April werden sie schöner blühen als du, meine Liebste.»

In jenem Jahr gab es weder Früchte noch Blumen. Einige schüchterne Triebe waren schon in der Maisonne dahingewelkt. Doch im Jahr darauf loderte der Garten in neuem Blütenrausch auf. Eines Abends saßen die beiden in der Dämmerung draußen und schwelgten in den Duftwogen, die den Blüten entströmten.

«Sogar unser Wasser riecht gut», sagte mein Onkel. Die Erde verströmte den Geruch frischen Wassers, das der Springbrunnen sanft versprühte.

«Es ist ein Segen des Himmels», sagte Tante Amalia.

«Es ist ein Schatz», sagte er. «Ich habe schon mit den Marktleuten geredet, Kleines. Sie kaufen uns alle Früchte und Blumen ab, du wirst sehen.»

Und damit fing der einzige Streit an, den sie gehabt haben, ein Streit, der so lange dauern sollte wie ihr Eheleben.

Tante Amalia wollte hoch hinaus. Mit Obsthändlern und Blumenverkäufern verkehren – lauter Zigeuner und niederes Volk – vertrug sich nicht mit ihrem Ehrgeiz, sich in der guten Gesellschaft Córdobas Eingang zu verschaffen. Was würden die Leute von Stand dazu sagen?

«Gott sei Dank verdienst du so, daß wir anständig zu leben haben, wir brauchen uns nicht mit Gesindel einzulassen. Es gibt mehr als genug

Leute, denen wir Früchte und Blumen schenken können.»

«Aber, Liebste, selbst wenn du deinen Prahlfreunden täglich einen ganzen Schubkarren voll schickst, kannst du niemals aufbrauchen, was im Garten ist. Und sollen wir die Sachen verderben lassen, nur wegen dem Geschwätz der Leute?»

Zehn Jahre lang wurde der Kampf stumm weitergeführt, und inzwischen erlangte der Garten von Santa Amalia in der Stadt Berühmtheit. Onkel Gonzalo ging nämlich seiner Geschäfte wegen spät schlafen und stand spät auf, während Tante Amalia früh ins Bett ging und in aller Frühe wieder aufstand. Zur Stunde, da mein Onkel gewöhnlich aus dem Café oder der Taverne kam, wo er seine Angelegenheiten bei kleinen Schlücklein Manzanilla und mit großem Redeschwall zu besprechen pflegte, war die Morgendämmerung nicht mehr weit. An der Spitze eines langen Zuges zerlumpter Zigeunerinnen und halbwüchsiger Burschen, die Straßen und Terrassencafés abklopften und am Ausgang der Bars auf die Pärchen warteten, um dem Kavalier eine Nelke ans Revers zu stecken und ihn so zu zwingen, seiner Dame ein Sträußchen zu schenken, kam er auf sein Haus zu. Wenn mein Onkel das schmiedeeiserne Gitter öffnete, ergoß sich die ganze Bande in den Garten, gab acht, nicht zu viel Lärm zu machen, um Tante Amalia nicht zu wecken, und schlich mit ihrer Beute wieder hinaus. Tagsüber hingegen ging Tante Amalia ein über das andere Mal von ihrer Hausarbeit weg, weil ein geputztes Zöfchen oder ein Diener in grauen Hosen und roten Strümpfen ein liebenswürdiges Kärtchen von seiner Herrin überreichte, die sich dies oder jenes aus dem Garten erbat. Je nach dem gesellschaftlichen Stand der Dame wählte Tante Amalia die Blumen aus und band die Sträuße. Manchmal schalt sie meinen Onkel: «Siehst du, heute morgen schickte die Gräfin von Hornachuelas herüber, daß sie die Hochzeit einer ihrer Nichten vorbereite, und deinetwegen habe ich mich lächerlich gemacht und bin schlecht dagestanden, weil die Lausbuben, die du heute nacht über unsern Garten herfallen ließest, die schönsten Orangenblüten und Rosen mitgenommen haben ...»

Mit den Jahren gewann meine Tante an Boden. Ihre Sammlung von Kärtchen mit Adelswappen wuchs stetig. Auf jedem Altar und auf jeder Bankett-Tafel prangten die Blumenwunder aus dem Garten von Santa Amalia. Die Nonnen sandten meiner Tante Zuckerwaren, einige tonangebende Familien schickten ihr sogar gelegentlich eine Einladung. Und eines Tages lüftete der Graf von Hornachuelas in höchsteigener Person den Hut, um sie zu grüßen. «Wenn du das gesehen hättest, Gonzalito ... Er ritt auf dem Pferd vorüber und grüßte mich, als wäre ich eine Königin ...» Dieses Ereignis besiegelte die Niederlage der Zigeuner. Die Nächte, in denen sich ihnen der Garten öffnete, wurden immer seltener.

Onkel Gonzalo starb in den besten Jahren. Er hinterließ eine Witwe mit zwei kleinen Kindern, aber kein Geld. Bald herrschte Mangel hinter den vier Gartenmauern. Sie hätte zwar die «Finca» verkaufen können, aber der Erlös hätte ihren Lebensunterhalt nur für ein paar wenige Jahre gesichert.

Natürlich, wenn die großen Häuser und Klöster die Blumen, die sie immer noch tagtäglich holen kamen, in klingender Münze bezahlt hätten... Aber wie hätte sie es wagen können, von dem Grafen, der sie immer so aufmerksam mit dem Hut in der Hand grüßte, eine lächerliche Summe zu heischen?

Eines Tages kam Onkel Rafael zu ihr. Früher war er ein großer Stierkämpfer gewesen. Er war ein ungehobelter Klotz, halb Zigeuner, halb Bauernflegel, aber jedermann in Córdoba begegnete ihm mit Hochachtung. Er kam, nahm den breitrandigen Hut ab, setzte sich, bevor ihm ein Stuhl angeboten wurde, und sagte: «Also denn, Amalia, hier bin ich, und je weniger wir um den heißen Brei herumreden, desto besser. Wir waren verwandt, ich und der arme Gonzalo, Gott hab' ihn selig. Du hast Geldsorgen. Und ich will dir heraushelfen.»

Meiner Tante wurde das Herz weit. Er war reich, der Alte, und wenn er wollte...

Onkel Rafael fuhr fort: «Nun, ich weiß wohl, daß du den Kopf voller Flausen hast und einfältig genug bist, dir vorzumachen, du wärest etwas, das

Vertreibung aus dem Paradies
Holzschnitt aus: «Schedelsche Weltchronik», 1493

du gar nicht bist. Aber schau, mein Kind, die großen Herrschaften geben niemals jemandem das Essen umsonst, ausgenommen vielleicht Armensuppen. Du bist ein armes Geschöpf wie alle andern und mußt drei Mäuler stopfen. Also, tu, was ich dir sage.»

«Alles, was du willst, Rafael», stammelte sie.

«Abgemacht. So komm jetzt und faß diesen Tisch am andern Ende an.»

Und zu zweit trugen sie den großen Tisch aus der Stube in den Garten, meine Tante verwirrt von einer Ahnung, die sie schwindeln machte. Onkel Rafael stapfte mit großen Schritten auf das Tor zu, öffnete das Gitter sperrangelweit und donnerte hinaus: «Herein, ihr Brüder!»

Ein lärmiger Schwarm von Frauen und halbwüchsigen Burschen stürzte herein. Onkel Rafael stellte sie vor dem Tisch in Reih und Glied auf und hielt ihnen folgende Rede: «Wir kommen zur Sache. Jeder von euch soll die Blumen pflücken, die er braucht – aber es wird nicht gestritten, verstanden! –, und nachher legt ihr die Batzen da auf den Tisch, wie es sich gehört. Das ist eine arme Frau, genauso wie ihr, und außerdem hat sie zwei Kinder, also seid anständig mit ihr. Habt ihr mich verstanden?»

Diese Geschichte erzählte mir Tante Amalia unter Weinen und Lachen, als ihr Haar schon ganz grau war. Sie schloß: «Und auf diese Weise, siehst du, kamen die Zigeuner zu ihrer Sache. Sie haben mir geholfen, die Kinder großzuziehen, und es bleibt mir sogar noch etwas, um in Frieden zu sterben. Nur... auch ich habe mein Teil gezahlt. Es war aus mit den Zuckerwaren der Nonnen. Und der Graf hat mich nie mehr gegrüßt, wenn er mir auf der Straße begegnete.»

Als ich ihr trauriges Gesicht sah, wußte ich nicht, was sagen. So bat ich sie um Erlaubnis, einige ihrer köstlich süßen Zitronen pflücken zu dürfen.

LEONARD ALFRED GEORGE STRONG

1896–1958

■

Der Schuß im Garten

Der große Garten schlummerte im Sonnenschein eines frühen Augustnachmittags. Kein Lufthauch regte sich.

Es war so still, daß der Garten eine Welt für sich schien, entrückt und abgetrennt von allem Leben und Treiben jenseits seiner Hecken. Alle paar Minuten drang von der Dubliner Landstraße das verschlafene Rattern einer Tram herüber; aber die Straße lief an dem abgelegenen Ende des Obstgartens entlang, hinter dem auch noch ein Haus lag, so daß alle Geräusche wie durch ein enges Sieb aus Ferne und Vergangenheit durchzusickern schienen.

In der Gasse «The Dwellin's», einer Reihe schmutziger Hütten, die General Fitzgeralds hohe Gartenhecke nicht genügend den Blicken entzog, hatte vor kurzem ein Händler Fische feilgeboten; aber die Rufe waren verklungen. Die heisere Stimme hing noch in der Luft, was die Stille um so mehr betonte.

Dann begann es sich im Garten verstohlen zu rühren. Am untersten Ende der Hecke, dort, wo sie einen Winkel mit der Ahornwand und der letzten Bank bildet, raschelte und bewegte sich etwas.

Eine rote Hand teilte die Blätter; ein dicker roter Arm erschien. Vorsichtig zwängte Mrs. Joe Cassidy ihren Kopf hindurch und sondierte den Garten; da das Ergebnis befriedigend war, ließ sie den Rest ihres Körpers folgen. Sie richtete sich auf, brummte erleichtert, zog den Schal, den die Hecke ihr fast abgezerrt hatte, fester um die Schultern und steuerte gemütlich und dreist auf die Blumenbeete los.

Als Bewohnerin der «Dwellin's» war Mrs. Cassidy mit den Gewohnheiten des Generals und seiner Familie wohlvertraut. Um halb zwei wurde dort zu Mittag gegessen. Auch Mr. O'Neill, der Gärtner, saß mit der Köchin Biddy in der kühlen Steinküche beim Essen. Keiner würde Mrs. Cassidy jetzt stören. Sie summte einen Vers aus der «Donegal-Witwe» vor sich hin, um ihre Genugtuung kundzutun. Dann blickte sie sich noch einmal um und stürzte sich auf die bunten Wicken. Es war, überlegte sie, ungefähr zwanzig vor zwei. Sie konnte mit zehn bis fünfzehn Minuten Ruhe rechnen. Zeit genug, sich einen sehr, sehr hübschen Strauß zu holen. Während sie die Blumen pflückte, schweiften ihre Blicke über die andern Beete, und sie plante einen möglichst einträglichen Rückweg bis zum Loch in der Hecke.

«Juhahih und juhahoh!» sang Mrs. Cassidy mit zunehmender Freude und Zuversicht. Was für Glück sie hatte! Sie hatte es fein abgepaßt und konnte jetzt ernten, wo die Blüten am allerbesten waren. Die Gladiolen da! Ach ja, Mr. O'Neill hielt seinen Garten prima in Ordnung!

Leider aber hatte Mrs. Cassidy ihren Besuch doch nicht so gut abgepaßt, wie sie glaubte. Zwar war es nicht ihre Schuld, denn die beiden Ursachen ihres Irrtums lagen gänzlich außerhalb ihres Wissens.

Wie konnte sie ahnen, daß Cassidy gestern abend die Uhr heruntergeworfen und heute früh «auf gut Glück» gestellt hatte, so daß sie nun zehn Minuten nachging? Sie ahnte auch nicht, daß der General einen alten Busenfreund zum Essen eingeladen und infolgedessen seinen zehnjährigen Enkel aufgefordert hatte, recht bald vom Tisch aufzustehen, damit die Unterhaltung der beiden Veteranen unbehindert und ohne Mrs. Fitzgeralds leise Warnrufe *«Prenez garde!»* weiterplätschern konnte. Der Knabe hatte eine Verabredung mit seinem Freund, dem Fischer Paddy, aber erst um Viertel vor drei. Da er sich also bis dahin die Zeit vertreiben mußte, «lieh» er sich seines Vaters Zweiundzwanziger-Winchesterbüchse und schlenderte über die Obstwiese zum Garten. Was er eigentlich wollte, war ihm selbst nicht ganz klar: wahrscheinlich würde er sich mit einem toten Ziel begnügen; denn es war ihm gründlich eingeschärft worden, nicht auf Vögel zu schießen. Aber schließlich – man konnte ja nie wissen. Vielleicht hockte eine Ratte auf dem Komposthaufen. Hin und wieder stahlen sich fremde Katzen in den Garten, und wenn er es auch kaum wagen würde, auf eine zu schießen, so machte es doch Spaß, so zu tun, als ob. Denn laut den Geschichten in seinen Wildwestbüchern gingen *hombres* nie ohne Waffe aus. Mit dem Gewehr unter dem Arm öffnete er also die Pforte, schlich in den Garten und bog in den Pfad ganz links ein, der am weitesten von der Hecke entfernt lag. Erst als er die große Eibe hinter sich hatte, erblickte er Mrs. Cassidy und blieb vor Erstaunen wie angewurzelt stehen. So kühl bediente sie sich, so gelassen und unbekümmert klang ihr Liedchen, daß er eine Minute lang glaubte, alles sei in Ordnung und seine Großmama habe ihr Erlaubnis zum Blumenpflücken gegeben. Wie sollte es denn auch sonst einer wagen! Vor allem nicht eine zerlumpte Frauensperson in einem Umhängetuch. Und doch war es höchst unwahrscheinlich, daß seine Großmama irgend jemandem Erlaubnis zum Blumenpflücken geben würde. Wenn sie einmal einer armen Frau ein Sträußchen schenken wollte, dann einem der alten Weiblein, die etwas zu bestellen oder für sie zu arbeiten hatten, und da nahm sie immer Schere und Körbchen und schnitt die Blumen selber ab. Nein – sein Gefühl sagte ihm ganz deutlich: hier stimmte etwas nicht!

Was sollte er tun? Ins Haus laufen und Hilfe holen? Bis dahin würde sie schon ausgerissen sein.

Er stand unschlüssig da, und dann kam ihm ein Gedanke, eine einfache Methode, um sich von der Richtigkeit seiner Ansicht zu überzeugen, eine

Methode, die weit weniger unangenehm war, als wenn er zu der Frau hinginge und sie anspräche. Denn wenn sie auch friedlich und offenbar guter Laune schien, so sah sie doch überwältigend aus. Er fühlte instinktiv, daß sie, um mit Paddy zu reden, «ihm über war». Deshalb zielte er mit dem Gewehr mitten ins Kartoffelland – auf nichts – und schoß.

Das Ergebnis war dramatisch. Mrs. Cassidys Liedchen brach ab, als habe ihr einer den Faden abgeschnitten. Mit einem schnell unterdrückten Schrei, «Gott der Gerechte!», fuhr sie hoch und ließ ein paar Blumen fallen. Sie drehte sich jäh um und erblickte den Knaben, der sie ansah und in der Hand das Gewehr hielt. Die Schule des Lebens hatte jedoch Mrs. Cassidy gegen mancherlei Widerwärtigkeiten gewappnet. Nach dem ersten flüchtigen Blick sah sie weg und begann wieder zu singen. Sie bückte sich, hob die Blumen auf, pflückte noch einige, summte gedankenverloren weiter und bewegte sich dabei langsam, aber deutlich sichtbar auf die Hecke zu.

Der Knabe war nur einen Moment stutzig geworden. Er ließ sich nicht irreführen. Er stand ganz still, beobachtete sie und – lud von neuem. Es war überdeutlich: je größer die Entfernung zwischen ihnen wurde, um so größere Schritte machte sie. Sie hatte es aufgegeben, noch mehr Blumen zu pflücken. Jetzt war sie schon an der Laube, und nun hatte sie die Hecke erreicht. Sie ging ein Stückchen die Hecke entlang, bückte sich und richtete sich wieder auf. Der Strauß war nicht mehr zu sehen.

Im gleichen Augenblick begriff er, was sie getan hatte: die gestohlenen Blumen hatte sie unter die Hecke geschoben, um sie nachher von der andern Seite aus wieder hervorzuholen. Entrüstung packte ihn. Da war sie, da entwischte sie ihm, und er war ohnmächtig und konnte sie nicht daran hindern. Sie hatte ihn zum Narren gehabt, hatte seinen Großvater bestohlen, während *er* hilflos zusah und wie ein Kind behandelt wurde! Plötzlich war er kühl und entschlossen, hob sein Gewehr, zielte auf ihr breites, sich entfernendes Hinterteil und schoß.

Diesmal war die Wirkung noch dramatischer. Einen Augenblick stand Mrs. Cassidy ungläubig still und griff mit der Hand nach ihrer Sitzfläche. Dann begriff sie, was geschehen war, und lief schlotternd und stolpernd auf die Lücke in der Hecke zu. Der Knabe beobachtete sie halb hingerissen, halb erschrocken über seine Tat. Er sah sie davonhinken und plötzlich mit beiden Händen herumfuchteln und an der Hecke zerren und blindlings nach der Lücke tasten. Ihr Umhängetuch hing schlaff herunter, so daß sie wie ein großer, brauner, verwundeter Vogel aussah, der mit den Flügeln schlug und flatterte. Er hörte ein seltsames Wimmern und Stöhnen, und vor Entsetzen wurde ihm ganz übel. Es klang so wenig menschlich, daß er sich zuerst gar nicht vorstellen konnte, es käme von seinem Opfer.

Denn die arme Mrs. Cassidy hatte alle Selbstbeherrschung verloren. Sowie es ihr klar wurde, daß sie getroffen war, fiel ihr der erste Schuß ein, und nun schloß sie, daß auch der auf sie gezielt und nur fehlgegangen war. Der verteufelte kleine Mörder. Sicher lud er noch ein drittes Mal, und nun würde er ihr den Rest geben!

«Jesusmariundjosef!» betete und schluchzte und stammelte sie, und ihre Hände suchten krampfhaft nach dem Durchschlupf. «Jesusmariund ... Jesusmariundjos ...»

Endlich hatte sie ihn gefunden und zwängte sich hindurch und war in Sicherheit.

Kaum war sie verschwunden, da fielen dem Knaben die versteckten Blumen ein. Er legte sein Gewehr hin und lief auf Zehenspitzen zu der Stelle, wo sie sich gebückt hatte. Er mußte schnell machen und sich das Beweisstück holen, ehe sie's wegnahm. Aber Mrs. Cassidy dachte nicht länger an Blumen.

Er fand den Strauß, wo sie ihn hingeschoben hatte, zog ihn unter der Hecke hervor und ging in den Garten zurück. Dann hob er sein Gewehr auf und setzte sich ein Weilchen unter die Eibe. Er mußte sich die Sache durch den Kopf gehen lassen. Es war ihm seltsam beklommen zumute. War er denn nicht unbedingt im Recht? Ted und Jack in den Wildwestbüchern hätten es bestimmt genauso gemacht. Einen Dieb schossen sie unweigerlich an, besonders einen, der sich eingeschlichen hatte. Und weh getan hatte er ihr sicher nicht. Bei der Entfernung – und durch all die Röcke! Und wo sie so dick war! Aber der seltsame Ton ... und dann die gräßliche Art, wie sie an der Hecke herumgetastet hatte ...

Er saß noch immer da und grübelte, als sein Großvater den Garten betrat. Der alte Herr war in glänzender Laune. Sein Freund, den er ein Jahr lang nicht gesehen hatte, schien ihm sehr gealtert zu sein. Und noch dazu hatte er sich nach der Mahlzeit entschuldigt und gesagt, er brauche ein Nikkerchen. Der General war auch nicht abgeneigt, hie und da mal ein Mittagsschläfchen zu halten. Doch das offene Eingeständnis seines Freundes beschwingte ihn. Befriedigt ging er in den Garten und bewies sich selbst seine Beweglichkeit und Frische und wie spielend er das Viertelstündchen nach dem Essen entbehren konnte.

Als der Knabe seinen Großvater sah, stand er sofort auf und ging ihm entgegen. Er als echter Soldat würde ihm zum mindesten nachfühlen, wenn er auch die Tat – ein gewisses Verbot klang ihm in den Ohren – nicht gutheißen würde.

Bei seinem Anblick hielt der alte Herr plötzlich inne.

«Daß Gott sich erbarm'», rief er, «was fehlt dir denn, Junge? Du siehst ja aus, als sei dir ein Gespenst begegnet!»

Der Knabe hielt ihm den Strauß hin: «Als ich in den Garten kam, Großvater, sah ich, wie eine Frau die Blumen hier stahl; da habe ich auf sie geschossen.»

«Da hast du *was* getan?»

«Auf sie geschossen.» Dann sah er, wie die Blicke des alten Herrn den Garten aufgeregt nach einer Leiche absuchten, und er fuhr fort: «Nicht schlimm – nur ins Hinterteil!»

Der General starrte ihn noch immer an und brachte kein Wort heraus.

«Da drüben stand sie, Großpapa. Sie sah mich nicht gleich.»

Nun erzählte er die ganze Geschichte, beschönigte Mrs. Cassidys kläglichen Rückzug und zeigte ihm wieder sein Beweisstück, den Strauß.

Endlich fand der General Worte. «Beim gerechten Gott im Himmel», rief er, wurde schließlich immer zorniger und schimpfte: «Habe ich dir nicht gesagt, und hat dein Vater dir nicht gesagt, daß du niemals auf jemanden schießen sollst?»

«Ja, Großpapa. Aber ich dachte, nur im Spaß sollte ich's nicht tun.»

«Nur im Spaß nicht!» Die Augen des alten Herrn rollten gen Himmel. Er drohte fast zu ersticken.

«Ja, Großpapa, diesmal war's doch ernst: sie hatte gestohlen. Onkel Thaddäus' Wildhüter schießt auch auf Wilderer. Immer. Das weißt du doch. Ins Bein! Einer war mal lange im Spital deswegen. Und ich habe sie bloß in den Po geschossen, und die Kugel war sehr klein, und sie ist so dick.»

Der alte Herr wollte gerade zu einer Standpauke ansetzen, als ein Geräusch ihn aufhorchen ließ. Jenseits der Hecke, in der Nähe der Hütten, hörte er ein verworrenes, undeutliches Gemurmel, das von Minute zu Minute anschwoll. Frauenstimmen stießen helle Schreie aus, und Männer brummten im Baß. Er sah auf seinen Enkel nieder: «Wohin wolltest du heute nachmittag gehen?»

«Mit Paddy an den Strand!» Der Knabe atmete befreit. Es war furchtbar anstrengend gewesen, dauernd so kühn und vernünftig auszusehen. Noch eine Minute länger, und die Tränen wären ihm gekommen und hätten alles verdorben.

«Troll dich, los! Trödle nicht noch herum! Das Gewehr laß nur hier! Geh schnell an den Strand, und vor allem: bleibe dort!»

Hocherfreut machte der Junge sich aus dem Staub. Der General hielt das Gewehr in der Hand und sah ihm nach. Das Tor fiel zu. Der Mund des alten Herrn entspannte sich, verzog sich zu einem grimmigen Lächeln; dann lachte er, und schließlich platzte er laut heraus und mußte das Gewehr hinlegen und sich unter die Eibe setzen, so schüttelte es ihn.

Endlich trocknete er sich mit einem riesengroßen gelben Seidentaschentuch die Augen, stand auf, warf einen Blick zu der lärmenden Gasse hinüber und ging ins Haus, um die Kläger zu empfangen, die, das wußte er, nicht auf sich warten lassen würden.

Er setzt sich ans Wohnzimmerfenster, und nach einer halben Stunde sah er, wie die Führer der Deputation sich dem Tor näherten. Dort blieben sie zaudernd stehen und warteten auf die andern. Cassidy, ein stämmiger Kerl mit rotem Gesicht, winkte sie wild mit den Armen heran. Offenbar wollte ein Teil der Deputation sich lieber drücken. Als alle beieinander waren, warf Cassidy sich in die Brust, öffnete das Tor und führte sie über den kurzen, kiesbestreuten Zufahrtsweg.

Der General öffnete ihnen selbst die Haustür. Er trat vor und blieb – eine imposante Gestalt – auf der obersten Treppenstufe stehen. Er hob seine Lorgnette und musterte sie von oben bis unten.

«Was verschafft mir die Ehre?»

Als keine Antwort kam, fuhr er fort: «Was wollen Sie eigentlich, Sie und Ihre Räuberbande, daß Sie mir hier bis dicht vor die Haustür marschieren?»

Cassidy trat näher und rückte unwillig an seinem Mützenschirm.

«Herr General Fitzgerald», hob er an, «ein Spaß ist ein Spaß, das weiß jeder, und wer zu weit geht, der muß die Folgen tragen. Aber man kann's auch übertreiben, und wenn man ein Gewehr auf eine arme Frau abdrückt ...»

«Ja», riefen die andern im Chor und wie auf Kommando, «das geht wirklich zu weit!»

«Sie sind ja betrunken, Mann!» rief der General verächtlich.

«Bewahre, bin ich nicht!» Cassidy wurde wütend. «Es ist die heilige Wahrheit, und alle können's bezeugen. Stimmt's nicht, Jungs?»

«Ja, bei Gott, 's stimmt!»

«Verdammte Lüge!»

«Nein, es ist die Wahrheit, Herr!»

«Wenn ihr aufhört, alle auf mich einzuschreien, dann kann ich vielleicht ein vernünftiges Wort hören... Also los, Cassidy, was ist? Was schwatzen Sie da für Unsinn?»

«Meine arme Frau ist angeschossen worden, Herr!»

«Wo?»

«In Ihrem Garten, Herr.»

«Und was hatte Ihre Frau in meinem Garten zu suchen? Wollen Sie mir das mal erklären?»

«O Herr General Fitzgerald», Cassidy trat von einem Fuß auf den andern, «sie ging sozusagen in den Garten – womit ich nicht gesagt haben will, daß sie ein Anrecht dazu hatte. Aber sie wollte... sie wünschte...» Dann kamen ihm die Worte schneller: «Sie hat eine Nichte, Herr, und die liegt im Spital, Herr, und es geht ihr sehr schlecht, dem armen Mädchen, und sie jammert nach einem Blümchen, jammert, daß sie ein Blümchen haben möchte. ‹Ja›, sagen auch die Schwestern, ‹wenn sie nur ein, zwei Blumen hätte, das wäre die Rettung für sie, das wär' die Rettung!› Und nun dachte meine Frau so bei sich, ‹der General gönnt mir gern ein, zwei Blümchen, damit ich der armen Lissy helfen kann. Ich will ihn nicht erst stören›, dachte sie, ‹wo er doch gerade beim Essen ist. Ich will bloß hineinschlüpfen und vielleicht ein, zwei Stielchen pflücken ...›»

«... und sie auf der Straße verkaufen und Geld für Schnaps bekommen. Gehen Sie doch ab, Mann! Sie mit Ihren Nichten! Halten Sie mich für einen solchen Dummkopf? Ich kenne Sie! Und Ihre Frau auch!»

«Ach, Herr General, was für 'n harter Mann Sie sind!»

«Und was für 'n verdammter Lügner Sie sind! Scheren Sie sich fort mitsamt Ihren Märchen und Nichten!»

«Halt, Herr! Märchen hin, Märchen her – das ist noch lange kein Grund, um meine arme Frau anzuschießen. Sie ist furchtbar aufgeregt, ganz furchtbar aufgeregt, und ihre Hüfte blutet!»

«Hüfte? Daß ich nicht lache! In den Hintern hat der Junge sie geschossen!»

«Meinetwegen, Herr, wenn Sie's so wollen, in den Hintern. Das ist grausam, Herr, sehr grausam! Wo sie doch fast nichts Schlimmes gemacht hat!»

«Ja, Herr, 's ist sehr grausam!»

«Ja, wahrhaftig, Herr!»

Im stillen gab ihnen der General recht. Aber die vielen Stimmen, die Cassidy die Stange hielten, machten ihn wieder halsstarrig.

«Unsinn», erklärte er, «die Frau hat bekommen, was sie verdiente.»

Cassidy reckte sich. «In unserem Lande», sagte er würdevoll, «werden die Unterdrückten vom Gesetz beschützt. Das Gesetz...»

Das Gesicht des Generals wurde himbeerrot.

«Das Gesetz?» rief er. «Das wagst du? Dich vor mich hinzustellen und von Gesetz zu reden? Da hört doch alles auf!»

Die Leute wichen scheu zurück. Gleich würde er platzen vor Wut.

«Wann habe *ich* je einem von euch Lumpenkerls mit dem Gesetz gedroht? Wann habe *ich* die Polizei geholt? Und dabei habt ihr mich tagaus, tagein von hinten und vorne bestohlen. Als Mullins kleiner Galgenstrick sich das Bein gebrochen hatte, weil er aus meinem Goldreinettenbaum gefallen war, habe ich ihn da verraten? Und du, Rathbone, sage mir mal: habe ich die Polizei auf deinen Taugenichts von Jungen gehetzt, als ich ihn beim Stachelbeerstehlen erwischte? Und Cassidy, du Gauner, habe ich vielleicht deinen Jungen angezeigt, als ich ihn mit einem ganzen Hut voll Himbeeren hinter der Laube erwischte? Ich hab's *nicht* angezeigt, und das wißt ihr alle ganz genau. Und jetzt redet ihr von Gesetz, wo der kleine Junge weiter nichts gewollt hat, als mein Eigentum, so gut er's konnte, vor Dieben schützen!»

Er funkelte sie alle mit souveräner Verachtung an. Keiner wagte, ihm in die Augen zu sehen.

«Himmel nochmal, ihr könnt mir leid tun. Schert euch nach Haus – die ganze Bande! Und schließt gefälligst das Tor hinter euch!»

Ein paar Minuten darauf sagte Cassidy zu den andern: «Ist er nicht ein großartiger Kerl? Wie er uns hat rechtsumkehrt machen lassen! Ja, er ist ein richtiger Prachtskerl! Habt ihr gehört, wie er gesagt hat: ‹Hüfte? Daß ich nicht lache! In den Hintern ist es gegangen!› Habt ihr das gehört? Oh, was für eine Nummer! An den kommt keiner heran! Wißt ihr, was ich mache? Ich hab' eine Handvoll frische Eier, heute erst gelegt! Die werd' ich ihm heute abend bringen und mich entschuldigen.»

Der General aber war schon dabei, einen Brief an den Arzt zu schreiben:

«Lieber O'Donovan!

Würden Sie wohl so gut sein und zu Mrs. Cassidy in den ‹Dwellin's› gehen und sie behandeln? Sie war heute nachmittag in meinem Garten und stahl Blumen, und mein Enkel, der kleine Schlingel...»

Damit war der Friede wiederhergestellt, und alles war in Ordnung. Doktor O'Donovan entfernte die Kugel, und die Cassidys hoben sie sich als Andenken auf. Der Garten des Generals wurde mehrere Wochen lang nicht angerührt. Die alte Mrs. Fitzgerald, die von keinem je etwas Böses dachte, sah es als Beweis dafür an, was für gute Menschen die «Dwellin's»-Bewohner im

Grunde ihres Herzens waren. Der General hielt aber an seiner Meinung fest, daß sie bloß Angst hatten, angeschossen zu werden. Kurz und gut, man verstand sich allerseits und war höchlich zufrieden.

LEO TOLSTOI

1828–1910

■

Der Gärtner und seine Söhne

Fabel

Ein Gärtner wollte seine Söhne zum Gartenbau erziehen. Als er im Sterben lag, rief er sie zu sich und sagte: «Hört, Kinder, wenn ich gestorben bin, dann sucht im Weingarten nach, da ist etwas versteckt.»

Die Söhne glaubten, daß dort ein Schatz liege, und als der Vater gestorben war, gruben sie den ganzen Garten um und um.

Einen Schatz fanden sie nicht, doch die Erde im Weingarten hatten sie so gründlich umgegraben, daß die Ernte bedeutend besser ausfiel als früher.

Und sie wurden reich.

WILLIAM WYMARK JACOBS

1863–1943

■

Ein Gartenstück

Die rüstigen Männer im Dorf waren an der Arbeit, die Kinder leierten in der Schule das Einmaleins herunter, und die Ehefrauen und Mütter gaben mit einer Hand ihrem Kleinen die Brust und erledigten mit der anderen die Hausarbeit. Am Ende des Dorfes saß ein alter Mann, der nicht mehr arbeiten konnte, an einem rohen Brettertisch unter dem quietschenden Wirtshausschild des «Blumenkohl» und trank dankbar einen Krug Bier, den ihm ein zufälliger Gast, der ihm gegenüber saß, spendiert hatte.

Der Schatten der Ulmen war angenehm und das Bier gut. Der Reisende stopfte seine Pfeife, warf einen Blick auf die staubigen Hecken und die weiße Straße, die in der Sonne glühte, ließ die Krüge wieder füllen und schob seinen Tabaksbeutel seinem Tischnachbarn zu. Dann lobte er das Erscheinungsbild des Dorfes.

«Es ist nicht mehr wie früher», krächzte der Alte und stopfte mit zittrigen Fingern seine Pfeife. «Ich meine, als der Schleifstein gleich unter dem Fenster der Schmiede stand und nicht auf der Seite, wo er jetzt steht; und dann das Fenster selber – das ist zweimal so groß wie zu meiner Knabenzeit.»

Er entzündete seine Pfeife mit der Gewissenhaftigkeit eines Rauchers von sechzig Jahren Erfahrung und betrachtete mit feierlichem Kopfschütteln seinen veränderten Geburtsort. Dann nahm er Farbe an, und seine alten Augen blitzten auf.

«Die Leute hier, die haben sich mehr verändert als das Dorf», stieß er mit plötzlicher Heftigkeit hervor; «es gibt hier heutzutage einen Schlag, nichts wert, ein regelrechtes Lumpenpack. Und wenn Ihr mir zuhören wollt, weiß ich da von einem oder zwei zu erzählen, man würde ihnen selbst in London nicht Meister.

Tom Adams ist so einer. Der fing einen gemeinnützigen Verein an, wie er ihn nannte. Drei Pence die Woche zahlten wir jeder für Krankheit oder Unfall, und Tom war Sekretär. Als es den Verein drei Wochen gab, erkältete sich Tom und lag einen Monat im Bett. Dann arbeitete er eine Woche, und dann zerrte er sich etwas im Bein, und als das wieder gut war, kam sein Bauch durcheinander. Wir dachten uns erst nicht viel dabei, weil wir nichts von Zahlen verstanden; aber nach sechs Monaten hatte der Verein keinen Heller mehr, und wir schuldeten Tom ein Pfund siebzehn und sechs.

Und solche Schlingel gibt's hier noch mehr. Herbert Richardson, zum Beispiel. Der ging in die Stadt, und als er zurückkam, hatte er die Idee für einen Gans-Club, für Weihnachten. Da zahlten wir zwei Pence die Woche, fast zehn Monate lang, und dann ging Herbert zurück in die Stadt, und jetzt sagt uns seine Schwester bloß, daß er immer noch dort ist und es ihm gutgeht und er nicht weiß, wann er wiederkommt.

Aber der verschlagenste, übelste Bursche hier – und ich sag' Euch, das will etwas heißen – ist Bob Pretty. Schlau trifft es bei weitem nicht. Dem ist niemand gewachsen. Er ist schuld, daß wir unsre Blumenausstellung nicht mehr haben; und wenn Ihr wissen wollt, warum, glaub' ich nicht, daß hier jemand so gut Bescheid weiß wie ich – außer Bob selber natürlich, aber der würde es Euch nicht so freiheraus erzählen.

Wir hatten die Blumenausstellung erst einmal gehabt, und niemand hätte es für möglich gehalten, daß die nächste auch die letzte sein sollte. Im ersten Jahr roch man das Dorf schon auf eine Meile im Sommer, und am Tag der Ausstellung kamen die Leute von weither und hatten Geld mit, das sie im ‹Blumenkohl› und anderswo liegen ließen.

Es fing an, als wir den neuen Pfarrer hatten, und Mrs. Pawlett, die Pfarrfrau, er heißt nämlich Pawlett, also sie dachte, sie wolle die Männer dazu bringen, ihr Heim zu lieben und bessere Ehegatten zu sein, indem sie jedes Jahr einen Preis für den schönsten Garten stifte. Drei Pfund war der Preis und eine Teekanne aus Gußeisen mit einer Inschrift.

Ich hab' schon gesagt, es war erst das zweite Jahr. Im ersten Jahr war der Garten, der gewann, bildschön, und Bill Chambers, er bekam den Preis, sagte immer, es habe ihn zum armen Mann ge-

Gärtner steckt Lilien

Holzschnitt aus: «Das Buch von Pflanzung», 1512

macht, soviel Zeit und Geld habe er für die Blumen ausgegeben. Natürlich glaubten wir das nicht, wißt Ihr, vor allem weil Bill alles daran setzte, ihn auch im nächsten Jahr zu bekommen. Er hat ihn nicht gekriegt, und auch wenn das vielleicht die meisten von uns freute, waren wir alle sehr überrascht, wie es am Ende herauskam.

Die Blumenausstellung sollte am 5. Juli sein, wenn hier so ziemlich alles am besten steht. Am 15. Juni schien Bill Chambers' Garten vorn, aber der von Peter Smith und Joe Gubbins und Sam Jones und Henry Walker war fast so gut, und man wußte, daß mehr als einer von ihnen mit einer Überraschung im letzten Moment aufwarten würde, zu spät für die andern zum Nachmachen. Wir saßen jeweils abends hier im ‹Blumenkohl› und wetteten. Ich setzte auf Henry Walker, und wenn ich denke, wieviel ich ihm in seinem Garten geholfen hab', es ist eine Sünd und Schande.

Natürlich gab es welche, die spotteten, und Bob Pretty war der schlimmste von allen. Er war schon immer ein fauler Nichtsnutz, und sein Garten war gräßlich. Er warf jeden Mist hinein: alte Knochen, alte Dosen, Stücke von einem alten Eimer – was immer. Er hat sich den Buckel voll gelacht über ihre Gärten und wie die Pfarrfrau die andern einwickelte. Niemand hat ihn je arbeiten gesehen, richtig arbeiten, aber es roch immer gut aus seinem Haus zur Essenszeit, und ich glaube, daß er mehr von Wild verstand als der Pfarrer.

Es war am Tag nach dem besagten 15., am 16. Juni, als das ganze Elend begann ... und merkwürdig war es, sehr merkwürdig! George English, ein ruhiger Mann in den Jahren, der zur See fuhr, als er jünger war, und nichts dafür konnte, daß er Bob Pretty zum Schwager hatte, weil seine Schwester Bob heiratete, als er auf dem Meer war und von nichts wußte, der bekam einen Brief von einem Kumpel, der nach Australien gegangen war. Er hatte schon früher Briefe aus Australien bekommen, das wußten wir alle von Miss Wicks auf der Post, aber dieser nun brachte ihn ganz durcheinander. Er wußte nicht, was er damit anfangen sollte.

Während er darüber brütete, kam Bill Chambers vorbei. Er kam jeden Abend um die Zeit an Georges Haus vorbei, weil es an seinem Heimweg lag, und er sah George, wie er mit einem Brief in der Hand am Tor stand und ganz verstört dreinschaute.

‹Guten Abend, George›, sagt Bill.

‹Guten Abend›, sagt George.

‹Keine schlechte Nachricht, hoffentlich?› sagt Bill, dem sein Benehmen auffiel, das er seltsam fand.

‹Nein›, sagt George. ‹Ich hab' nur gerade einen so komischen Brief aus Australien bekommen›, sagt er, ‹sonst nichts.›

Bill Chambers war schon immer ein sehr neugieriger Kerl, und er blieb stehen und redete mit George, bis George ihn erst schwören ließ, daß er es keiner Menschenseele erzählen würde, und ihn dann mit ins Haus nahm und ihm den Brief zeigte.

Es war mehr wie ein Märchen als wie ein Brief. Der Kumpel von George, John Biggs hieß er, schrieb, ein kürzlich verstorbener Onkel habe ihm auf dem Totenbett erzählt, daß er vor dreißig Jahren in diesem und keinem anderen Dorf gewesen sei und in diesem ‹Blumenkohl› hier logiert habe, wo wir jetzt Bier trinken. In der Nacht, als alles schlief, stand er auf und vergrub klammheimlich einen Beutel mit fünfhundertsiebzehn Goldmünzen und zehn Shilling in einem der Gärten, bis er sie wieder holen konnte. Er sagte nicht, wie er zu dem Geld gekommen war, und als Bill danach fragte, sagte George English, wie er den Mann kenne, müsse er befürchten, es sei kein ehrliches Geld, aber sein Freund John Biggs wolle es nun einmal und habe ihn in dem Brief gebeten, es für ihn zu besorgen.

‹Und was ich jetzt machen soll, Bill›, sagt er, ‹weiß ich nicht. Zum Ort schreibt er nur, er glaube, es sei wohl das zehnte Haus auf der rechten Seite der Straße, wenn man vom ‚Blumenkohl' herunter kommt. Er glaubt, es ist das zehnte, aber er ist nicht ganz sicher. Meinst du, ich sollte es bekannt machen und eine Belohnung von sagen wir zehn Shilling für den Finder aussetzen?›

‹Nein›, sagt Bill und schüttelt den Kopf. ‹Ich würde noch zuwarten, wenn ich dich wäre, und es mir überlegen. Ich würde es keinem Menschen erzählen, wenn ich dich wäre.›

‹Du hast recht›, sagt George. ‹John Biggs würde mir nie verzeihen, wenn ich sein Geld verlieren würde. Und, Bill, du sagst auch niemandem etwas!›

Bill schwor, es keiner Menschenseele zu erzählen, und dann ging er nach Hause und aß, und dann ging er die Straße bis zum ‹Blumenkohl› hin und zurück und wieder hin und zurück, überlegte, was George ihm erzählt hatte, und fand heraus, was ihn noch nie gekümmert hatte, daß ausgerechnet sein Haus das zehnte nach dem ‹Blumenkohl› war.

Mrs. Chambers erwachte um zwei Uhr morgens und sagte Bill, er solle hinüberrutschen, und da merkte sie, daß er gar nicht da war. Sie war erst überrascht, aber dachte sich nicht viel dabei, weil sie annahm, daß er in dieser hellen Nacht im Garten arbeite, was ja auch stimmte. Sie drehte sich um und schlief wieder ein, und als sie um fünf erwachte, hörte sie deutlich, daß Bill hart am Arbeiten war. Sie ging ans Fenster und wurde fast ohnmächtig, als sie sah, wie Bill da in Hemd und Hose wie wild schaufelte. Ein Viertel des Gartens war umgegraben, und sie schob das Fenster hoch und schrie, was los sei mit ihm.

Bill richtete sich auf, wischte sein Gesicht mit dem Ärmel ab und fuhr fort zu graben. Da warf sich seine Frau nur etwas über und raste so schnell sie konnte die Treppe hinunter.

‹Was um Himmels willen tust du da, Bill?› schreit sie.

‹Geh ins Haus›, sagt Bill und gräbt weiter.

‹Bist du verrückt geworden?› sagt sie und heult fast.

Bill nahm sich bloß Zeit, einen Erdklumpen nach ihr zu werfen, und grub weiter, bis Henry Walker, der auch dachte, er sei verrückt geworden, drum wollte er sich nicht zu früh einmischen, bis also Henry den Kopf über die Hecke streckte und ihn das gleiche fragte.

‹Wer keine Fragen stellt, hört keine Lügen; und behalt deine Fratze›, sagt Bill. ‹Geh ins Haus und erschreck die Kinder damit›, sagt er. ‹Mich brauchst du nicht damit anzustarren.›

Henry lief beleidigt davon, und Bill machte weiter. Er ging nicht zur Arbeit und aß sein Frühstück im Garten, und seine Frau war den ganzen Morgen am Gartentor und gab den Nachbarinnen Antwort und bat sie, hineinzugehen und mit Bill zu reden. Eine ging wirklich und kam beinah sofort wieder zurück und stand stundenlang herum und erzählte allen Leuten, was Bill zu *ihr* gesagt habe, und wollte wissen, ob man ihn dafür nicht einsperren könne.

Zur Teezeit war Bill hundemüde und so steif, daß er kaum sein Butterbrot zum Mund brachte. Manche von den Kerls schauten am Abend vorbei, aber sie brachten aus ihm nur heraus, das sei eine neue Art Gartenpflege, von der er gehört habe, und sie würden schon sehen. Als es Nacht wurde, war er fast fertig, und sein Garten war ruiniert.

Als immer noch über Bill geredet wurde, ging doch weiß Gott Peter Smith und machte es mit seinem Garten genauso. Der Pfarrer und seine Frau waren in den Ferien, und niemand konnte ein Wort sagen. Der Vikar, der hier war und ihn vertrat und die Namen für die Blumenausstellung aufnahm, sagte ihm zwar, daß er sich seine Chancen vergebe, aber Peter war so grob zu ihm, daß er gleich wieder ging, ohne viel auszurichten.

Als Joe Gubbins anfing, seinen Garten umzugraben, dachten die Leute schon, sie seien alle verhext, und ich ging zu Henry Walker hinüber, um ihm zu sagen, wie gut es jetzt für ihn aussehe, und er solle dran denken, daß ich am Vorabend noch mal neun Pence auf ihn gewettet hätte. Er sagte bloß: ‹Bist selber schuld› und grub in seinem Garten ein so großes Loch, daß ein Haus darin Platz gehabt hätte.

Binnen zwei Wochen gab es in diesem Dorf keinen Garten mehr, den man anschauen konnte. Es war klar, daß es in dem Jahr keine Blumenausstellung geben würde, und von allen mißmutigen Dummköpfen hier waren die Kerle, die ihre hübschen Gärten umgegraben hatten, die schlimmsten.

Es war nur noch ein paar Tage bis zur Blumenausstellung, und ich kam grade die Straße herauf, als ich sah, wie Joe und Henry Walker und noch zwei andere über Bob Prettys Gartenzaun lehnten und mit ihm redeten. Ich blieb auch stehen, um zu sehen, was sie da guckten, und ich sah, daß sie Bobs beiden Jungen beim Jäten zuschauten. Es war ein Schandfleck, ein unordentlicher Garten, ich hab' es schon gesagt, mit ein paar Ringelblumen, Kapuzinern und solchem Zeug irgendwo verstreut, und Bob ging pfeiferauchend auf und ab und schaute zu, wie seine Frau zwischen den Pflanzen hackte und welke Ringelblumen abschnitt.

‹Einen hübschen Garten hast du da, Bob›, grinst Joe.

‹Es gibt üblere›, sagt Bob.

‹Machst du bei der Ausstellung mit, Bob?› sagt Henry und blinzelt uns zu.

‹Natürlich›, sagt Bob und hält den Kopf hoch; ‹mit den Ringelblumen sollte ich es schaffen›, sagt er.

Henry wollte es erst nicht glauben, doch als er Bob der Frau erklären sah, wie man mit dem Spatenrücken den Weg festklopft, und er ihr Nägel reichte, um einen kletternden Kapuziner an den Zaun zu nageln, ging er Bill Chambers und ein paar andere holen, und sie lehnten alle über den Zaun und atmeten schwer und sagten Bob alle Gemeinheiten, die ihnen einfielen.

‹Es ist der gepflegteste Garten am Ort›, sagt Bob. ‹Ich fürchte deine neue Art der Blumenzucht nicht, Bill Chambers. Die altmodische Art gefällt mir besser; ich habe von meinem Vater gelernt, wie man Blumen zieht.›

‹Du hattest doch nicht die Stirn, dich anzumelden, Bob?› sagt Sam Jones und starrt ihn an.

Bob antwortet nicht. ‹Rupf diese Grasbüschel im Weg aus, Alte›, sagt er zu seiner Frau; ‹die sehen unordentlich aus, und Unordnung kann ich nicht ausstehen.›

Er ging auf und ab, paffte seine Pfeife und tat, als sehe er Henry Walker nicht, der weiter unten am Zaun ein paar zerzauste Geranien anstarrte, als ob er sie schon gesehen hätte, aber nicht mehr genau wüßte, wo.

‹Bewunderst du meine Geranien, Henry?› fragt Bob schließlich.

‹Wo hast du die her?› sagt Henry und bringt vor Lachen fast kein Wort heraus.

‹Von meinem Floristen›, sagt Bob obenhin.

‹Deinem was?› fragt Henry.

‹Meinem Floristen›, sagt Bob.

‹Und wer soll das sein?› fragt Henry.

‹Das werde ich dir wohl gleich erzählen›, sagt Bob. ‹Sei vernünftig, Henry, und frag dich selbst, ob ich dir etwa seinen Namen verrate. Schließlich hab' ich noch nie so schöne Geranien gesehen. Ich hab' sie den ganzen Sommer im Haus drin getrieben und sie eben erst nach draußen gepflanzt.›

‹Ungefähr zwei Tage, nachdem ich meine über den hinteren Zaun geworfen habe›, sagt Henry Walker ganz langsam.

‹Was?› sagt Bob überrascht. ‹Ich wußte gar

nicht, daß du Geranien hast, Henry. Ich dachte, du gräbst heuer nach Kies.›

Henry antwortete nicht. Nicht, weil er nicht wollte, wohlgemerkt, aber er konnte nicht.

‹Die da›, sagt Bob und zeigt mit dem Pfeifenstiel auf eine geknickte Geranie, ‹ist eine ‚Herzog von Wellington', und die weiße da will ich ‚Prettys Stolz' nennen. Die schöne Ringelblume, da drüben, die wie eine Sonnenblume aussieht, heißt ‚Goldene Träume'.›

‹Komm, Henry›, platzt Bill Chambers heraus, ‹darauf brauchen wir etwas zum Runterspülen.›

‹Schade, daß ich euch keine Blume fürs Knopfloch schenken kann›, sagt Bob höflich, ‹aber so kurz vor der Blumenausstellung kann ich es mir nicht leisten. Wenn ihr Burschen wüßtet, wieviel Freude das Verweilen bei den unschuldigen Blumen macht, würde es euch nicht so oft ins Wirtshaus treiben.› Er schüttelte mißbilligend den Kopf und sagte der Frau, sie solle der ‹Herzog von Wellington› eine Kanne voll Wasser geben, dann setzte er sich wieder in seinen Stuhl und wischte sich den Schweiß von der Stirn.

Bill Chambers dachte eine Weile nach, als sie die Straße hinaufgingen, dann dreht er sich zu Joe Gubbins um und fragt: ‹Warst du in letzter Zeit bei George English?›

‹Ja›, sagt Joe.

‹Wir waren offensichtlich alle bei ihm›, sagt Sam Jones.

Keiner wollte mit dem heraus, was er auf dem Herzen hatte, weil sie alle bei George English gewesen waren und hoch und heilig geschworen hatten, sein Geheimnis nicht zu verraten, und jetzt wollten sie nicht zugeben, daß sie ihre Gärten durchwühlt hatten, um dieses Geld zu finden, von dem er erzählt hatte.

Aber dann sagt Bill Chambers: ‹Ohne Geheimnisse zu verraten oder Versprechen zu brechen, Joe: angenommen, ein gewisses Haus kommt in einem gewissen Brief aus der Fremde vor – welches war's?›

‹Dies angenommen ...›, sagt Joe ebenso vorsichtig, ‹war es das zweite Haus, vom ‚Blumenkohl' gerechnet.›

‹Das neunte, meinst du›, sagt Henry Walker spitz.

‹Nein, das zweite in Mill Lane›, sagt Sam Jones, der dort wohnte.

Da merkten sie, daß man sie hereingelegt hatte und daß sie, gewissermaßen, nicht von demselben Brief sprachen. Sie kamen hier herauf und saßen, wo wir jetzt, wie betäubt. Es war nicht nur wegen des verlorenen Preises, aber sie hatten ihre Zeit an ihre Gärten drangegeben und mußten sich von anderen Leuten verrückt nennen lassen.

Henry Walker war in einer schrecklichen Verfassung und dachte sich fürchterliche Dinge aus, die er George English sagen wollte, und hatte noch Angst, sie seien nicht stark genug.

Als sie so redeten, wer kam wohl daher als George English höchstselbst! Er trat zu ihrem Tisch, und sie rückten auf der Bank alle nach hinten und starrten ihn wütend an, und Henry Walker rümpfte die Nase.

‹Guten Abend›, sagt er, aber keiner gab Antwort; sie schauten alle auf Henry und wollten sehen, was der wohl sagen würde.

‹Was ist los?› sagt George überrascht.

‹Mit den Gärten nichts mehr!› sagt Henry.

‹Hab' ich gehört›, sagt George.

Er schüttelte den Kopf und machte ein gleichzeitig bekümmertes und ernstes Gesicht.

‹Das hab' ich gehört, und ich traute meinen Ohren nicht, bis ich selber schauen ging›, sagt er, ‹und was ich sagen will, ist dies: ihr wißt, wovon ich rede. Wenn einer was gefunden hat, was ihm nicht gehört, weiß er, wem er es bringen soll. Ich hätte das nicht erwartet von Männern, die seit Jahren mit *mir* am selben Ort wohnen. Von wegen Ehrlichkeit›, sagt er und schüttelt wieder den Kopf, ‹möcht' ich davon gern etwas sehen.›

Peter Smith machte den Mund zum Reden auf und tat gleichzeitig einen Zug aus seinem Bierkrug, ohne es recht zu merken, und wenn Sam Jones ihm nicht auf den Rücken geklopft hätte, ich glaube, er wär' auf der Stelle gestorben.

‹Daß ihr's nur wißt›, sagt George English ganz langsam und feierlich, ‹es liegt kein Segen darauf! Wer sein Vermögen macht, indem er einfach seinen

Garten umgräbt, wird keinen echten Nutzen davon haben. Er kann einen schwarzen Rock tragen und neue Hosen am Sonntag, doch er wird nicht glücklich sein. Ich geh' jetzt und trinke mein Bier anderswo›, sagt er. ‹Die Luft ist mir hier zu dick.›

Er ging, bevor jemand ein Wort sagen konnte. Bill Chambers ließ seine Pfeife fallen, und sie zerbrach. Henry Walker saß da und starrte ihm mit weit offenem Mund nach, und Sam Jones, der immer gerne schmarotzte, trank sein eigenes Bier und glaubte fest, es sei das von Joe.

‹Ich werde dafür sorgen, daß Frau Pfarrer Pawlett davon erfährt›, sagt Henry schließlich.

‹Und dann fragt sie dich, warum du deinen Garten umgegraben hast›, sagt Joe, ‹und du mußt zugeben, daß du dein Versprechen gebrochen hast. Sie würde uns jahrelang damit in den Ohren liegen.›

‹Und der Pfarrer würde darüber predigen›, sagt Sam; ‹was hat das für einen Sinn, Henry?›

‹Wir würden meilenweit zum Gespött›, sagt Bill Chambers. ‹Wenn mich jemand fragt: ich hab' meinen Garten umgeschaufelt, um nächstes Jahr bessere Erde zu bekommen und weil ich einmal einem andern eine Chance auf den Preis geben wollte.›

Peter Smith war schon immer ein Unglücksrabe; er ist bekannt dafür. Er nahm grad wieder einen Schluck, als Bill das sagte, und diesmal dachten wir wirklich, es sei aus mit ihm.

Mrs. Pawlett und der Pfarrer kamen am Tag darauf nach Hause, und Mrs. Pawletts Stimme quietschte vor Entsetzen, daß es weh tat, ihr zuzuhören. Die Burschen blieben alle dabei, daß sie ihren Garten umgegraben hätten, um den andern eine Chance zu geben, und Henry Walker ging noch weiter und sagte, es sei wegen einer Predigt über Selbstlosigkeit, die der Vikar vor drei Wochen gehalten habe. Am nächsten Tag hatte er ein hübsches kleines Gesangbuch mit rotem Einband, ‹Von einem Freund› stand als Widmung darin. Nach genauem Inbetrachtziehen der Umstände wollte Mrs. Pawlett die Blumenausstellung in dem Jahr seinlassen und dafür nächstes Jahr zwei Preise stiften. Aber noch einen oder zwei hatte Bobs Beispiel ermuntert, sich anzumelden, und sie sagten, man könne das ihren Frauen nicht antun. Diese Gärten waren bis auf einen schlechter als der von Bob, weil die Männer erst nach ihm angefangen hatten und auch keine Geranien vom Floristen bekommen konnten. Bloß noch Ralph Thomsons Garten war schöner, das war sein Nachbar, aber zwei Nächte vor der Ausstellung ging sein Schwein darin schlafwandeln. Ralph sagte, es sei ihm ein Rätsel, wie das Schwein herauskam; es mußte seinen Fuß durch ein kleines Loch gesteckt und am Türknauf gedreht haben und über einen vier Fuß hohen Zaun geklettert sein. Er sagte zu Bob, er wollte, das Schwein könnte reden, aber Bob sagte, das sei ein sündhafter, unchristlicher

Wunsch, und wenn es das könnte, hätte es sicher nur Schimpfnamen für ihn und würde ihn fragen, warum er es nicht ordentlich füttere.

Am Tag der Blumenausstellung ging eine ziemliche Menge hinter der Jury her. Zuerst kamen sie zu Bill Chambers' Erstaunen und Entsetzen zu ihm, standen auf den Erdhaufen in seinem Garten und begutachteten diese, während Bill halb von Sinnen aus dem Küchenfenster linste. Sie gingen zu jedem Garten im Dorf, bis es einer der jungen Damen zu dumm wurde und sie Mrs. Pawlett fragte, ob sie eigentlich hier seien, um Gärten oder Erdbeben zu begutachten.

Alle hielten an dem Abend in der Schule den Atem an, als Mrs. Pawlett auf das Podest stieg und einen Zettel von der Jury bekam. Sie wartete einen Moment, bis es still war, und hob dann die Hand, um das, was sie für Klatschen hielt, hinten im Zimmer zum Schweigen zu bringen, aber es waren bloß zwei oder drei Frauen, die mit ihren schreienden Säuglingen hinaus mußten und im Vorraum versuchten, sie zu beruhigen. Dann setzte sich Mrs. Pawlett die Brille auf die Nase und verlas, kurz und bündig, daß der Preis von drei Pfund und einem Teekrug aus Gußeisen für den gepflegtesten Hausgarten an Mr. Robert Pretty gehe.

Ein, zwei Kerle klopften Bob auf den Rücken, als er durch den Mittelgang schritt, um den Preis in Empfang zu nehmen; dann machten es noch einer oder zwei nach, und Bill Chambers schlug besonders herzhaft zu. Bob blieb stehen und sagte ihm seine Meinung.

Man würde kaum denken, daß Bob die Frechheit hätte, dort oben zu stehen und eine Rede zu halten, aber das tat er. Er sagte, es sei ihm ein großes Vergnügen, den Teekrug und das Geld zu bekommen, um so mehr, als er meine, er habe es auch verdient. Er sagte, wenn er alles erzählen würde, was er für den Preis getan habe, würde man staunen. Er sagte, es sei ihm gegangen wie Ralph Thomsons Schwein; von früh bis spät auf den Beinen.

Er stand da und redete, als ob er nie mehr aufhören wollte, und sagte, hoffentlich würden sich seine Nachbarn ein Beispiel nehmen. Manche von denen schienen zu glauben, mit Graben sei es getan, doch er könne stolz sagen, daß sein Garten seit drei Jahren keinen Spaten gesehen habe, bis vor einer Woche, und dann auch nur kurz.

Am Ende sagte er noch, daß er eine Teegesellschaft gebe im ‹Blumenkohl›, um die Kanne einzuweihen; alle Freunde seien herzlich eingeladen. Ziemlich viele standen auf und gingen mit ihm hinaus, statt auf die Lichtbilder zu warten, und eine halbe Stunde später kamen sie zurück und sagten, bis sie im ‹Blumenkohl› angekommen seien, hätten sie gar nicht gewußt, daß Bob so pingelig war, mit wem er verkehrte.

Das war unsere letzte Blumenausstellung in Claybury, weil Mrs. Pawlett und ihre Damen der nach Hause ziehenden Teegesellschaft begegneten und ihr über ein Gatter in ein Feld ausweichen mußten. Dann stolperte Mrs. Pawlett weiter oben noch über etwas, das der Teekrug war, der stark nach Bier roch, und so wurde die Blumenausstellung aufgegeben, und der Pfarrer predigte drei Sonntage hintereinander von der Sünde des Biertrinkens: vor Kindern, die nie welches gehabt hatten, und Frauen, die keines bekommen konnten.»

KAREL ČAPEK

1890–1938

■

Wie man Gärten anlegt

Gärten kann man auf verschiedene Art anlegen; die beste ist die, einen Gärtner zu nehmen. Der Gärtner pflanzt dann verschiedene Stöcke, Reiser und Besen an, von denen er behauptet, daß es Ahorn, Weißdorn, Flieder vorstelle, daß es Hochstämme, Halbstämme und andere Natursorten seien; dann wühlt er in der Erde herum, kehrt das Unterste zuoberst, drückt alles wieder glatt, macht aus Schlacke Wege, steckt hier und dort irgendein verwelktes Laub in die Erde, von dem er erklärt, es seien Perennen, sät den Samen für den künftigen Rasen aus, den er englisches Raigras und Knaulgras, Wiesenfuchsschwanz, Schwedenklee, Floringras nennt, und geht dann fort, den Garten braun und kahl wie am ersten Tage der Erschaffung der Welt zurücklassend; nun legt er euch ans Herz, all die Gartenerde täglich sorgsam zu gießen und, bis das Gras zu wachsen anfängt, Kies für die Wege anfahren zu lassen. Nun gut.

Man würde denken, das Wässern eines Gartens sei eine sehr einfache Sache, besonders wenn man einen Schlauch dazu benutzt. Es zeigt sich aber bald, daß der Schlauch ein ungewöhnlich hinterlistiges und gefährliches Geschöpf ist, solange er nicht gezähmt wurde. Er krümmt sich, schnellt hoch, macht eine große Wasserlache unter sich und taucht mit Wonne in den Schlamm unter, den er sich auf diese Weise schuf; sodann stürzt er auf den Menschen los, der gießen will, und ringelt sich um dessen Beine. Man muß auf den Schlauch treten, da aber leistet er Widerstand, windet sich einem um Hüften und Hals; während der Angefallene mit ihm wie mit einer Riesenschlange kämpft, richtet das Ungetüm sein Messingmaul nach oben und speit einen mächtigen Wasserstrahl in die Fenster auf die frisch gewaschenen Vorhänge. Es bleibt nichts anderes übrig, als ihn energisch beim Kopf zu packen und soweit als möglich zu strecken; die Bestie wütet vor Schmerz und beginnt Wasser zu spritzen, freilich nicht aus dem Maul, sondern aus dem Hydranten oder aus der Mitte der Körpers. Beim erstenmal sind drei Leute zum Bändigen nötig. Alle verlassen dann den Kampfplatz, bis über die Ohren mit Erde beschmiert und ausgiebig mit Wasser bespritzt. Was den Garten anbelangt, verwandelt er sich stellenweise in eine schmierige Pfütze, während er an anderen Stellen vor Trokkenheit Risse bekommt.

Tut man das täglich, beginnt in vierzehn Tagen Unkraut statt Gras zu wachsen. Es ist ein Naturgeheimnis, daß sich aus dem besten Rasensamen das üppigste und stachligste Unkraut entwickelt; vielleicht sollte man Unkrautsamen aussäen, um einen schönen Rasen zu bekommen. Nach drei Wochen ist der Rasen dicht mit Disteln und anderem kriechenden oder tief in der Erde verwurzelten Unkraut bewachsen; versucht man, es aus der Erde zu ziehen, reißt es oberhalb der Wurzel ab oder nimmt einen ganzen Erdklumpen mit. Es ist schon so: je größer das Luder, desto besser gedeiht es.

Inzwischen verändert sich durch eine geheimnisvolle Umwandlung der Materie die Schlacke der Wege in die klebrigste und schlüpfrigste Tonerde, die man sich nur vorstellen kann.

Nichtsdestoweniger muß man das Unkraut aus dem Rasen entfernen; man jätet und jätet, und hinter jedem Schritt verwandelt sich der künftige Rasen in kahle braune Erde, wie sie am ersten Tag der Erschaffung der Welt ausgesehen haben mag. Nur an zwei oder drei Stellen bemerkt man einen grünlichen Schimmer – wie ein hingehauchter, schütterer Flaum; da gibt es keinen Zweifel mehr, das ist Gras. Man geht auf den Fußspitzen umher und jagt die Spatzen fort; aber während man auf den Boden starrt, treiben an den Stachelbeer- und Johannisbeersträuchern die ersten Blättchen heraus. Immer kommt einem der Frühling zuvor.

Das Verhältnis zu den Dingen hat sich geändert. Regnet es, sagt man, es regne auf den Garten; scheint die Sonne, scheint sie nicht bloß so, sondern scheint auf den Garten; ist es Nacht, stellt man mit Befriedigung fest, daß sich der Garten ausruhe.

Eines Tages wird man die Augen öffnen, und der Garten wird grün sein, das hohe Gras im Tau erglänzen, pralle bräunliche Knospen gucken aus dem Dickicht der Rosenkronen hervor, und die alternden Bäume werden breitästig und dunkel, mit schweren Kronen und voll verwesendem Duft feuchten Schatten spenden. Nichts wird mehr an den zarten, kahlen und braunen Garten jener Tage erinnern, an den spärlichen Flaum des ersten Grases, an das armselige Aufbrechen der ersten Knospen, an all die erdige, arme und rührende Schönheit des Gartens, als er angelegt wurde.

Nun gut, jetzt aber heißt es gießen, jäten und die Steine aus der Erde klauben.

AUGUST STRINDBERG

1849–1912

■

Mein Garten

Mein Garten, der nicht einmal mein Eigentum ist, hat auf jeden Fall eine sehr geringe Größe, wie es bei einem Nutzgarten sein muß, sobald man keinen Gärtner hat. Mit achtzehn langen Schritten schreite ich ihn der Länge nach ab, und mit genauso vielen stelle ich die Breite fest, so daß er wohl eine Fläche von einem Dreißigstel Hektar hat. Die Natur, der hohe Pachtzins und auch die Bodenverhältnisse waren besonders ungünstig bei der Auswahl des Platzes – aber um so listiger bin ich vorgegangen im Kampf gegen die vereinten Feinde. Mein Garten liegt nämlich in Stockholms Inselmeer auf einem bergigen Hügel, der allen Winden, nur nicht den warmen Südwinden ausgesetzt ist. Der Nordwind fegt von Jungfrufjärd hinein, zuweilen wirbelt er um die Hausecken und soll den Schnee, der nicht den Weg nach Norden nimmt, in meinen Garten treiben. Ich habe dies noch nicht erlebt, da ich die Insel niemals im Winter gesehen habe. Die Erdschicht besteht aus sandgemischtem Steingrus mit etwas Moorerde, und da die Oberfläche bisher noch aus Gras bestand, ist der Boden mit unendlich viel Quecke durchsetzt. Mit der Quecke könnte ich wohl fertig werden, aber ich habe auch Nachbarn, einen Hofbesitzer und einen Pächter. Diese betreiben zu beiden Seiten meines Gartens Distelzucht großen Stils, und von welcher Seite der Wind auch kommen mag, stets wird mir der Distelsamen in den Garten gefegt. Außerdem halten meine Nachbarn Hühner, deren Hähne ihre Kämpfe in meinem Garten austragen, sie besitzen ferner einen Hund, der gerne Jagd auf meine Erdbeeren macht, jedoch nicht auf Seevögel – es ist ein scheußlicher Köter, der keine Fische frißt, jedoch eine Vorliebe für rote Johannisbeeren hat. Die Nachbarn haben auch Kinder – Kinder haben etwas ganz Besonderes an sich: man kann sie bestechen, jedoch nicht dressieren. Und zu guter Letzt haben diese Nachbarn auch Bootsleute, die samstags abends erscheinen, aber die sind unbestechlich!

Inzwischen ist es März geworden; auf den Straßen und den Doppelfenstern Stockholms liegt bereits etwas Sonnenschein – ich kaufe bei meinem Krämer einige niedrige Seifenkisten oder ähnliche Behälter und hole mir vom nächsten Gärtner einige Beutel Erde. Dann säe ich meine Pflanzen für den Sommer in die Kästen, denn mein Garten liegt einige Seemeilen von dem Gärtner entfernt, und ich würde ein Königreich für ein Pferd geben, das es draußen nicht gibt, obwohl es für Mistbeete unentbehrlich ist.

Ich säe aber nur das Allernotwendigste, wozu ich Salat, Blumenkohl und Wirsingkohl rechne. In besonders kleine Blumentöpfe lege ich Melonen- und Gurkenkerne, denn diese Pflanzen verlieren viel Zeit in ihrem Wachstum, wenn sie ohne Erde verpflanzt werden.

Was die Zierblumen betrifft, so befasse ich mich nur mit Levkojen und Resedas, da man die andern am vorteilhaftesten an jenen Stellen aussät, wo sie am besten gedeihen.

Wenn die Stadtsonne sehr fleißig ist, schießen meine Pflanzen in die Höhe und lehnen sich ans Fenster. Wenn sie soweit gekommen sind, nehme ich sie aus der Erde, schneide die Pfahlwurzel ab und pflanze sie bis zum Herzblatt wieder ein. Jetzt schießen sie von neuem, sind jedoch sehr viel kräftiger als vorher.

Wenn ich Anfang Mai auf die Insel hinausziehe, packe ich meine Schützlinge in besonders dafür eingerichtete Kisten. Das ist sehr mühsam und wird auch teuer, aber es ist weniger mühsam, als jeweils zwei Seemeilen zu rudern, und auch nicht so dumm, wie ein Pferd für eine Insel zu kaufen, auf der es keine Fahrwege gibt.

Bei meiner Ankunft stehen die Narzissen, Tulpen und Krokusse bereits in voller Blüte – es ist jedoch noch zu früh, meine mitgebrachten Pflanzen in die Erde zu bringen; außerdem müssen sie vorher abgehärtet werden. Darum stelle ich meine Kisten in einen großen trockenen Graben und lege ein Doppelfenster darauf.

Das Verfahren mit dem Doppelfenster ist meine

große Erfindung, und durch sie erreiche ich Wunderdinge.

Nachdem ich meine Herbstpflanzungen, Obstbäume, Beerenbüsche, Flieder und Jasmin, begrüßt habe, beschäftige ich mich mit dem Säen. Petersilie ist noch in genügender Menge unter dem Tannenreisig vom vorigen Jahr vorhanden, aber ich muß für den Nachsommer und das kommende Jahr vorsorgen. Da Petersilie und Dill sehr lange in der Erde liegen, ehe sie aufgehen, lege ich den Samen in Wasser mit einigen Tropfen Salzsäure; dadurch gewinne ich vierzehn Tage, weil die Faulpelze sonst sechs Wochen in der Erde lägen. Bevor ich säe, gehe ich zuerst zu dem Stall, hinter eine Ecke, wo mich niemand sieht, und fülle eine große Gießkanne mit *purin,* wie es auf französisch heißt, und begieße damit das Beet, in das dann der Same kommt. Radieschen, Petersilie und Spinat säe ich ziemlich dicht, weil die vielen Blätter den nötigen Schatten geben, der die Bodenfeuchtigkeit festhält. Dann siebe ich Erde über den Samen. Die Radieschenbeete glätte ich, weil die Radieschen in losem Boden unregelmäßig und in Windungen wüchsen. Den Spinatsamen stampfe ich fest. Damit die Vögel unter dem Himmel mir den Samen nicht aufpicken und Hunde und Hühner auf dem freien Feld ihn nicht ausscharren, belege ich die Beete mit gut entnadeltem Tannenreisig; die Tannennadeln würden dem Beet ein unordentliches Aussehen verleihen, und sie neigen außerdem zur Schimmelbildung.

Das Benutzen von Purin ist in Deutschland gebräuchlich und hat sich als sehr wirkungsvoll erwiesen, weil der Keimungsprozeß unter guten Nahrungsbedingungen besonders stark ist und Purin den Pflanzen ein gutes Wachstum verleiht.

Den Salat säe ich in Reihen und ziemlich dünn; Dill kommt am besten zwischen Kohl, weil er dort am billigsten den Schatten und die Feuchtigkeit erhält, die er liebt. Wenn er in einzelne Rillen gesät wird, schießt er ins Kraut und entwickelt sich nicht genügend.

Jetzt setze ich die Kartoffeln, die bereits seit vierzehn Tagen in einem hellen Raum zum Keimen gelegen haben. Es ist mühsam und schwierig, Frühkartoffeln ohne Treibbeet zu züchten. Wer nicht auf Quantitäten angewiesen ist, legt seine Kartoffeln ziemlich flach; in einem trockenen Sommer ist die Ernte dann zwar nicht so reichlich, aber flach gelegte Kartoffeln wachsen schneller als die tiefer gesetzten. Ausländer haben ungeduldigen Erzeugern geraten, ihre Kartoffeln bereits im Herbst zu setzen; sie müssen dann ziemlich tief gelegt werden, und über die Erdoberfläche wird eine Schicht Stallmist gestreut. Wenn sie im gleichen Herbst gekeimt haben, läßt man die Wurzeln unter dem Schnee wachsen, um sie zeitig im Frühjahr ernten zu können. Inzwischen habe ich das Erdbeerland umgegraben, das leicht mit Laub bedeckt gewesen war. Ich habe in den Spargelbeeten gehackt, die Rabatten umgegraben, alle Blumensamen gesät und bin so weit gekommen, daß ich das Treibbeet für Gurken herrichten kann. Zu dem Zweck mache ich eine Grube in der Größe von vier Doppelfenstern, deren Länge nur zwei Meter und deren Breite etwa achtzig Zentimeter beträgt, weil die Fenster der Bauern sehr klein sind. Dann nagle ich einen Rahmen aus vier Brettern zusammen. In die Grube schütte ich Spreu, Heu, Laub, Tannenzweige und Stalldünger aus der Scheune, gieße einige Eimer heißes Wasser über das Ganze und fülle die Grube mit gesiebter Komposterde. Das Ganze bildet das Treibbeet, in das ich meine sechs Gurkenpflanzen setze – es ist gar nicht schlecht, denn auf diesem Fleckchen von der Größe eines Eßtisches erntete ich im vergangenen Jahr von Juli bis in den Herbst hinein so viele Gurken, daß sie für meinen eigenen Haushalt, für die Alteingesessenen und ihre Freunde reichten. Trotzdem behielt ich noch genug zum Einsalzen übrig; meine ganze Ernte bestand wohl aus einer halben Tonne.

Mit der Melone – ich erntete nur eine – verfuhr ich anders. Da Melonen Wärme von unten verlangen, setzte ich sie nicht ins Freiland, sondern trieb sie in einem gewaltigen, großen Blumentopf in meinem Zimmer, begoß sie mit warmem Wasser und zog mit ihr von einem Südfenster zu einem Westfenster, so daß sie während des ganzen Tages Sonne hatte. Doch der Sommer war kalt und wenig sonnig, und am 15. September hatte die Frucht nur die Größe einer geballten Faust erreicht. Sachverständige Menschen behaupten, sie wäre in einem kleinen Blumentopf, in dem die Erde durchwärmt wird, besser gediehen.

Nun, da alles gewachsen ist und in Blüte steht, muß selbst der parteiische Betrachter zugeben, daß die Erde unerschöpflich ist, wenn man nur versteht, sie sich nutzbar zu machen. Auf diesem Fleckchen von der Größe eines Speisesaales oder dem Fleckchen Kartoffelland eines Kätners, weit draußen in dem Inselmeer, ist im Garten alles vom Besten vorhanden, was Mittelschweden hervorbringen kann. Außer dem Gemüse, vom Spargel bis zum englischen Blumenkohl und zur Artischocke, wachsen hier die edelsten Früchte, von den Erdbeeren bis zur gelben Herzkirsche, der Reineclaude, dem Hawthornapfel und der berühmten Guten Louise – als Wunder werden zwei Weinreben im Spalier an der Südwand des kleinen Hauses gezeigt.

Die widerstandsfähigen Apfelbäume sind hochstämmig; die feineren Sorten jedoch werden in Zwergform gezogen, damit man alle Hilfsmittel bei ihrer Pflege ausnutzen kann. Ich hatte meine Zwergobstbäume darum im Frühling in eine Rabatte gesetzt. Während der Blütezeit, als regnerisches und kaltes Wetter im Anzug war, schützte ich sie mit einem Dach aus Bastmatten, so daß ihnen das schlechte Wetter nichts anhaben konnte. Sie setzten Früchte an, doch der Sommer wurde kalt, und es herrschte Nordwind. Da ich die Pfahlwurzel abgesägt hatte, waren eine Menge Saugwurzeln gewachsen, die ein Verpflanzen zuließen. Ich pflanzte diese kleinen Bäume in große Steintöpfe, sie wuchsen tatsächlich im Zimmer weiter, obwohl die Früchte bereits halbgroß an den Zweigen hingen, als ich sie umpflanzte. An Sonnentagen trug ich die Töpfe hinaus und stellte sie an die Südwand des kleinen Hauses.

Den Krieg gegen den Nordwind führte ich mit Bastmatten, welche ich auf Stöcken hinter die Artischocken stellte, die sich ganz besonders wohl dabei fühlen. Später habe ich am Lido vor Venedig gesehen, wie der Wein draußen auf dem flachen Land mit Reisigbüschen gegen den alles durchdringenden Boreas geschützt wurde. Diese Methode wird übrigens sehr viel in China angewandt, wo es die ersten Gärtner der Welt gab, von denen die Japaner ihre Gartenkunst sowie vieles andere gelernt haben.

Gegen den mageren Boden im Geröll kämpfte ich, genau wie die Chinesen, mit der Purin-Kanne. Mit flüssiger Nahrung wächst alles überall, und mein Blumenkohl war bereits im Juli auf freiem Felde voll ausgewachsen, und zwar so fein, daß er eines besseren Schicksals würdig gewesen wäre, als draußen im verborgenen von den Kätnern gegessen zu werden, die ihn nicht einmal in den Mund nehmen wollten, während sie die Gurken mit der Schale aßen.

Gegen die Quecke läßt sich nur auf eine einzige Weise Erfolg erringen: durch anhaltende, niemals verlöschende Wachsamkeit und Arbeit, obwohl der Sieg ganz ungewiß ist. Sie wächst unter der Erde entlang, schießt plötzlich, wo man es gar nicht vermutet, empor, und wenn man sie von Posten zu Posten gejagt hat, verschanzt sie sich in einer Erdbeerpflanze oder mitten in der dichtesten Petersilie, wo man ihr nicht zu Leibe rücken kann. Sie ist schlimmer als ein Bandwurm: reißt man diesen Stück für Stück ab, so lebt er, bis es einem gelungen ist, auch den Kopf mitzubekommen; die Quecke aber hat keinen Kopf. Das beste Mittel gegen sie ist, sein Land selber umzugraben, wie man bei allen Gartenarbeiten selbst sein bester Gärtnerbursche ist. Eines Frühlings nahm ich beim Umgraben meines Landes einen Jungen zu Hilfe. Es war ein schnell arbeitender junger Mann, der die Arbeit an einem Tage geleistet hatte. Als ich zu säen begann, stellte ich fest, daß er die Grassoden nur umgedreht hatte. Daraufhin stellte ich ein Mädchen an, von dem ich erwartete, es würde besser arbeiten. Auch sie verbrachte einen Tag damit, die Grassoden wieder umzudrehen. Seitdem grabe ich mein Land stets selber um. Zuweilen läßt man Kinder in seinen Garten hinein, damit sie gegen mäßiges Entgelt Unkraut jäten. Auch das ist nicht richtig, denn Kinder lassen die kräftigsten Teile im Boden, was das Gedeihen des Unkrauts sehr befördert. Grundregel: Bebaue nicht mehr

Land, als du selbst bebauen kannst! *Non multa sed multum* – wenig, aber gut.

Wenn man all diese Plagen überwunden hat, steht einem die siebte und schlimmste Plage bevor, die aus Legionen besteht: Insekten und Würmer. Der Regenwurm, der die kleinen Pflanzen in die Erde herabzieht; der unsichtbare, der die Gurkenpflanzen unter der Erdoberfläche abbeißt; die Erdflöhe, die die Kohlpflanzen anfallen und sie im Keime ersticken; die Stachelbeerraupen, die wie ägyptische Heuschrecken vorgehen, und als letztes, aber als schlimmstes Übel, die Kohlweißlinge.

Gegen all diese Feinde gibt es Rezepte in den Gartenlehrbüchern, und jede Nummer einer Gartenzeitschrift bringt neue Beiträge, die alle mehr oder weniger brauchbar sind. Durch meine Erfahrung glaube ich zu dem Ergebnis gekommen zu sein, daß kräftige Pflanzen die beste Widerstandskraft aufweisen, die durch gute Ernährung und gute Bewässerung gesteigert wird. Das zeigte sich jedenfalls beim Kohl, als die Erdflöhe ihn überfielen. Als erstes wurden die Schwächlinge überfallen, und sie gingen sofort ein, die Kräftigen dagegen hielten sich gut. Nicht einmal in Karbolwasser getränkte Moorerde konnte dieses Ungeziefer abschrecken.

Am mühsamsten ist der Kampf gegen den Kohlweißling. Ich las dreimal täglich die auf die Unterseite des Blattes gelegten Eier des weißen Schmetterlings Epeira ab, und trotzdem mußte ich sechsmal täglich die Raupen absammeln, ohne daß es mir glückte, zwei Dutzend Blumenkohlköpfe vor der Zerstörung zu schützen.

Mit den Kohlraupen ist es genauso wie mit der Sünde: man zupft und zupft; und sie sitzt immer noch da, bis man zuletzt ermüdet, sich in sein Schicksal findet und denkt: «Es muß wohl so sein, da es nun einmal so ist!»

Dies war mein *Sommergarten,* wie ich ihn zum letzten Male vor fünf Jahren erlebte; wie er jetzt aussieht, weiß ich nicht, und ich werde es wohl niemals erfahren, nachdem ich «Inselbauern» und «Inselmeer» geschrieben habe! Aber jetzt besitze ich einen *Wintergarten,* den ich genau wie der Weise mit mir überall hinführen kann; darin habe ich ebenfalls einige Neuigkeiten eingeführt, die nicht überflüssig sein dürften.

Jeder, der einmal einen Blumenstock in einem Blumenladen kaufte, hat gemerkt, wie schnell er verblüht, um dann abgetakelt dazustehen und sein elendes Leben bis zum nächsten Jahr hinzuquälen. Die Ursache für diesen traurigen Umstand liegt darin begründet, daß die Gewächse in einem Treibhaus mit vollem Oberlicht, in reiner Luft ohne Staub, Tabakrauch und Verbrennungsprodukte von Lampen und Kerzen keimen und aufwachsen. Darum wird es ihnen schwer, sich einem Wohnraum anzupassen, und um Topfpflanzen gut zu erhalten, die in einem Wohnraum leben können, ziehe ich sie mir selbst aus Samen. Auf diese Weise habe ich gleichzeitig das große Vergnügen, zu verfolgen, wie die Pflanzen wachsen und gedeihen; das ist sehr viel schöner, als mit anzusehen, wie eine gekaufte Blume der Schwindsucht und dem Tode verfällt.

Anfang August säe ich Levkojen, Resedas, Balsaminen und Stiefmütterchen in kleine Blumentöpfe, die ich in ein Südfenster stelle. Nach vierzehn Tagen keimt der Samen in einer Mischung von Maulwurfhaufenerde, Lauberde, Streusand und gestoßener Holzkohle, die Pflanzen jedoch schießen zu schnell auf und legen sich gegen das Fenster. Dann pflanze ich sie um, binde sie an Stöcke und drehe und wende sie so oft, bis sie gerade wachsen. Sechs Wochen nach dem Umpflanzen habe ich einen halben Fuß hohe kräftige Pflanzen, die keiner weiteren Stütze bedürfen und dem Winterraum angepaßt sind. Ich behalte die kleinen Blumentöpfe der Erdwärme wegen weiter und begieße die Pflanzen mit Blumendünger. Auf diese Weise blühen die Pflanzen zu Neujahr, und ich habe außerdem noch das Vergnügen gehabt, ihr Wachstum während des traurigen Herbstes zu verfolgen, in einer Zeit, in der alles andere der Ruhe und dem Tode entgegengeht.

So habe ich mir meinen Wintergarten eingerichtet, und an ihm habe ich die meiste Freude, vielleicht, weil er wirklich mein Eigentum ist.

FRANCIS BACON

1561–1626

■

Über Gärten

Gott der Allmächtige pflanzte zuerst einen Garten, und in der Tat ist dies die reinste aller menschlichen Freuden: es ist die größte Erfrischung für den Geist des Menschen, ohne welchen alle Gebäude und Paläste nur rohe Machwerke sind; und man wird stets finden, daß die Menschen mit dem Fortschritt der Jahrhunderte zur Bildung und Verfeinerung zuvor prachtvolle Bauten aufführen, ehe sie schöne Gärten anlegen, als ob der Gartenbau eine höhere Entwicklungsstufe wäre. Ich bin dafür, daß man beim Anlegen königlicher Gärten für jeden Monat des Jahres einen besonderen pflanzt, in dem jeweils die höchste Schönheit sich entfaltet. Für den Dezember und Januar, wie auch für die letzte Hälfte des November, muß man solche Dinge wählen, die den ganzen Winter über grünen: wie Stechpalmen, Efeu, Lorbeer, Wacholder, Zypressenbäume, Eiben, Fichten, Kiefern, Rosmarin, Lavendel, weißes, purpurnes und blaues Wintergrün, Vergißmeinnicht, Schwertlilien, aber auch Pomeranzenbäume, Zitronenbäume und Myrten, falls man sie in Warmhäusern halten kann, sowie an geschützter Stelle würzigen Majoran. Sodann folgen für Ende Januar und Februar Seidelbast, der dann zu blühen anfängt, der gelbe und veilchenblaue Frühlingssafran, Primeln, Anemonen, die frühzeitige Tulpe, die orientalische Hyazinthe, Zwerglilie, Kaiserkrone. Zum März kommen die Veilchen, namentlich die einfachen blauen, welche die frühesten sind; gelbe Narzissen, Maßliebchen, Mandel-, Pfirsich- und Kornelkirschblüten sowie Hagedorn. Im April folgen die gefüllten weißen Veilchen, Goldlack, Levkojen, Schlüsselblumen, Schwert- und andere Lilienarten, Rosmarinblüten, Tulpen, gefüllte Pfingstrosen, schneeweiße Narzissen, französisches Geißblatt, blühende Kirsch-, Damaszener- und gemeine Pflaumenbäume, Weißdornlaub, Flieder. Im Mai und Juni erscheinen Nelken aller Art, besonders die Purpurnelke, Rosen aller Art außer der Moschusrose, die später kommt; Geißblatt, Erdbeeren, Ochsenzungen, Akelei, Ringelrosen, gefüllte und ungefüllte; Kirschen- und Feigenbäume tragen Frucht; schwarze und rote Johannisbeeren, Himbeeren, Reben- und Lavendelblüten, das duftige weißblütige Knabenkraut, Traubenhyazinthen, Maiglöckchen, Apfelblüten. Im Juli kommen dann Levkojen in großer Mannigfaltigkeit, Moschusrosen, Lindenblüten, zeitige Birnen, Pflaumenobst, Johannisäpfel und Kochäpfel. Im August reifen alle Arten Pflaumen, Birnen, Aprikosen, Berberitzen, Haselnüsse und Melonen; Mönchskappen leuchten in allen Farben. Im September kommen Trauben, Äpfel, Mohnblumen in allen Farben, Pfirsiche, Quitten, Aprikosenpflaumen, Kornelkirschen, Pfundbirnen, Apfelquitten. Im Oktober und Anfang November gibt es Elsebeeren, Mispeln, Schlehen, späte Herbstrosen, Stechpalmen und dergleichen. Dieses Verzeichnis dient für das Londoner Klima; allein ich hoffe erwiesen zu haben, daß man sich tatsächlich *«ver perpetuum»** verschaffen kann, wenn man sich nach dem richtet, was der Boden jeweils bringt.

Weil aber der Blütenduft in der Luft, wo er wie flutende Musik hin und her zieht, weit lieblicher ist als in der Hand, so kann man sich diesen Genuß leicht verschaffen, wenn man diejenigen Blumen und Pflanzen kennenlernt, die die Luft mit den köstlichsten Wohlgerüchen erfüllen. Damaszener- und rote Rosen sind zurückhaltend in ihrem Duft, so daß man an einer ganzen Reihe davon vorbeigehen kann, ohne etwas von ihrem Wohlgeruch zu verspüren, wäre es auch selbst im Morgentau. Lorbeer gibt gleichfalls keinen Duft von sich, solange er wächst, Rosmarin wenig, ebenso der wohlriechende Majoran. Diejenige Blume, welche vor allen andern den lieblichsten Wohlgeruch in der Luft verbreitet, ist das Veilchen, namentlich das gefüllte weiße, welches zweimal im Jahr erscheint: gegen Mitte April und um Sankt Bartholomäi**. Gleich danach kommt die Moschusrose, darauf die Erdbeerblätter, die im Absterben den

* Vergil, «Georgica» 2,148: «einen ewigen Frühling»
** Am 24. August

köstlichsten, herzhaftesten Duft ausströmen. Sodann die Rebenblüte, die einem kleinen Staubkörnlein gleicht, wie das Knöspchen des Riedgrases, wenn sie zuerst aus dem Traubenbüschel hervorguckt; dann der Hagedorn, der Goldlack, der ganz köstlich ist, wenn er unter dem Fenster eines Wohnzimmers oder unter einem tief herunterreichenden Fenster steht; darauf folgen Nelken und Levkojen, besonders die Gewürznelke und gefüllte Levkoje; dann Lindenblüten; endlich Geißblatt, am besten aus einiger Entfernung. Von Bohnenblüten spreche ich nicht, weil sie Feldblumen sind. Von denen aber, welche die Luft am köstlichsten durchduften, an denen man nicht wie an den übrigen vorübergeht, sondern sie mit Füßen tritt und zerknickt, gibt es drei an der Zahl: sie heißen Pimpinelle, Thymian und Pfefferminze; man sollte ganze Alleen davon ziehen, will man sich beim Lustwandeln den Genuß ihres Duftes verschaffen.

Die wirklich fürstlichen Gärten, von denen ich nur sprechen möchte wie zuvor von den fürstlichen Bauten, müssen einen Flächenraum von nicht unter dreißig Morgen Landes einnehmen und in drei Abteilungen geteilt sein: eine Rasenfläche am Eingang, eine Heide oder Wildnis im Hintergrund und in der Mitte der Hauptgarten, außerdem Alleen zu beiden Seiten. Am besten ist es, wenn man vier Morgen für den Rasen, sechs für die Heide, je vier für die Seitenanlagen und zwölf für den Hauptgarten ansetzt. Die Rasenfläche gewährt ein zweifaches Vergnügen: einmal, weil nichts dem Auge wohltuender ist als wohlgeschorenes grünes Gras; zweitens, weil durch die Mitte ein ziemlich breiter Pfad läuft, auf dem man auf eine stattliche, den Garten einschließende Hecke zuschreiten kann. Weil dieser Weg jedoch lang und im Sommer oder zur Mittagszeit sehr heiß sein wird, soll man sich nicht erst den Schatten im Garten mit einem Gang durch die Sonnenhitze der Rasenfläche erkaufen und lasse deshalb auf beiden Seiten des Pfades einen feingezimmerten überdachten Durchgang von etwa zwölf Fuß Höhe errichten, durch den man im Schatten bis in den Garten gelangen kann. Was die Anlage von verschlungenen Wegen oder Mustern mit verschiedenfarbiger Erde betrifft, die man gewöhnlich unter den gartenwärts blickenden Fenstern des Hauses anbringt, so sind das bloße Spielereien. Man kann auf Torten oft einen ebenso schönen Anblick genießen. Der Garten selbst hat am besten die Form eines Quadrats, dessen vier Seiten mit einer stattlichen gewölbten Hecke umgeben werden. Ihre Bogen ruhen wiederum am besten auf gezimmerten Pfeilern von etwa zehn Fuß Höhe und sechs Fuß Breite, und der Zwischenraum soll von derselben Breite wie die Weite der Bogen sein. Die fortlaufende, einige vier Fuß starke Hecke soll sich über die gleichfalls gezimmerten Bogen hinziehen und oben über jedem Bogen ein kleines Türmchen bilden mit einer genügend großen Aushöhlung, um einen Vogelkäfig aufnehmen zu können. In den Zwischenräumen zwischen den Bogen kann ein beliebiger anderer vergoldeter Zierat Platz finden, mit breiten Scheiben aus rundem, farbigem Glas, in denen die Sonne spielen kann. Diese Hecke möchte ich auf einem nicht abschüssigen, sondern flach aufgeworfenen, etwa sechs Fuß hohen Erdwall errichten, der ganz und gar mit Blumen übersät sein muß. Auch meine ich, daß dieses Gartenviereck nicht die ganze Breite des Grundstücks einnehmen, sondern auf jeder Seite genügend Raum für allerlei Seitenalleen übriglassen müsse, zu denen die verdeckten Alleen des Rasenplatzes hinführen könnten. Keine der beiden Seitenalleen dieser großen Anlage darf jedoch an einem der beiden Enden Hecken haben: weder oberhalb, um nicht die Aussicht auf jene schöne Hecke vom Rasenplatz aus, noch unterhalb, um nicht die Aussicht von der Hecke aus durch die Wölbungen auf die Heide zu behindern. Die Einteilung des Bodens innerhalb der großen Hecke überlasse ich dem verschiedenen Geschmack: ich möchte nur den Rat erteilen, wie auch immer dieser Teil des Gartens gestaltet werden soll, in erster Linie darf er nicht überladen und vollgepfropft werden. So gefallen mir persönlich darinnen nicht die Figuren, die aus Wacholder oder andern Gartensträuchern ausgeschnitten werden; das ist etwas für Kinder. Dagegen sehe ich gern kleine, niedrige, abgerundete Hecken als Einfassung, mit einigen zierlichen Pyramiden sowie dann und wann hübsche Säulen auf gezimmerten Untersätzen. Auch die Alleen würde ich weiträumig und hübsch anlegen. Auf den Seitenanlagen dürfen sie allerdings lauschiger sein, aber nicht im Hauptgarten. Gleichfalls sähe ich gern ganz in der Mitte einen gefälligen Hügel mit drei Aufgängen und Alleen, breit genug, daß vier Personen nebeneinandergehen können; sie müßten sich kreisförmig um den Hügel ziehen, aber ohne alle Bollwerke und Erhöhungen. Der ganze Hügel soll dreißig Fuß Höhe haben, und oben darauf soll ein reizvolles Lusthaus stehen mit einigen zierlichen Schornsteinen und mit nicht übermäßig viel Glas.

Springbrunnen sind eine große Zierde und Erfrischung; Teiche dagegen verderben das Ganze und machen den Garten ungesund und voll von Fliegen und Fröschen. Springbrunnen müssen von zweierlei Art sein: der eine, der Wasser ausstrahlt oder hervorsprudelt; der andere, der ein geräumiges Wasserbecken von etwa dreißig oder vierzig Fuß im Geviert füllt, aber weder Fische noch Schlamm oder Schmutz enthält. Als Verzierungen für den ersteren eignen sich besonders vergoldete oder marmorne Figuren, wie sie jetzt Mode sind; die Hauptsache ist jedoch, das Wasser so zu leiten, daß es weder im Becken noch in den Behältern jemals stehenbleibe, damit es durch die Ruhe nicht grünlich oder rötlich oder sonstwie sich färbt, weder moosig noch faulig wird. Außerdem muß es alltäglich von Hand gereinigt werden. Auch nehmen sich einige hinaufführende Stufen nebst einem hübschen Pflaster ringsum gut aus. Was die zweite Art von Brunnen betrifft, die wir ein Badebassin nennen können, so gibt sie zu allerlei Ausschmükkung und Verschönerung Anlaß, worum wir uns jetzt nicht weiter kümmern wollen, wie daß sowohl der Boden als auch die Seiten mit schönen Mustern gepflastert und zugleich mit farbigem Glase und ähnlichen glänzenden Dingen verziert sowie mit schönen Geländern von niedrigen Bildsäulen eingefaßt sein müssen. Die Hauptsache ist jedenfalls dieselbe wie bei der erstgenannten Springbrunnenart, nämlich das Wasser in beständiger Bewegung zu erhalten, daß es von einem höher als das Bassin selbst liegenden Gewässer aus schönen Wasserspeiern heraussprudelt und sodann durch unterirdische Röhren wieder abgeleitet werden muß, damit es nicht zum Stehen kommt. Was die hübschen Erfindungen betrifft, Wasser in einem Bogen auszuwerfen, ohne etwas zu verschütten, oder es in verschiedenen Formen, wie in Federn, Trinkbechern, Baldachinen und dergleichen, springen zu lassen, so ist das zwar niedlich anzusehen, trägt aber weder zur Gesundheit noch zur Annehmlichkeit etwas bei.

Der Heide, die den dritten Teil unseres Entwurfs bildet, möchte ich soweit wie möglich das Aussehen einer natürlichen Wildnis geben. Bäume sollen gar nicht darin sein, dagegen einige nur aus Hagedorn und Geißblatt bestehende Gebüsche mit etwas wilden Reben dazwischen und der Boden mit Veilchen, Erdbeeren und Primeln bepflanzt. Denn diese sind wohlriechend und gedeihen im Schatten, doch müssen sie hier und dort auf der Heide verstreut, nicht in irgendeiner regelmäßigen Anordnung stehen. Mir gefallen auch kleine Häufchen nach Art der Maulwurfshügel, wie man sie auf natürlichen Heiden antrifft, die teils mit Feldthymian, teils mit Nelken, teils mit Gamander, dessen Blüte köstlich anzusehen, bewachsen sind. Auf den einen stehen Wintergrün, auf andern Veilchen, auf noch andern Erdbeeren, Schlüsselblumen, Maßliebchen, rote Rosen; auf einigen Maiglöckchen, rote Federnelken, Bärenklau und ähnliche niedrige Blumen, die zugleich wohlriechend und hübsch anzuschauen sind. Auch müssen einzelne dieser Hügel mit kleinen Strauchstämmen, die außen Stacheln tragen, bepflanzt, einzelne aber leer gelassen werden. Die Stämme können Rosen sein, Wacholder, Stechpalmen, Berberitzen (diese nur hin und wieder, des Geruchs ihrer Blüten wegen), Johannisbeeren, Stachelbeeren, Rosmarin, Lorbeer, Hagedorn und so weiter. Diese Gesträuche müssen jedoch oft beschnitten werden, damit sie nicht die Form verlieren.

Die Seitenanlagen müssen von abwechslungsreichen, lauschigen Alleen, die reichlichen Schatten geben, durchzogen werden; einige müssen so dicht sein, daß sie die Sonne auf keiner Seite durchlassen. So sollte man ebenfalls einen Teil der Alleen als

Wetterschutz einrichten, damit man selbst bei scharfem Wind wie in einer Galerie darin spazierengehen kann; zu dem Zwecke sollen sie auch an beiden Enden mit Hecken abschließen, um den Wind abzuhalten. Ferner sind diese geschützten Wandelgänge stets mit feinem Kies zu bestreuen; Gras ist nicht zu empfehlen, weil man feucht darauf geht. Ferner muß man einzelne dieser Alleen mit Fruchtbäumen aller Art, sowohl die Mauern entlang als in den Reihen, besetzen. Dabei sollte man sich im allgemeinen zur Regel machen, daß die mit Fruchtbäumen bepflanzten Beete reichlich groß und flach, nicht abschüssig sind und mit schönen Blumen, wenn auch nur dünn und spärlich, versehen werden, so daß diese den Bäumen keinen Schaden tun. An jedem Ende beider Seitenanlagen würde ich einen Hügel von ziemlicher Höhe aufwerfen und die Umzäunungsmauer des Grundstücks brusthoch aufführen, damit man auf die Felder blicken kann.

Aber auch dem Hauptgarten möchte ich einige freundliche Alleen wünschen, die zu beiden Seiten aus Reihen von Obstbäumen angelegt sind; außerdem vereinzelte Gruppen von Obstbäumen. Ferner Lauben mit Sitzplätzen, die sinnvoll verteilt sein müssen. Sie dürfen nicht zu dicht zusammenstehen und den Hauptgarten nicht zu sehr überfüllen, damit die Luft frei und unbeengt bleibt. Denn Schatten soll man ja in den Alleen der Seitengärten finden, um dort, wenn man dazu aufgelegt ist, in der Sommer- und Mittagshitze spazierenzugehen. Dagegen bedenke man, daß der Hauptgarten für die gemäßigteren Jahreszeiten und während der Sommerhitze für Morgen und Abend sowie für bewölkte Tage angelegt worden ist.

Vogelhäuser mißfallen mir, außer wenn sie von solcher Größe sind, daß sie mit Rasen ausgelegt und lebende Pflanzen und Gebüsche hineingesetzt werden können, damit die Vögel mehr Platz und natürliche Nistplätze haben und sich keine Fäulnis auf dem Boden des Vogelhauses sammelt.

So habe ich denn den Plan zur Anlage eines fürstlichen Gartens entworfen, teils durch allgemeine Hinweise, teils indem ich nicht ein genaues Modell, sondern nur eine Skizze dazu gezeichnet habe. Dabei habe ich keine Kosten gespart. Aber sie bedeuten ja auch nichts für große Herren, die meistens doch nur Fachleute um Rat fragen und auch nicht billiger zur Erfüllung ihrer Wünsche kommen. Manchmal fügen sie, des Prunks und der Herrlichkeit wegen, noch Bildsäulen und dergleichen hinzu, aber die richtige Gartenfreude steigern sie damit nicht.

ANDREW MARVELL

1621–1678

The Garden

How vainly men themselves amaze
To win the palm, the oak, or bays,
And their uncessant labours see
Crowned from some single herb or tree,
Whose short and narrow-verged shade
Does prudently their toils upbraid;
While all flowers and all trees do close
To weave the garlands of repose!

Fair Quiet, have I found thee here,
And Innocence thy sister dear?
Mistaken long, I sought you then
In busy companies of men:
Your sacred plants, if here below,
Only among the plants will grow:
Society is all but rude,
To this delicious solitude.

No white nor red was ever seen
So amorous as this lovely green.
Fond lovers, cruel as their flame,
Cut in these trees their mistress' name:

ANDREW MARVELL

1621–1678

■

Der Garten

Wie eitel doch der Mensch sich plagt,
Nach Palm' und Eich' und Lorbeer jagt,
Und sieht belohnt sein Streben kaum
Durch einen Strauch, durch einen Baum,
Des Schatten, kurz und schmal umhegt,
Dies Tun gemächlich widerlegt,
Da hier uns Blum' und Bäum' umringen,
Der Ruhe Kranz um uns zu schlingen!

Kehr', schöne Rast, bei dir ich ein?
Bei Unschuld, dem Geschwister dein?
Wie sucht' ich irrend euch so lang
In dieser Welt geschäft'gem Drang,
Ihr heiligen Blumen, die nur hier
Inmitten Blumen sprießet ihr,
Wo Menschengruß fast rauh entweiht
Die Wonnen dieser Einsamkeit.

Kein Weiß, kein Rot, jemals mir schien
So liebreich wie dies holde Grün.
Manch Liebender, grausam wie sein Flammen,
Schnitt in den Baum der Liebsten Namen,

Little, alas! they know, or heed
How far these beauties hers exceed!
Fair trees! wheresoe'er your barks I wound,
No name shall but your own be found.

When we have run our passions' heat,
Love hither makes his best retreat:
The gods, that mortal beauty chase,
Still in a tree did end their race;
Apollo hunted Daphne so,
Only that she might laurel grow;
And Pan did after Syrinx speed
Not as a nymph, but for a reed.

What wondrous life is this I lead!
Ripe apples drop about my head;
The luscious clusters of the vine
Upon my mouth do crush their wine;
The nectarine and curious peach,
Into my hands themselves do reach;
Stumbling on melons, as I pass,
Ensnared with flowers, I fall on grass.

Meanwhile the mind from pleasure less
Withdraws into its happiness;
The mind, that Ocean where each kind
Does straight its own resemblance find;
Yet it creates, transcending these,
Far other worlds, and other seas;
Annihilating all that's made
To a green thought in a green shade.

Dieweil er wenig danach frug,
Wie weit sein' Schönheit ihre schlug!
Schnitt Namen ich in eure Rinden,
Eu'r eigner nur wär' dort zu finden.

Hat Leidenschaft sich heiß gerannt,
Trifft's hier den besten Unterstand:
Der Gott, der Erdenschönheit sucht,
Beschließt in einem Baum die Flucht;
Apollo jagte Daphne nur,
Daß sie als Lorbeer schmückt die Flur,
Und Pan die Syrinx sich erkor
Als Nymphe nicht, als Flötenrohr.

Was Wunderleben führ' ich hier!
Wo häuptens reift der Apfel mir,
Wo köstlichen Behangs die Reben
Saftberstend in den Mund mir streben,
Wo seltne Pfirs'che und Nektarinen
Die träge Hand von selbst bedienen,
Über Melonen stolpr' ich, daß
Blumenumgarnt ich sink' ins Gras.

Mein Geist nach Freuden kleinrer Art
Derweil von Glück umschlossen ward;
Der Geist, dies Meer, darin jed' Ding
Sich schnell sein eigen Abbild fing,
Daß es darob hinaus gebäre
Weit andre Welten, andre Meere,
Zerflüchtigend das ganze Mühn
Zu grünem Traum im Schattengrün.

Here at the fountain's sliding foot,
Or at some fruit-tree's mossy root,
Casting the body's vest aside,
My soul into the boughs does glide;
There, like a bird, it sits and sings,
Then whets and combs its silver wings,
And, till prepared for longer flight,
Waves in its plumes the various light.

Such was that happy Garden-state
While man there walkd without a mate:
After a place so pure and sweet,
What other help could yet be meet!
But 'twas beyond a mortal's share
To wander solitary there:
Two paradises 'twere in one,
To live in Paradise alone.

How well the skilful gardener drew
Of flowers and herbs this dial new!
Where, from above, the milder sun
Does through a fragrant zodiac run:
And, as it works, the industrious bee
Computes its time as well as we.
How could such sweet and wholesome hours
Be reckoned, but with herbs and flowers?

Daß hier an fliehnder Quelle Sturz,
Daß hier an Obstbaums moosiger Wurz,
Des Leibes Kleid getan beiseite,
Die Seel' hoch ins Geäste gleite,
Dort einem Vöglein gleich zu singen,
Das wetzt und putzt die Silberschwingen,
Und eh' des Zugs es weiter fliegt,
Im bunten Licht die Federn wiegt.

So war der sel'ge Gartenstand,
Da man sich ohn' Gefährtin fand:
An also rein und süßem Ort,
Was andrer Hilfe frommt uns dort!
Doch überstieg es sterblich Los,
Daß man in Einsamkeit genoß;
Zween Paradiese umschlöss' das ein',
Wärn wir im Paradies allein.

Wie klug gefügt der Gärtner hat
Aus Blum' und Gras dies Zifferblatt,
Wo mildre Sonne zieht ihr Gleis
Durch einen duftigen Sternenkreis;
Danach die fleißige Biene ihr
Tagwerk berechnet grad wie wir.
So heilsam süßer Stunden Maß
Zählt ihr's, wenn nicht nach Blum' und Gras?

Die Pflege von Weinstock und Ölbaum
Kupferstich von Wenzel Hollar (1607–1677)
nach Franz Cleyn zum 2. Buch der «Georgica»

SALOMON GESSNER

1730–1788

■

Lycas, oder die Erfindung der Gärten

Itzt schließt uns der stürmende Winter ins Zimmer, und Wirbelwinde durchwühlen den silbernen Regen der Flocken; itzt soll mir die Einbildungskraft den Schatz von Bildern öffnen, die sie in dem blumichten Lenz und in dem schwülen Sommer und in dem bunten Herbst sich gesammelt; aus ihnen will ich itzt die schönsten wählen, und für dich, schöne Daphne! in Gedichte sie ordnen. So wählt ein Hirt seinem Mädchen zum Kranz nur die schönsten Blumen. O daß es dir gefalle! wenn meine Muse dir singt, wie in der Jugend der Tage ein Hirt der Gärten Kunst erfand.

Das ist der Ort, sprach Lycas, der schöne Hirt, hier unter diesem Ulmbaum ist's, wo gestern, als die Sonne wich, die schöne Chloe mir die ersten Küsse gab; hier standst du und seufztest, als meine zitternden Arme dich umschlangen, als meine stockende Stimme meine Liebe dir sagte, und mein pochendes Herz und meine Tränen im Aug'. O da, Chloe! da entsank dein Hirtenstab der zitternden Hand, da sankst du an meine bebende Brust. Lycas! so stammeltest du, o Lycas! ich liebe dich! Ihr stillen Büsche, ihr einsamen Quellen seid Zeugen, euch hab' ich meine Liebe geklagt, und ihr, ihr Blumen, ihr tranket meine Tränen wie Tau!

O Chloe, wie bin ich entzückt! welch unaussprechliches Glück ist die Liebe! hier dieser Ort sei der Liebe geheiligt! Ich will um die Ulme her Rosenstauden pflanzen, und die schlanke Waldwinde soll sich an ihrem Stamm hoch hinauf schlingen, mit den weißen purpurgestreiften Blumen geschmückt; ich will hieher den ganzen Frühling sammeln; die schöne Saatrose will ich hier bei der Lilie pflanzen. Ich will auf die Wiesen und auf die Hügel gehen, und will ihnen die blumichten Pflanzen rauben; die Viole und die Nelke, und die blaue Glockenblume, und die braune Skabiose, alles, alles will ich sammeln; dann soll es sein wie ein Hain voll süßer Gerüche, und dann will ich um den Blumenhain her die nahe Quelle leiten, daß er zur kleinen Insul wird, und rings umher will ich einen Zaun von Dornbüschen pflanzen, daß die Ziegen und die Schafe ihn nicht verwüsten. O dann kommet, ihr, die ihr der Liebe lebt, seufzende Turteltauben, kommt dann im Wipfel der Ulme zu klagen, und ihr, ihr Sperlinge, verfolgt euch durchs Rosengebüsch, und singt von wiegenden Ästen, und ihr, ihr bunten Schmetterlinge, haschet euch im Blumenhain, und paart euch auf wankenden Lilien.*

---

* Im Gegensatz zu Homer ist bei «Daphnis und Chloe» die griechische Gartenanlage bereits eine vollendete Verbindung von Natur und Kunst, von Gewachsenem und Gestalteten.

Dann sagt der Hirt, der vorüber geht, wenn ihm die Zephire die Gerüche weither entgegen tragen, welcher Gottheit ist dieser Ort heilig? Gehört er der Venus, oder hat ihn Diana so schön geschmückt, um müd von der Jagd hier zu schlummern?

HERMAN MELVILLE

1819–1891

■

The Garden of Metrodorus

The Athenians mark the moss-grown gate
And hedge untrimmed that hides the haven green:
And who keeps here his quiet state?
And shares he sad or happy fate
Where never foot-path to the gate is seen?

Here none come forth, here none go in,
Here silence strange, and dumb seclusion dwell:
Content from loneness who may win?
And is this stillness peace or sin
Which noteless thus apart can keep its dell?

HERMAN MELVILLE

1819–1891

■

Der Garten des Metrodorus

Die Athener sehn das moosbewachsne Tor,
Die wilde Hecke, die den grünen Port versteckt:
Ein Rätsel, wer wohl hier der Muße pflegt
Und ob ihn Trauer oder Glück bewegt,
Wo nie zum Tor ein Fußweg ward entdeckt.

Heraus kommt niemand, niemand geht hinein,
Hier wohnt es seltsam still und stumm allein:
Kann in der Einsamkeit Erfüllung sein?
Und ob das Schweigen Frieden oder Sünde wählt,
Das seine Klause lautlos fernhält von der Welt?

PLATON

427–347 v. Chr.

■

In eines Haines Schatten fanden wir
Kytherens Sohn, rotwangig wie ein Apfel,
Doch ohne Pfeil und Köcher, ohne Bogen.
Die hingen über ihm im Blätterdach.
Er selber lag auf einem Bett von Rosen
Und lächelte im Schlaf. Und drüber flogen
Die braunen Bienen, und sie setzten sich
Auf seine süßen Lippen, Honig bildend.

JENS PETER JACOBSEN

1847–1885

■

Im Garten des Serails

Rosen senken die Häupter, schwer
Von Tau und Duft,
Und Pinien schwanken so still und matt
In schwüler Luft.
Quellen wälzen ihre Flut
In müder Ruh',
Minarette streben fromm
Dem Himmel zu,
Und gleichförmig gleitet der Halbmond hin
Über das sanfte Blau,
Und er küßt der Rosen und Lilien Schar,
Jede Blumenau
Im Garten des Serails,
Im Garten des Serails.

JUNUS EMRE

gest. 1307

■

Im Paradies die Flüsse all
Sie fließen mit dem Ruf «Allah»,
Und dort auch jede Nachtigall
Sie singt und singt «Allah, Allah».
Des Himmelsbaumes Zweige dicht,
Die Zunge, die Koranwort spricht,
Des Paradieses Rosen licht
Sie duften nur «Allah, Allah».

Die Huris an dem hohen Ort,
Sie strahlen mehr als Mondlicht dort,
Und Moschus, Ambra ist ihr Wort:
Sie wandeln mit dem Ruf «Allah».
Die je von Herzen heiß geminnt,
Von deren Aug' die Träne rinnt,
Bis ganz und gar von Licht sie sind,
Sie sagen immer nur «Allah».

Die Himmelstür ward aufgetan,
Erbarmen füllt nun alles an,
Das Tor der Paradiesesbahn
Tut auf sich mit dem Ruf «Allah».

Du, Junus, sollst zum Freunde gehn,
Laß nicht das Heut' bis Morgen stehn –
Denn morgen will zu Gott ich gehn,
Will wandern mit dem Ruf «Allah!».

YAHYA KEMAL BEYATH

1884–1958

■

Fern von den Gärten

Ich wünsche nicht mehr jene Welt
Von Farben, von Düften, von Licht,
Ich rieche den schönen Jasmin,
Die zierliche Nelke nicht.
Mich findet kein Augenblick nun
Geneigt den Verführungen mehr;
Nicht feurige Tulpe, nicht weiß
Die Lilie jungfräulich hehr.
Ich suche das Morgenrot nicht
Des Lenzmonds, der auftut den Flieder,
Ich sehne nach loderndem Rot
Des Erguwans mich nicht wieder.
Still ward ich: zög' auch jeden Tag
Ein anderer Frühling ins Land.
Ich wandle zu Gärten nicht mehr –
Ich bin von der Rose verbrannt!

MĪR TAQĪ MĪR

1724–1819

■

Der Frühling kam, die Blüten
Erschienen Wange an Wange –
Ach könnten du und ich doch
Auch so im Garten stehen!

RAINER MARIA RILKE

1875–1926

■

Singe die Gärten, mein Herz, die du nicht kennst;
wie in Glas
Eingegossene Gärten, klar, unerreichbar.
Wasser und Rosen von Ispahan oder Schiras,
Singe sie selig, preise sie, keinem vergleichbar.

Zeige, mein Herz, daß du sie niemals entbehrst.
Daß sie dich meinen, ihre reifenden Feigen.
Daß du mit ihren, zwischen den blühenden
Zweigen
Wie zum Gesicht gesteigerten Lüften verkehrst.

Meide den Irrtum, daß es Entbehrungen gebe
Für den geschehnen Entschluß, diesen: zu sein!
Seidener Faden, kamst du hinein ins Gewebe.

Welchem der Bilder du auch im Innern geeint bist
(Sei es selbst ein Moment aus dem Leben der Pein),
Fühl, daß der ganze, der rühmliche Teppich
gemeint ist.

Blick in eine Gartenanlage mit exotischen
Bananen und Feigenkaktus
Kupferstich von Matthäus Merian d. Ä. (1593–1650)

DSCHALALUDDIN RUMI

1207–1273

■

Morgens ging ich in den Garten,
Eine Rose mir zu pflücken,
Heimlich und in Furcht, der Gärtner
Könnte mich dabei erblicken.
Doch es waren seine Worte
Köstlich über mein Erwarten:
«Nicht die Rose nur allein, ich
Schenke dir den ganzen Garten!»

NIZAMI

1141–1202

■

Was die persische Prinzessin am Freitag in der weißen Venuskuppel erzählte

Als am Freitag morgen die Sonne das Himmelshaus weiß färbte, eilte der Schah, angetan in Weiß, zur weißen Kuppel, über der die Venus ihn grüßte. Er genoß, wie er es gewohnt war, den Tag über mancherlei Vergnügen mit der schönen Prinzessin.

Nachdem dann aber die Nacht mit ihrer dunkelblauen Augensalbe die Blicke von Mond und Sternen hatte aufleuchten lassen, wünschte der König von seiner die Seele und das Herz bestrickenden Gastgeberin, daß sie mit einer Geschichte das Echo ihrer Kuppel wecke.

Die Prinzessin flehte auf den Thron von Schah Behram* den Segen des Himmels herab und erzählte ihm dann ...

Die Geschichte von den Heimsuchungen der Liebenden

Wenn alte Frauen oft Wölfe sind, so war doch meine Mutter sanft wie ein Lamm, und von ihr hörte ich, daß sie einstmals in ihrer Jugend zusam-

* Er war von 421–438 Sassanidenherrscher.

men mit anderen Mädchen eingeladen worden war zu einem Fest bei einer Freundin. Dort ging es hoch her! Viele und herrliche Speisen wurden aufgetragen, so daß man mit Schauen nicht nachkam und über dem Anblick beinah das Essen vergaß. Die jungen Damen jedoch besannen sich nicht lange; sie schwelgten, daß es eine Freude war, und nach Geflügel und Braten, Kuchen und Früchten kam endlich auch die Reihe an den Wein. Der öffnete die Herzen und löste die Zungen, und nun, nachdem Vergnügen und Fröhlichkeit ihren Höhepunkt erreicht hatten, berichtete jedes der Mädchen, eins nach dem andern, irgendein Abenteuer: ein eigenes oder fremdes, ein erlebtes oder gehörtes. Aber die Schönste der Schönen, eine Silberbrüstige, anzusehen wie Honig und Milch und Zucker, erzählte – so sagte meine Mutter – auch die schönste Geschichte, und es war diese:

«Einst lebte ein Jüngling, der war gelehrt wie der junge Jesus und schön wie Joseph in Ägypten, und er besaß vor der Stadt einen Garten von solcher Pracht, daß man hätte glauben können, das Paradies sei dort auf die Erde gefallen.

Kein Fürst besaß jemals ein derartiges Juwel! Da gab es Rosenhecken und Spaliere von Fruchtbäumen aller Sorten, Samtwiesen, von Bächen durchflossen, und stille Teiche, in denen junge Zypressen wie aus Smaragd und mit Turteltauben auf ihren Ästen sich spiegelten. Nirgends sonstwo traf man so viele Vögel, nirgends sangen sie lieblicher, und jedermann mußte sie um ihre Flügel beneiden; denn – ach! – auf allen vier Seiten war dieser Himmelspark von einer hohen Mauer umschlossen, die den bösen Blick und die Diebe am Eindringen hindern sollte.

Kann es da wundernehmen, daß dieser Garten die größte Freude und den ganzen Stolz seines Besitzers bildete? So oft es ihm seine Geschäfte erlaubten, kam er aus der Stadt zur Erholung dorthin – beschnitt die Bäume, pflanzte Jasmin, Narzissen und Veilchen und unternahm einen Rundgang, der sein Herz immer neu mit Entzücken erfüllte.

Als nun wieder einmal um die Mittagszeit der junge Herr seine Blumen besuchen wollte, hörte er schon von weitem Gesang und Lautenspiel. Überrascht lauschte er. Wie? Irrte er sich? Drangen nicht diese süßen Töne, mit denen man wohl Früchte von ihren Ästen hätte herablocken können, geradewegs aus seinem Garten?

Er beschleunigte seine Schritte, und richtig: bei der Mauer angelangt, vernahm er die Musik, die herzbetörende, von ganz nah – ja, da drinnen war ein Singen und Lachen, ein Tappen und Stapfen, als hätten die Bäume selbst zu tanzen begonnen! Was und wer nur konnte das sein? Rasch eilte unser Jüngling zum Tor; doch er fand es verschlossen, und sein Gärtner, der ihm sonst immer öffnete, schien eingeschlafen zu sein, denn wie sehr er auch pochte und rüttelte und rief – es kam niemand.

Was nun? Einen Schlüssel hatte der junge Herr nicht bei sich, aber umkehren und ihn erst holen, das konnte und wollte er nicht; denn bereits hatten ihn die Stimmen der unsichtbaren Besucher, Mädchenstimmen, in tausend Fesseln geschlagen. Er mußte Eingang finden in den Garten, koste es, was es wolle! Aber wie? Der Jüngling geriet vor Ungeduld und Ratlosigkeit außer Rand und Band; er stampfte, er schrie und verlor jede Selbstbeherrschung. Vor Aufregung zerriß er seinen eigenen Mantel – es half ihm alles nichts.

Nachdem er den singenden und klingenden Park schon mehrmals vergeblich umkreist hatte – wie eine liebeskranke Motte ein Licht hinter Glas –, kam ihm plötzlich eine etwas undichte Stelle in der Mauer in den Sinn, die nur er allein kannte. Warum hatte er sich ihrer nicht längst schon erinnert?

Sogleich eilte er dorthin, zerbrach einige Steine und räumte den Schutt weg, so daß schließlich ein Loch entstand – groß genug, um ihn einzulassen. ‹Ich muß doch schauen, was da los ist!› dachte er bei seinem seltsamen Tun zur eigenen Entschuldigung. ‹Schauen, wer da meinen Garten in Aufruhr bringt und ob vielleicht dem Gärtner etwas zugestoßen ist . . .›

Daran glaubte er im Ernst freilich selber nicht, aber die unbekannten Besitzerinnen jener Stimmen wollte er erkunden, die es seinem Herzen angetan hatten.

Doch genug davon! Nachdem er sein Loch gebohrt hatte, kroch er hindurch in den eigenen Garten wie ein Dieb. Das war nicht gut für ihn. Noch hatte er keine Zeit gefunden, sich wieder aufzurichten, als auch schon von rechts und links zwei Mädchen herbeieilten, ihn mit Stöcken unbarmherzig verprügelten, ihn dann hochzerrten und dem Überraschten, der sich so schnell nicht verteidigen konnte und auch nicht mochte, Hände und Füße banden.

‹Elender Dieb!› schalten sie und ohrfeigten ihn überdies noch. ‹Schade, daß der Herr dieses Gartens nicht hier ist – der würde dich noch anders bestrafen als nur mit dem bißchen Prügel ... und du Lochbohrer hättest das wahrlich verdient; denn wer kommt schon, wo es ein Tor gibt, durch die Mauer gekrochen?›

Als der Jüngling das hörte, mußte er trotz seiner Schmerzen lachen. ‹Der Herr des Gartens bin ich selbst›, sagte er, ‹aber die Strafe war dennoch verdient. Auch in den eigenen Garten schleicht man nicht wie der Fuchs in den Hühnerstall! Wer das tut, ist selbst schuld daran, wenn es ihm übel ergeht und sein Besitz ihm abhanden kommt; eure Schläge waren also gerecht ...›

Darauf stellten die zwei Wächterinnen ein Verhör mit ihm an, und als sie erkannten, daß er die Wahrheit gesprochen hatte und wirklich selbst der Besitzer des Gartens war, verwandelte ihr Zorn sich in Mitleid und ihr Grimm in Liebe; denn jetzt erst bemerkten sie auch, daß ihr Gefangener schön, jung und beredt war – und welche Frau könnte da noch widerstehen?

Schnell befreiten sie ihn von den Fesseln, küßten ihm statt dessen Hände und Füße und baten ihn für den bösen Empfang viele Male um Verzeihung. Nachdem sie die Bresche in der Mauer sorgfältig mit Steinen und Dorngestrüpp wieder verstopft hatten, sprachen die beiden Schönen zum Jüngling: ‹Du mußt wissen, daß heute die lieblichsten Mädchen der Stadt – lauter herzraubende Mondgesichtige, lauter rauchlose Kerzen und Gemälde ohne Fehl – in deinem Garten zu Scherz und Vergnügen versammelt sind. Weil nun du der Besitzer bist, den wir nicht einmal um Erlaubnis gefragt, sondern den wir im Gegenteil erst noch schlecht behandelt haben, so laden wir dich ein, unser Gast zu sein – und welches Mädchen dir dann immer gefallen mag und welchem du deine Liebe schenken willst, das werden wir dir zuführen in ein geheimes Versteck!›

Der Jüngling, als er das hörte, freute sich sehr; denn obwohl er ein reines und frommes Herz hatte, so wohnte eben doch auch die Leidenschaft darin, und die war, wie wir ja wissen, schon erwacht in ihm und konnte jetzt der neuen Versuchung nicht widerstehen. Erwartungsvoll folgte er den beiden. Sie führten ihn zu einem von Bäumen umstandenen Pavillon, von dessen Obergeschoß aus man freie Sicht hatte über den weiteren Gartenbezirk.

‹Steig hinauf›, geboten ihm seine Begleiterinnen, ‹und halte dann Ausschau!›

Dies tat der junge Herr, und zwar benützte er, um selbst nicht entdeckt zu werden, ein verborgenes Guckloch in der aus Ziegeln erbauten Verandawand.

Und was erblickte er da? Fast hätte er seinen eigenen Park nicht wiedererkannt! Zwar sah er zwischen Wiesenstreifen und einem Zypressenwäldchen den von Lilien, Narzissen und Jasminsträuchern umsäumten Teich – auf seinem Grund auch, wie immer, so klar wie durch Augenwasser, die Marmorfliesen und Goldfische, deren Ruhe kein Feind je gestört hatte; aber was war schon dies Paradies, verglichen mit denen, die es jetzt bewohnten? Was war neben ihren Liedern der Vogelgesang? Und was neben ihren Spiegelbildern im Wasser die Fische? Die Silberschenkligen, Jasminhäutigen, sie ahnten ja nicht, daß jemand sie heimlich beobachtete, als sie nun vom Spielen erhitzt und voll Übermut die leichten Gewänder abstreiften und nackt wie schimmernde Perlen vom Uferbord in den Weiher sprangen ... Zu den Goldfischen kamen die Silbernixen; und war das ein Tauchen und Spritzen, ein Lachen und Prusten! Sie hielten sich an den Händen, und sie tanzten im Wasser, umarmten einander und bauten Schiffchen aus Blättern und Früchten.

Dies alles beobachtete von seinem Schlupfwinkel aus der Jüngling. Der Arme! Vor Sehnsucht verging er beinah. Er konnte die Augen von dem Schauspiel nicht abwenden und wußte doch nicht, wie er den Anblick noch länger ertragen sollte. Er glich einem Betrunkenen, den der Durst verbrennt, der aber keine Kraft mehr hat, das Wasser neben sich zu ergreifen – oder wie ein Fallsüchtiger war er, der in der Neumondnacht einen Anfall bekommt. Ja, noch grausamer war sein Schicksal. In den Adern kochte sein Blut, und er keuchte. Er hatte vor Augen Paradieseswonnen und litt doch um ihretwillen Höllenqualen.

Da lagen unter seinen Blicken im Sonnenlicht ausgebreitet die herrlichsten Schätze: Zuckerlippen und Apfelkinne, Orangenbrüstchen und Juwelenhügel, wonach er sich in der Einsamkeit seines Versteckes Hals und Pupillen verrenkte, während der Vogel seiner Leidenschaft umsonst die Flügel spreizte und die aufgereckte Schlange der Lust aus dem engen Kerker vergeblich den Ausgang suchte.

Kann man sich eine schmerzlichere Pein ausdenken als diese?

Inzwischen hatten die Mädchen nun vom Baden endlich genug bekommen. Sie entstiegen dem Wasser wie vom Tau gewaschene Blumen und hüllten sich wieder in ihre rosenfarbenen und himmelblauen Gewänder. Es war eine unter ihnen, eine Lautenspielerin, die hatte den Sinn unseres Jünglings mehr verwirrt, sein Verlangen straffer gespannt und seinen Verstand schlaffer gemacht als alle andern zusammen. Ihr Lächeln konnte tausend Herzen zugleich verführen und ihr Blick den Liebhaber töten. Schwarze Locken umschatteten ihre Stirn, und noch hatte niemand die Dattellippen über dem Halbmond ihres Kinns jemals gekostet. Die leibhaftige Versuchung war sie, und wer kann es dem Jüngling verargen, daß er solcher Anfechtung nicht lang widerstand und seine Tugend – wäre bloß ein Käufer zur Stelle gewesen – billig verkauft hätte?

Nach einer Stunde erschienen im Pavillon die zwei Wächterinnen, welche dem Panther die Gazellen gezeigt hatten, und fragten ihn: ‹Nun? Welche von ihnen gefällt dir am besten?›

Darauf nannte er ihnen jene Lautenspielerin, und noch hatte er nicht ausgeredet, als die beiden auch schon aufsprangen, hinauseilten und raubtiergleich einbrachen in die Antilopenschar ihrer Gefährtinnen.

Durch sein Guckloch sah er, wie sie die Schöne mit der Laute zwischen sich nahmen und sie unter allerhand Zärtlichkeiten und Schmeicheleien davonführten. Auf einem weiten Umweg, so daß die andern Mädchen sie nicht beobachten konnten, brachten sie dann die Beute ihrem Schützling in den Pavillon und ließen das Paar dort allein.

Plötzlich also stand vor dem Jüngling das holde Feengesicht! Er konnte ja nicht wissen, daß die Wächterinnen seiner Angebeteten von ihm schon erzählt und die Saiten ihrer Laute zur Liebe gut gestimmt hatten, und er wußte auch nicht, daß jetzt die Schöne, so von Angesicht zu Angesicht, das Silber jener Beschreibung in pures Gold verwandelt fand – und weil er das alles nicht ahnte, machte die Verliebtheit den Jüngling verlegen, und aus lauter Scham und Scheu wurde sein Gesicht finster und klang seine Stimme streng.

‹Wer bist du? Wie heißest du?› fragte er.

‹Mein Name ist Becht, was ‚Glück' bedeutet›, erwiderte sie.

‹Woher kommst du und was betreibst du denn?›

Sie lächelte: ‹Meine Heimat ist das Licht und mein Beruf Musik.›

‹Und was noch?›

‹Zärtlichkeit!›

‹Und gibst du mir einen Kuß?›

‹Viele!›

Als der Jüngling das hörte, fielen Scham und Schüchternheit von ihm ab, und er rief: ‹Dafür ist die Stunde uns günstig! So willst du mir denn wirklich gehören?›

‹Sogleich!› versprach sie.

‹Du willst?›

‹Ich will!›

Was gab es da noch weiter zu sagen? Wie die schöne Becht jeweilen in die Saiten ihrer Laute, so griffen nun in ihre Locken die Finger des Jünglings, und er drückte die Liebliche, als sei sie wie sein bebendes Herz ein Teil von ihm selbst, an die Brust. Er naschte den Zucker von ihrem Mund mit Lippen und Zähnen, und durch die Küsse wurde die Glut in seinem Innern zum lodernden Brand.

Wer konnte sie löschen, die Flammen?

Nur eine Quelle voll Süßigkeit vermochte das noch, nur das versiegelte Wasser des Lebens ... So sprang denn der Löwe die Antilope an; das Paar, der Jäger und die Beute, kam darüber zu Fall und – ach!

Der kleine Bau war alt, sein Gemäuer brüchig; die Wände erzitterten und neigten sich, es wankte das Dach, und auch der Fußboden hielt dem Anprall nicht stand; Risse klafften auf, Ziegel und Balkenwerk splitterten, und während der ganze Pavillon allmählich so in sich zusammenstürzte, sprang der Jüngling hierhin, das Mädchen dorthin, und beide konnten sie noch mit knappster Not nach verschiedenen Seiten ins Freie flüchten und rannten dann davon, verwirrt und beschämt. Während der Herr des Gartens unter Büsche in einen stillen Winkel floh und dort gramerfüllt den tückischen Zufall überdachte, eilte die Schöne zurück zu ihren Freundinnen ans Ufer des Teiches, setzte sich nieder mit gerunzelten Brauen, und auch sie nährte nur schweigend ihren Kummer.

‹Was ist geschehen? Was hast du?› fragten sie die Gefährtinnen; da ergriff sie ihre Laute, spielte darauf und sang dazu mit einer Stimme, von der ihr Liebhaber, hätte er sie gehört, wahnsinnig geworden wäre, dieses Lied:

‹Laßt mich durch meines Liedes Klagen
Gruß allen Liebeskranken sagen!
Wer liebt in dieser Welt, muß leiden;
Wer Qualen scheut, soll Liebe meiden.
Von weher Liebe – ach, so viel! –
Singt meiner Laute lautes Spiel.
Wen dieser Wein einmal geweckt,
Der wird von nichts mehr abgeschreckt,
Und wenn ihm auch die Seele bricht:
Umkreist er weiter doch sein Licht.
Wen Liebe reut – der liebte nicht;
Wer liebt, der flieht das Sterben nicht ...›

Nachdem das die zwei Wächterinnen vernommen hatten, errieten sie, daß irgendein Unglück ihren Schützling betroffen haben mußte, und sofort machten sie sich auf, um den Vermißten zu suchen.

Endlich fanden sie ihn auch, ganz bekümmert und mutlos, und auf ihr Drängen berichtete er ihnen vom Mißgeschick, das Becht und ihm zugestoßen war. Voll Mitleid trösteten ihn die beiden, machten ihm wieder Hoffnung und sprachen: ‹Sei getrost, denn heute abend sollst du dennoch ans Ziel gelangen! Wir werden schon einen Vorwand finden, um die Mädchen am Nachhausegehen zu hindern ... so lange, bis du deine Mondgesichtige nach Herzenslust umarmt haben wirst. Gedulde dich, bis die Dunkelheit ihren Schleier herabläßt; das wird dann für dich die richtige Zeit und Gelegenheit sein!›

Damit enteilte das Paar und ließ den Jüngling mit neuer Zuversicht erfüllt zurück.

Als später die Nacht ihren schwarzen Zobelpelz über die goldgestickte Matratze des Tages breitete, als das Sonnenschwert abglitt am Panzer der Finsternis und dafür die tausend goldenen Nagelköpfchen der Sterne aufleuchteten, da kehrten die Wächterinnen, wie sie es versprochen hatten, ins Versteck ihres Freundes zurück, brachten jene Schöne zu ihm und verließen die beiden.

So war denn die durstige Zypresse ein zweites Mal vereint mit dem Wasserstrom, und mit der Sonne verband sich der Mondesglanz! Ein Stelldichein mit einer solchen Gefährtin zu solcher Stunde an solchem Zufluchtsort – welcher Mann, sag, hätte da noch gezögert? In allen sieben Körperteilen begann das Blut unseres Jünglings zu kochen; er streckte die Arme aus voll Verlangen nach ihr, der Ersehnten, der lang Entbehrten, er wollte ihre Perle durchbohren mit seinem Rubin, er wollte tun, was jeder weiß und wovon sich doch jeder zu reden scheut – da geschah es, das Unheil.

Auf einem Zweig nämlich, hoch über dem Liebespaar, schlief ein Vogel. Den hatte ein riesiger wilder Kater entdeckt, war mit Mühe und Vorsicht von Ast zu Ast immer näher geklettert, und jetzt – im gleichen Augenblick, da der Liebende die Geliebte packte – sprang auch der wilde Kater voll Ungeduld nach der Beute, verfehlte sie um Haaresbreite und sauste in hohem Bogen durch die Luft, gerade auf den Jüngling und das Mädchen.

Man kann sich das Weitere ja denken! Vor Wut und Schrecken fauchte das Katzentier, kratzte und biß, und die beiden meinten nichts anderes, als daß sie ein teuflisches Ungeheuer in ihrem Wonnetraum überfallen habe – fuhren auseinander und stürzten mit bebenden Knien und Herzen von dannen. Unerfüllt war wieder die Liebe, ungebacken das Brot geblieben!

Als nun die Schöne in so bejammernswertem Zustand bei ihren Gefährtinnen wieder auftauchte und diese sie verwundert befragten, zupfte sie von neuem die Saiten ihrer Laute und begleitete die Melodie mit diesem Lied:

‹Der Judasbaum blühte, Zypressen erwachten,
Der Frühling kam und die Rosen lachten.
Im Wipfel saß die Nachtigall –
O Freudentag voll Jubelschall!
Neu ließ der Gärtner den Garten erstehn:
Es kam ja ein König, ihn anzusehn;
Er hob in der Hand den Becher mit Wein,
Da fiel auf den Becher vom Himmel ein
Stein...
O du, um den meine Seele sich grämt,
Ich stehe vor dir, den ich liebe, beschämt...›

Wieder verstanden die Wächterinnen dies Lied zu deuten, und da füllte auch ihre Herzen der Kummer. Wo war bloß der Jüngling? Das war ihre erste Sorge, und sie forschten ihm überall nach. Es dauerte aber, bis sie ihn fanden, geraume Zeit; denn der Arme war völlig verstört in ein enges Bachbett gekrochen, und dort saß er zusammengekauert wie ein Dieb zwischen Buchshecken, Zypressen, Weiden und Pappeln.

Den schwesterlichen Freundinnen gelang es, ihn abermals mit dem Schicksal zu versöhnen, und zum drittenmal brachten sie ihn und das Mädchen mit der Laute zusammen, sandten sie zur Rose das Rosenwasser. Und wirklich! Als sich die Liebenden gegenseitig entdeckten, war dies Wiedersehen für ihre Leiden das beste Heilmittel, und rasch vergaßen sie die ausgestandenen Schrecken.

Hand in Hand suchten sie für ihre Zärtlichkeit das geeignete Nest. War der Garten denn nicht groß? Gab es in ihm nicht heimliche Plätzchen mehr als genug? Ragte da nicht gerade vor ihnen ein Baum hoch auf, und fielen nicht seine Äste ringsum wie dichte Wände bis auf den Boden herab?

In dies Laubhaus schlüpften die zwei, und nachdem sie sich aus Blättern ein Lager aufgehäuft hatten, wie kein König ein weicheres hat, sanken sie einander in die Arme, preßten Brust auf Brust und schmiegten Glied an Glied; steil schlug die Flamme empor und wollte gelöscht sein; schon setzte der Jüngling zum Sturm an auf die Festung, von der doch statt Waffen eine Strickleiter, ihm noch zu helfen, herabhing – schon hatte er darauf die Zinne beinah erklommen... da ereignete sich, was weder Stürmer noch Bestürmte voraussah.

Zwischen zwei Ästen jenes Baumes hatte der Gärtner an einer Schnur eine lange Reihe von Kürbissen befestigt, und eine Feldmaus kam jetzt dort vorbei und biß raubgierig diese Schnur an ihrem einen Ende durch. Und ach – was geschah?

Die Kürbisse, einer am andern, fielen wie Geschosse abwärts – wohin? Auf Holz, auf Erde, auf Fels, auf der Liebenden Glieder und Köpfe! Woher und warum dieser schreckliche Angriff? Es war ein Lärm und Getöse wie von Trommelschlägen und zugleich einem Steinhagel – und mit einem Schrei, als sei sie von Sinnen, riß die Schöne sich los und floh, wie auch der Jüngling – ohne Schuhe und dafür mit Beulen –, die furchtbare Stätte.

Diesmal brachte Becht vor den Freundinnen lange Zeit kein Wort hervor, so sehr zitterte sie und würgte die Angst ihre Kehle; schließlich aber sang sie zum drittenmal zur Laute ein Lied:

‹Ein Lieber kam zu seiner Lieben,
Von Sehnsucht nach dem Glück getrieben;
Rotrose bei Zypresse lag,
Es reiften die Früchte an diesem Tag!
Nach ihrem Perlschatz griff seine Hand
Und nach der Tür ins Wunderland –
Da brach über ihn der Sturmwind herein
Und verjagte den Falter vom Flammen-
schein...›

So klagte die schöne Musikantin – und die Wächterinnen wußten genug! Sie eilten, den Jüngling zu suchen. Der hatte sich nicht einmal mehr versteckt, so schwach und verzweifelt hatten ihn seine Mißerfolge und die Scham darüber gemacht. Er lag irgendwo im Gras auf dem Bauch, noch immer bebend und voll Entsetzen über das Abenteuer mit den Kürbissen. Die Aufgabe der Trösterinnen war diesmal schwieriger denn je; aber mit viel Geduld und gutem Zureden befreiten sie am Ende doch den unglücklichen Liebhaber von seinen schwarzen Gedanken und Stimmungen.

‹Versuch es noch einmal›, rieten sie ihm, ‹und sei noch umsichtiger und darauf noch zärtlicher als bisher! Wir müssen euch ein Nest suchen, in das kein Übel Eingang findet, und dann wollen wir zwei in der Nähe Wache halten.›

Nachdem sich der Jüngling ein wenig umgesehen hatte, fand er hinter einem Wäldchen in einer Ecke der Parkmauer den geeigneten Zufluchtsort. Ein blühender Jasminstrauch schloß den Winkel wie eine große weiße Fahne nach außen hin ab, und am Fuß der Mauer führte eine Höhle tief in die Erde.

Schon hatten auch die Wächterinnen die rosengesichtige Schöne an das verschwiegene Plätzchen gebracht, und als sie der Jüngling erblickte, war dies Balsam für seine Seele, und mit einem Mal fiel die Kummerlast von ihm ab. Er zog die Geliebte auf das weiche Bett von Jasminblüten beim Eingang der Höhle. Wieder raubte ihm die Gegenwart des Mädchens alle Geduld und fast die Besinnung, und im Fieber der Liebeslust verbrannte die Scham.

Er öffnete eilig das Brustband der Zarten und dann auch das andere Band um ihr seidenes Beinkleid und drückte den Rosenstrauß an die pochende Brust. Nein – dachte er –, nichts könnte ihm jetzt diese Herrlichkeit nochmals entreißen ...

Der Unglückliche! Er wußte nicht, was sich in seinem Rücken, im Innern der Höhle, inzwischen abgespielt hatte. Dort nämlich wohnte eine Fuchsfamilie, und ihr Feind, der Wolf, war in dieser Nacht durch einen anderen Zugang in den Bau eingebrochen. Das war für die Füchslein ein schreckliches Unheil. Als sie den Räuber erkannten, packte sie Todesangst, und sie begannen alle miteinander um ihr Leben zu rennen. Es blieb ihnen nur der Ausgang in den Garten des Jünglings übrig, und während dieser nichts ahnend seinen Juwelenschatz in den Armen hielt und soeben – wie sagen wir's nur? –, soeben also seinen Stift in ihr Salbenbüchschen eintauchen wollte, kamen Hals über Kopf die Füchse gerast und hinter ihnen der Wolf.

Wohl sahen die Rotpelze das neue Hindernis, das sich da unerwartet auftürmte vor ihrem Loch; aber weil sie keine andere Wahl mehr hatten und nicht gefressen werden wollten, sprangen sie todesmutig dagegen an, und – tapp, tapp, tapp – einer dicht hinter dem andern kletterten, hüpften und stolperten sie in wilder Jagd über das Liebespaar hinweg ins Freie; ganz zuletzt kam auch noch der Wolf.

Aber da waren die beiden schon auseinandergestoben; so wie sie waren: halbnackt, zerkratzt und mit Staub und Erde bedeckt, ergriffen sie die Flucht vor dieser neuesten und schrecklichsten Heimsuchung. Sie hatten ja keine Ahnung von dem, was sich wirklich zugetragen hatte! Ihnen war, als hätte man die Hölle mit all ihren Teufeln auf sie losgelassen, und denen wollten sie – mehr tot als lebendig – entkommen. Während aber der Jüngling erfolglos über die hohe Mauer aus seinem eigenen Garten zu fliehen versuchte, lief das Mädchen auf geradem Weg den beiden Wächterinnen in die Arme.

Sie fingen die Verstörte auf, und da sie jetzt überzeugt davon waren, die schöne Becht sei selbst irgendwie an all diesen Zwischenfällen und an all dem Ungemach schuld, hielten sie ihre Gefangene von rechts und links wie eine Perle zwischen zwei Krokodilrachen fest und schrien sie an: ‹Sag – was eigentlich soll das? Hast du den Satan im Leib? Oder warum sonst quälst du so unmenschlich diesen Jüngling und hassest ihn, der dich liebt? Schämst du dich denn gar nicht, mit ihm, unserm Gastgeber und Gast zugleich, so grausam zu spielen?›

Vergeblich beteuerte und beschwor die Arme

ihre Unschuld – die zwei Wächterinnen glaubten ihr nicht, schalten immer weiter und begannen sie zu verprügeln.

Gerade rechtzeitig erschien da der Jüngling. Er war unterdessen zur Besinnung gelangt; sein Verstand war zurückgekehrt, und er hatte erkannt, daß die Quelle all der Verirrungen und Verwirrungen in ihm selbst liegen müßte. Nun suchte er die Geliebte und kam also eben dazu, wie die Vorwürfe, die Schläge und Püffe auf die Schuldlose niederprasselten. Sofort trat er dazwischen.

‹Hört auf, peinigt nicht noch die Gepeinigte!› rief er voll Scham. ‹Sie ist rein durch und durch, und der einzig Schuldige hier bin ich selbst. Ich, ihr unwürdiger Sklave! Denn wißt: alle diese Zwischenfälle waren in Wirklichkeit Zeichen des Himmels, für die ich dankbar sein muß; denn sie hielten mich davon ab, Schlechtes zu tun. Wen der Dämon seinem Wunsch nicht unterwerfen kann, der wird im Innern gut; wen aber sein Herz zu bösen Taten verführt, der wird vergiftet davon ... Seht dieses Mädchen! Wer muß ein solches Feengesicht nicht lieben? Aber diese Liebe muß rein sein und schuldlos wie die Geliebte; denn ist sie das nicht, so wird sie zum Fluch, und dann verdorrt von ihrem bösen Blick auch der schönste Fruchtbaum, so daß keiner von ihm mehr essen mag. In uns selbst lauern die Raubtiere und sind die Fallen verborgen – nicht außerhalb! Es ist nicht mein Verdienst, daß ich ihnen diesmal entging, und ich will jetzt auch nicht weiter davon reden. Genug: ich bereute und ich gelobte vor Gott, meine Schuld wiedergutzumachen, wenn er mir die nötige Zeit hierfür gewährt und wenn mich diese Schöne, deren Gefangener mein Herz ist, annehmen will als ihren rechtmäßigen Gatten ...›

Nachdem das die Wächterinnen gehört hatten, ehrten sie in seinen Worten das Walten des Allmächtigen – sie verbeugten sich vor ihm und sprachen: ‹Preis sei einem so reinen Glauben, der dich zum Guten führt und vor dem Bösen bewahrt! So manches Ereignis scheint uns Menschen eine Qual zu sein, während es in Wahrheit doch zu unserm Besten geschieht; in so manchem Schmerz erkennen wir erst später den Segen!›

Als dann am Horizont die Sonne emporgestiegen war und in ihrem leuchtenden Spinnennetz das Böse und Dunkle gefangen lag – da eilte der Herr unseres Gartens, von seiner Liebe beflügelt, zurück in die Stadt. Dort bereitete er alles zur Hochzeit vor, und nachdem mit den Freunden und mit tausend Freuden das Fest gefeiert worden war, blieben endlich die Liebenden allein mit der Nacht.

Sie umarmten einander, und siehe da: das Haus stürzte nicht zusammen, kein Kater ging auf Vogeljagd, nirgends fielen Kürbisse von einer Schnur, und die Wölfe ließen die Füchse in Frieden! Liebe war die Welt, von den Vögeln des Himmels bis hinunter zu den Fischen im Wasser – und eine Liebe fand in jener Stunde auch der Jüngling, die war licht wie der Sonnenquell, rein wie Jasmin und weiß wie Silber.

Aus Weiße besteht des Tages Leuchten, und weiß ist auch der welterhellende Mond. Erzwungen ist jede andere Farbe und Weiß allein ganz unvermischt. Darum tragen wir Zarathustrier beim Beten auch weiße Gewänder.»

Nachdem so die Perserprinzessin diese letzte Geschichte zu einem guten Ende geführt hatte – ruhte sie die Nacht über am Herzen des Schahs.

MARCO POLO

1254–1324

■

Der Alte vom Berge und seine Assassinen

Im Gebiet von Muleet* wohnte einst der Alte vom Berge. In sarazenischer Sprache bedeutet Muleet «ketzerisch». Nun wiederhole ich seine Geschichte, genau so, wie ich, Messer Marco, sie von mehreren Leuten vernommen habe.

In ihrer Sprache hieß der Alte Alaodin**. In einem Tal zwischen zwei Bergzügen hatte er den herrlichsten Garten anlegen lassen. Der ist mit gar nichts zu vergleichen: Früchte aus aller Welt gediehen trefflich. Er ließ auch prächtige Häuser errichten und Paläste erbauen, wie sie noch keiner gesehen hat. Sie waren vergoldet und reich bemalt. Und dann hat er verschiedene Röhren einsetzen lassen; in einer floß Wein, in einer Milch, in einer floß Honig und in einer andern Wasser. Schöne Frauen, liebliche Jungfrauen spielten auf allen erdenklichen Instrumenten; sie sangen mit wohlklin-

* Unter diesem Namen waren die Ismailiten und ihr Wohngebiet bei den Chinesen bekannt. Marco Polo bezeichnet mit Muleet das Wohngebiet der Assassinen im Elburs-Gebirge, Nord-Iran.

** Alaodin: Ala-'ad-Din Muhammad (1212–1255, ermordet); siebenter Führer der Assassinen, genannt der Alte vom Berge.

gender Stimme und tanzten aufs anmutigste. Der Alte wollte die Sarazenen davon überzeugen, daß sein Garten das Paradies sei. Darum hatte er alles nach der Art und Weise angeordnet, wie es einst Mohammed seinem Gefolge geschildert hatte. Nach den Worten Mohammeds finden die Sarazenen im Paradies die schönsten Frauen und so viele sie begehren; und sie finden dort auch Flüsse von Wein, Milch, Honig und Wasser. Das ist der Grund, warum der Alte den paradiesähnlichen Garten anlegen ließ. Die Sarazenen jener Gegend glaubten fest daran, er sei das Paradies.

Kein Mensch hat je diesen Garten betreten, außer jenen, die der Alte zu seinen Assassinen* machen wollte. Es gab nur einen Eingang, und der war derart befestigt, daß ihn kein Unbefugter hätte passieren können. Der Alte hielt an seinem Hofe zwölf- bis zwanzigjährige Jünglinge aus der Umgebung; ihrer Statur nach versprachen sie, tüchtige Soldaten zu werden. Sie waren alle gut in der Lehre unterrichtet und glaubten, daß, entsprechend den Prophezeiungen Mohammeds, das Paradies genauso aussehe, wie ich es vorhin geschildert habe. Und was bleibt jetzt noch zu sagen? So oft der Alte vier oder zehn oder zwanzig Burschen in sein Paradies holen wollte, ging er folgendermaßen vor: er ließ ihnen einen Trank verabreichen, der sie so-

* In der provenzalischen Literatur bedeutet Assassini «die Getreuen»; der Bedeutungswechsel zu «Mörder» in den romanischen Sprachen findet später statt.

gleich in tiefen Schlaf versetzte, worauf sie weggeführt und in den Garten gebracht wurden; dort weckte er sie wieder auf.

Der Alte vom Berge erzieht seine Assassinen zur Tüchtigkeit und zum Gehorsam

Beim Erwachen erblickten die Burschen all das Schöne um sich herum, wie ich es oben beschrieben habe, und sie vermeinten wirklich, im Paradies zu sein. Junge Frauen und Mädchen erheiterten sie tagtäglich mit Musizieren und Singen und erfüllten jeglichen Wunsch. Die Jünglinge hatten alles, was ihr Herz begehrte, nie hätten sie aus freiem Willen diesen Ort verlassen. Der Alte hielt hof, glänzend und prächtig; die einfache Bergbevölkerung ringsum war davon so beeindruckt, daß sie ohne den geringsten Zweifel glaubte, der Alte sei ein Prophet.

Wenn nun der Alte irgendwo einen Mord plant, läßt er einem oder mehreren Jünglingen das Betäubungsgetränk geben; sobald sie schlafen, werden sie in seinen Palast gebracht. Beim Aufwachen sind sie höchst verwundert und gar nicht glücklich, denn von sich aus hätten sie nie das Paradies mit dem Schloß vertauscht. Unverzüglich gehen sie zum Alten und werfen sich vor ihm nieder, weil sie fest daran glauben, er sei ein großer Prophet. Auf die Frage des Alten nach ihrer Herkunft antworten sie, sie kämen aus dem Paradies, aus dem wahren

Paradies, wie es Mohammed ihren Vorfahren verheißen habe, und sie schildern es in allen Einzelheiten. Diejenigen, die noch nie im Paradies gewesen sind und nun ihren Erzählungen zuhören, begehren sehnlich, auch dahin zu gelangen, ja, sie wünschen sich den Tod, da sie den Tag kaum erwarten mögen, an dem sie ins Paradies eingehen dürfen. Immer wenn der Alte einen Fürsten in der näheren Umgebung umbringen will, wählt er aus seinen Assassinen die geeignetsten aus und befiehlt ihnen, diesen zu ermorden. Die Jünglinge brechen unverzüglich auf, erfüllen den Auftrag ihres Herrn und kehren an den Hof zurück. Es gibt allerdings welche, die nach dem Mordanschlag gefangen und getötet werden.

Der Einsatz der Assassinen

Nach der Rückkehr erzählen die Assassinen, wie gut ihnen die Tat gelungen sei. Ihretwegen veranstaltet der Alte aufwendige Festlichkeiten. Er weiß ganz genau, wer der Kühnste gewesen ist, denn er hat dem Mordtrupp Beobachter nachgesandt, die ihm melden, wer der geschickteste und schlauste Mörder gewesen ist.

Falls der Alte einen Fürsten oder sonst jemanden umbringen wollte, beauftragte er diese Assassinen und sagte ihnen, nach dem Mord sei ihnen das Paradies gewiß; wenn sie hingegen selbst umkommen sollten, dann seien sie um so eher im Paradies.

Alle führten die Befehle des Alten mit größter Begeisterung aus, er konnte von ihnen fordern, was immer ihm einfiel. Unter solchen Bedingungen blieb keiner vom gewaltsamen Tode verschont, dem der Alte vom Berge nach dem Leben trachtete. Und darum ist es eine Tatsache: etliche Könige und Barone zahlten ihm Tribut und stellten sich gut mit ihm aus purer Angst vor seinen Mordanschlägen. (Diese Verhältnisse sind nur darum eingetreten, weil sie selbst nicht unter einem Herrn vereinigt, sondern in jeder Beziehung untereinander zerstritten waren.)

Nun wißt ihr, wer der Alte vom Berge ist und wie er seine Assassinen behandelt. Ihr werdet jetzt auch vernehmen, wie und durch wen er gestürzt worden ist. Vorher aber muß ich etwas nachtragen, nämlich daß der Alte noch zwei andere Alte bestimmt hatte, die ihm untertan waren und genau nach seinem Vorbild handelten. Den einen schickte er in die Gegend von Domas, den andern nach Cordistan.

Doch lassen wir dies, beschäftigen wir uns mit seinem Untergang.

Alau, dem Herrscher der Osttataren, waren die Greueltaten des Alten bekannt. Deshalb plante er, ums Jahr 1262, wie es allgemein bezeugt ist, ihn zu vernichten. Er bot seine Offiziere und Soldaten auf und schickte sie aus, die Burg zu erobern. Gute drei Jahre dauerte die Belagerung. Hätten die Eingeschlossenen genug zu essen gehabt, hätten sie sich nie ergeben. Sie wurden überwältigt und alle samt dem Alten, genannt Alaodin, getötet. Seit diesem Alaodin gibt es bis heute keinen solchen Alten und keine solche Mörder mehr. Mit seinem Tode aber ging die hinterhältige, geheime Herrschaft zu Ende.

MAX DAUTHENDEY

1867–1918

■

Der Garten ohne Jahreszeiten

Vom Morgen bis zum Spätnachmittag fährt ein kleiner kletternder Bahnzug in Ceylon von der Stadt Colombo unten am Meer hinauf zu der letzten Ansiedlung Nuwara-Eliya in den höchsten Bergen. Die Zimmetgärten von Colombo wandern hinab in die Tiefe. Die grünen Amphitheater der strauchigen Teepflanzungen und die Reisfelderterrassen versinken wie ausgespannte Fallschirme neben dem ansteigenden Schienengleis. Täler voll Silberseen blinken wie Riesenperlmuttermuscheln herauf, verlassene alte Tempeltürme stehen wie hochgerichtete Fernrohre an den Seen, zugespitzte Bergkegel, geformt wie Räucherhütchen, umragen als blaue Pyramiden den Horizont, und der Adams Peak wirft seinen berühmten dreieckigen Schatten als riesigen Sonnenuhrzeiger bis Sonnenuntergang über das Innere Ceylons, genannt das glänzende Eiland.

Kurz vor Sonnenuntergang erreicht der Bahnzug in den Bergwellen auf der Höhe von vierzehntausend Fuß todstumme Mooswälder, große, moosumwucherte Laubholzwälder. Die Baummassen sind wie graue Versteinerungen regungslos ineinandergewachsen, als ob die Baumklumpen sich im kühlen, dünnen Luftzug gegenseitig festhielten, damit auf den schiefen Ebenen in der ungeheuren Höhe nicht jählings ein Schwindelgefühl ganze Wälderstrecken in die Tiefe reiße.

Dort oben bei den silbernen Spiralen der Sturzbäche, auf dem Rasen vor den Waldrändern wohnen reiche Kaufleute und hohe englische Beamte aus Colombo in ihren Villen. Dort sind englische Giebelhäuser mit Vorgärten vor den Erkern. Dort brennen die Laternen abends in den Gartenstraßen am Trottoir entlang wie in Europa. Dort oben sind Tennisplätze und Fußballrasen, und die Luft ist dünn wie die Gesichtshaut der blassen und blonden englischen Damen.

Ein paar Stunden von der Ansiedlung Nuwara-Eliya liegt an einem Bergabhang, wie an den Thronstufen des Ätherhimmels, der Edengarten von Ceylon. Ein Garten wie ein gewirkter, blaurot und gelber indischer Seidenschal, hingehängt an den Bergwald, feierlich, hoch über den Abgründen. Blumenbeete mit den Blumen aller Jahreszeiten schieben sich in die Höhe und in die Tiefe vor dem Äther des windstillen Himmels. Das Gartenantlitz erinnert an ein mit Indigo und Rötelschnörkeln tätowiertes Singhalesengesicht. Dort wachsen europäische Kornblumen, Veilchen, Astern, Kapuzinerkresse, Rosen, Anemonen, Tulpen, Primeln, Schlüsselblumen, Lotos und Kakteen unter Kokospalmen und bei Bananenbäumen.

In diesem Garten der überirdischen Bergwelt

waren der Singhalese Bulram und sein Weib Talora aufgewachsen. Beide waren hier oben angesehen als das verliebteste Ehepaar von Ceylon.

Talora war mit neun Jahren Teemädchen gewesen. Sie hatte in den englischen Pflanzungen unterhalb Nuwara-Eliya mit hundert andern Mädchen im April zur Ernte die Teekeime von den kleinen runden Teestauden gepflückt. Bulrams Vater hatte sie von dort in den Edengarten geholt, weil sein Sohn, der bald vierzehn Jahre alt war, endlich eine Frau brauchte.

Die kleine Talora wurde Bulram gegeben wie ein Ohrring oder ein Haarkamm, den die singhalesischen Männer tragen, und Bulram hatte sich nie gefragt, ob er je eine andere Frau wollte. Talora war das Geschenk seines Vaters für ihn, wie sein eigener Leib ihm vom Vater ins Leben mitgegeben war.

Wie der Ätherhimmel zum Edengarten gehörte – so selbstverständlich einfach und zufrieden nahm Bulram die kleine Talora als sein Weib hin. Und das Mädchen nahm den jungen Mann als Herrn und Gemahl an, so wie sie ihre Hände und Füße als fraglos zu sich gehörig fühlte.

«Die Singhalesen dort oben in den Berghöhen sind allwissend», sagen drunten die Singhalesen an der Zimmetküste von Colombo über die Leute von Nuwara-Eliya. «Sie können dort oben zaubern, ohne daß sie selbst ahnen, daß sie Zauberer sind.» Und mit Ehrfurcht betrachten die Leute in den Tälern jene Bergseelen, die ihr Leben in der dünnen Luft verbringen.

Ob Januar oder Juli, ob April oder Oktober – im Edengarten blühen die Märzveilchen, bei den Septemberastern sitzt die Julirose dunkel am Strauch, darunter das Schneeglöckchen sich versteckt. Flieder, Jasmin, Herbstzeitlosen, Lotos und Kornblumen stehen in den Feldern, auf Beeten und an Teichen, bei den Hügelrasen, zwischen den Orangen, Myrten und Weihrauchbäumen, unter den Aloeblüten und bei Bananenpalmen.

Bulram und Talora hatten hier hinter dem Haus des englischen Verwalters ihre kleine, weiße, niedere Hütte an der Gartenmauer, welche schräg den Berg hinaufsteigt. Die Blicke der beiden waren immer ruhig wie die windstillen Täler, wie der wolkenlose Himmel und ihre Gedanken nur von den Gesichtern der indischen und europäischen Blumenarten angefüllt. Der ewig still stehende Blumengarten, darinnen nie Winter, nie Sommer, nie Frühling und Herbst wechselten und die Büsche ohne Ausruhen ewig berauscht und unvergänglich blühten, darüber der Äther, todstill, ohne Lufthauch, eine unermeßliche Ruhe feierte – dieser Garten gab den Menschen einen Frieden in das Herz, der gleich dem Öl einer tausendjährig brennenden Tempellampe ist, das eine stille, nie verlöschende Flamme nährt.

Nie kam den Menschen in der dünnen Ätherluft dort oben die Kraft zu einer wilden Tat. Sie lebten in der Höhe, in der Luftleere, halb trunken, wie Mäuse unter der Glasglocke einer Luftpumpe. Sie waren in der verdünnten Luft einem sanft schläfrigen und zarten Zustand von Kraftlosigkeit verfallen, als hätte sich ihr Blut verflüchtigt, und nur eine ideale blaue Leere schwang in ihren Adern.

Eines Abends sagte der Verwalter des englischen Gartens zu Bulram: «Höre! Du mußt mich morgen früh nach Colombo hinunterbegleiten. Ich muß den Pachtkontrakt mit der Regierung erneuern und außerdem zwei Ladungen Apfelreiser und Quittenschößlinge, die aus England angekommen sind, im Hafen abholen. Du bist zuverlässig, Bulram, und von allen Gartenaufsehern der vorsichtigste. Soviel ich weiß, warst du noch niemals drunten an der Küste, seit du lebst. Es wird dir Spaß machen, Menschen und Land da unten zu sehen. Talora wird dich für drei Tage entbehren müssen.»

Bulram sagte: «Herr, solange Talora und ich verheiratet sind, waren wir noch keinen Tag getrennt.»

Der Verwalter meinte: «Tröste deine Frau, Bulram, und sage ihr, daß du ihr einen schönen, bunten Colomboschal mitbringst. Halte dich morgen früh bereit. Der Zug geht um neun von Nuwara-Eliya ab. Um sechs Uhr früh müssen wir mit dem Dogcart hinüber zum Bahnhof der Ansiedlung fahren.»

Am nächsten Morgen kletterte der Zug die

Engpässe hinab, durch schallende Tunnel auf den schmalen Schleifenwegen der Bergwände, hinunter in die silbernen Täler von Ceylon.

Bulram hatte einen schönen halbkreisrunden Schildkrotkamm im schwarzen Haar. Der Kamm hielt das Haar aus der Stirn zurück, und der Singhalese sah glatt gekämmt aus wie ein europäisches Schulmädchen. Er wußte, daß man in Colombo drunten das Haar zurückgestrichen trug, und hatte sich im voraus großstädtisch frisiert. Um seine Beine schlug ein breites braunrotes, zitronengelb getüpfeltes Tuch und war wie ein Frauenrock um die Hüften von einem Ledergürtel zusammengehalten. Bulrams Oberkörper steckte in einer weißen kurzen Leinwandjacke, welche von Taloras Händen frisch gewaschen und frisch gebügelt war. Hinter seinem Ohr trug er zu Ehren des Reisetags ein Büschel dunkelblauer Kornblumen. Sein breiter goldener Ehering glänzte am großen Zeh des rechten Fußes. Er ging barfuß und zog seine Pantoffeln nur vor seinem Herrn an. In einem kleinen grünbemalten Blechkoffer verwahrte Bulram nichts als seine Pantoffeln. Aber er hatte fürsorglich an viele Einkäufe für Talora gedacht und zum Schutze der Sachen gegen Insekten und Schlangen den Blechkoffer vom Verwalter erhalten.

Bulrams Lunge hatte nie andere Luft als Höhenluft geschluckt. Der Zug senkte sich jetzt aus den nebligen Farrenkrautwäldern zu den hitzigen Zimmetgärten Colombos hinunter, mit einer rasenden Schnelligkeit, wie ein Ballonkorb, der aus den Wolken fällt. Die brandige Tropenluft schlug Bulram wie roter Pfeffer um die Nase. Er mußte fortgesetzt niesen und sich die Nasenspitze reiben. Er, der immer unter dem ätherischen Himmel gelebt hatte, fühlte sich von Staub, Pflanzengerüchen und Erddünsten gereizt, als ob man seinen Gliedern ungewohnte Kleider anzöge. Der Zug fuhr zwischen protzigen Brotfruchtpalmen in die letzten Abgründe hinein. Als ob die Erde fortgesetzt den Rädern auswiche, so raste die Wagenkette zu Tal. Die Luft strotzte von den Gewürzen der Nelkenbäume und der Kampferstämme. Palmenkronen überwölbten den Schienenweg, menschenkopfgroße Früchte hingen in Bündeln; gelbe und braune Mangofrüchte, die droben in Nuwara-Eliya nur blühen und niemals reifen, hingen wie Gewichtsteine zwischen gesträubten Riesenblättern. Wenn Bulram seinen Kopf zum Fenster hinausstreckte, glaubte er sich an den Fruchthaufen zu stoßen. Wie überfüllte Fruchtkörbe standen die Muskat- und Kokoswälder zu beiden Seiten des Bahngeleises.

Kaffeebraune sehnige Singhalesen, dickblütig und üppig genährt, nackt und nur von der Bräune ihres Leibes bekleidet, drängten sich auf den Bahnstationen in den Tälern gleich Herden brauner feister Maikäfer, die durcheinanderkrabbeln.

Bulram verstand nicht, warum die Erde so viele Menschen hatte, so viele Nasen, Ohren, Mäuler und Augen, die ihn anstarrten, als wäre sein Gesicht eine Honigwabe, dran sich die Wespen hängen. Die Brust des einsamen Bergsinghalesen fühlte sich vor den Menschenmassen wie ein Kleefeld unter den Füßen einer Hammelherde. Blicke, Stimmen, Gerüche, Schritte trampelten über die blaue Ätherruhe seines Herzens. Sein Auge sah nichts mehr, und er fühlte sein Ohr von den Massengeräuschen durchlöchert wie eine Schießscheibe nach dem Scheibenschießen.

Bulram versuchte, um sich zu beruhigen, die Gesichter der Menschen, die auf der Tagesfahrt in seinen Wagen aus- und einstiegen, in Blumensorten einzuteilen. Er sagte zu sich: «Dieser ist eine sanfte Primel, dieser eine grelle Bohnenblüte, diese eine Tomatenblüte, dieser eine Narzisse.» Aber die Blumenarten seines Gartens ohne Jahreszeiten, die er als einzigen Maßstab hier an alles anlegen konnte, reichten nicht aus. Als er abends um fünf Uhr an der Colombostation ankam, war er todmüde von den tausend Vergleichen und schwindlig und hielt sich krampfhaft auf dem Kutscherbock des Wagens fest, der mit ihm und seinem Herrn zum Galle-Face-Hotel an das Meer fuhr.

In diesem riesigen Steinhallenhotel an der Meeresbrandung, darinnen der Meerdonner Tag und Nacht wie ein Ungeheuer brüllend durch die Treppensäle, Korridore und Zimmer hallt, benahm sich Bulram wie ein Mondsüchtiger, der im Schlaf auf einer Dachkante aufwacht, sich nicht vor- noch rückwärts zu gehn traut und überall den Absturz fürchtet. Die hundert weißgekleideten Reisenden im Hotel, die Europäer mit ihrer weißen Haut, die vielen weißen Musselinkleider und die langen weißen Schleppen der Damen erschienen Bulram wie irrsinnig gewordene weiße fliegende Blütenbäume, helle Magnolien oder lichte Jasminbüsche, die ohne Wurzeln durch die offenen Türen der Steinwände aus- und einwandern konnten. Der scheue Bergsinghalese blieb vor Furcht wie ein Schatten an den Wänden kleben. Sein Herr, der englische Verwalter, fand ihn mehrmals im dunklen Korridor hocken, vor den Menschen am ganzen Leib zitternd. Bulrams Augen starrten besonders vor der Tür des menschenüberfüllten Speisesaales entsetzt aus dem Gesicht, wie einem, der zur Nachtstunde in Dschungel geraten ist, die Raubtierscharen zur Tränke ziehen sieht und beim Anblick der Tigerfamilien ohnmächtig umfällt.

Eines Morgens aber war Bulram plötzlich verschwunden. Niemand, nicht das Telephon, nicht die englische Colombopolizei, nicht Zeitungsannoncen konnten den Verlorenen zurückbringen. Acht Tage ließ der Verwalter nach Bulram forschen. Dann reiste er nach Nuwara-Eliya heim, glaubend, der Bergsinghalese habe sich heimlich aus dem Staub gemacht und sei vor Menschenfurcht zurück auf die hohen Berge, in seinen Garten ohne Jahreszeiten, zu seiner Frau Talora geflohen.

Aber Bulram war nicht zu Hause. Talora stand voll Harmlosigkeit, klar, freundlich und sanft im Garten und lächelte wie eine Allwissende, während der Verwalter tief bestürzt war, daß Bulram nicht zu finden sei. Talora antwortete, wie die ewig wolkenlose Bläue lächelnd: «Er wird kommen, Herr. Der Herr soll nicht um Bulram traurig sein.»

Der Engländer schaute sie sprachlos an. Er hatte geglaubt, die Frau des Singhalesen müsse sich zu Boden werfen, weinen und sich die Haare raufen. Statt dessen sagte sie nur ewig lächelnd: «Er kann nicht verlorengehen, Herr. Bulram ist in meinem Herzen aufgehoben, Herr.»

Und Talora ging jetzt durch den Garten, hielt vom Morgen bis zum Abend die Bewässerungsrohre in Ordnung, stellte die Wasserzerstäuber auf die Rasenplätze und tat Bulrams Arbeit neben ihrer Hausarbeit, als wäre sie Bulram selbst. Niemals zitterte ihre Hand vor Neugier nach dem verlorenen Mann, wenn sie dem Verwalter die Briefe des Postboten brachte. Niemals sprang ihr Auge hell auf, wenn die elektrische Gartenglocke klingelte und Fremde kamen, den Garten anzusehen, und es nicht Bulram war. Niemals zitterte ihr Fuß, wenn sie abends in das leere Häuschen trat, und nie ihr Finger, der morgens die Tür öffnete. Sie schien in einer ewigen blauen Ruhe in der Ätherhöhe dieses Gartens Tag und Nacht mit ihrem Mann unsichtbar zu verkehren, als gäbe es keine Nähe und keine Ferne im Weltall bei dem trunkenen Liebesbewußtsein ihrer Seele.

Ein halbes Jahr verging. Da sagte die Frau des englischen Verwalters zu Talora: «Ich reise hinunter, um mir im englischen Basar von Colombo Kleider und Hüte zu kaufen. Ich kann dich mitnehmen. Vielleicht kundschaften wir Frauen mit mehr Glück aus, was aus Bulram geworden ist.» Die Dame reiste am nächsten Morgen mit Talora zusammen hinab an die Küste.

Die Singhalesenfrau war niemals im Tal gewesen. Aber auf sie wirkte die Talluft anders als auf ihren Mann Bulram. Sie, die stets Stille, Abwesende, Traumwandelnde, wurde nicht noch stiller, sondern wurde gesprächig, lebte auf. Sie zeigte auf der Reise ihre Zahnreihen und ihr rotes Zahnfleisch mit breitestem Lachen. Sie schmatzte mit den Lippen, sie schnalzte mit der Zunge, und ihre Augen hingen ihr mit vielen Blicken nach allen Seiten wie die Beeren von dunkeln Trauben in dem Kopf. Ihr Mund schien alle Früchte der fruchtreifen Luft zu schmecken, und ihre Backen wurden vom hitzigen Atem der Talwälder aufgebläht und dick. Sie trug eine weiße Bluse mit bauschigen kurzen Ärmeln. Je näher der Zug aus der Berghöhe hinunter in die Colombohitze des Tropennachmittags kam, desto unruhiger wurde Talora. Ihre nackten Unterarme schoben ungeduldig die lockeren Brüste hinter dem Blusenstoff hin und her, als wären das ein paar reife, unbequeme Früchte, die sie ablegen wollte, sobald der Zug hielt.

Auch Talora war bald aus dem Hotel verschwunden. Ihre englische Herrin glaubte, sie suche ihren Mann in der Stadt. Man wartete drei Tage, suchte Talora, wie man Bulram gesucht hatte, aber die Singhalesin blieb unauffindbar.

Ein Jahr verging.

Die Meeresbrandung vor dem Galle-Face-Hotel donnert unausgesetzt, die Tropensonne rollt im Land über die Zimmetgärten, und wie eine riesige Spiritusflamme brennt das rotviolette Morgenmeer.

Weit draußen im Hafenwasser steht ein großer Dampfer mit hohen weißgetünchten Wänden. Er wirft seit Stunden gelben Qualm aus vier Schornsteinen und ist zur Abfahrt bereit. Breite, schaukelnde Jollen und ein kleines, spitziges Motorboot bringen Kofferladungen und Ladungen von weißgekleideten Tropenreisenden an die Schiffswand. Jetzt wird die weiße Landungsstiege an der Schiffswand hochgezogen, und Ankerketten kreischen markerschütternde Schreie. Der Dampfer liegt noch immer still, umgeben von dem kurzen und ruckweisen Gehüpf der Morgenwellen. Viele Köpfe von Reisenden biegen sich über die weißgestrichenen Eisengeländer der Schiffsstockwerke. Drunten reiten nackte, arme braune Singhalesen auf langen gelben Holzbalken in der Flut um das Schiff. Statt eines Ruders hat jeder Wasserreiter einen Kistendeckel oder ein Brett in der Hand. Manchmal wirft ein Passagier eine kleine Silbermünze über Bord. Dann schlüpfen alle die nackten jungen Kerle wie glatte Seehunde von ihren schwimmenden Balken und fahren in das durchsichtige, gläserne Meer hinunter – wie auf einer grün angestrichenen Rutschbahn – in die Tiefe. Drunten werden ihre Gliedmaßen gespenstisch wie Froschglieder, scheinen sich aufzulösen und verschwinden. Nach einer Weile erscheinen sie im Flaschengrün der Tiefe wieder, zappelnd und wie braunrote Schatten. Schwarzglänzende, triefende Köpfe tauchen aus dem Wasser, und einer zeigt das silberne Geldstück lachend zwischen seinen Zähnen. Dann schwingt sich jeder auf seinen Baumstamm, und alle reiten wieder um die Schiffswand. Mit viel Geschrei winken sie hinauf und ermuntern die Passagiere des abfahrenden Orientdampfers; und sobald ein Geldstück aufs Wasser klatscht, verschwinden wieder alle Balkenreiter lautlos im Meer. Bis zur Abfahrt des Dampfers vertreiben sich so die Reisenden die Zeit mit Geldwerfen.

Bulram ist seit Monaten hier jeden Morgen auf einem Balkenstamm um die ausländischen Dampfer geschwommen. Er holt sich durch gewandtes Tauchen sein Geld aus dem Meer, das eilig verdiente Geld, das er nachts ebenso eilig in Spielhöllen bei braunen Dirnen und Reisbranntwein wieder ausgibt. Seitdem Bulram die Zimmetluft von Colombo riecht, ist in ihm der Gedanke an seine

Berge, an Talora und an den Edengarten auf den Bergen tiefer versunken als je ein Geldstück im Meer. Er lebt in Colombo wie eine Fliege, die sich auf dem Zucker eines Fliegenpapiers berauscht und vollsaugt. Wie ein samtner Panther streicht er sich nachts an den nelkenölduftenden kleinen Dirnen in den Freudenhäusern, und am Tag springt er nackt und blank in die Meerestiefe nach den blitzenden Münzen. Er sticht unzählige Male in den Meeresgrund hinunter, rudert seinen schwimmenden Balken abends mit einem Brett an Land, rollt sich dann wieder bei einem Nautsch-Girl* auf einem Teppich wie ein Igel zusammen und läßt das armselige Geschöpf, das er sich für die Nacht gekauft, nicht mehr aus seinen Griffen, bis ihn die Frühluft weckt.

Heute ist wieder eine backofenwarme Nacht. Vanille- und Kampferbäume pressen ihren Duft aus den Gärten über der Stadt. Am großen granitnen Wellenbrecher entlang der Seeseite moussiert die Brandung und wirft hohe weiße Geiser in die Dunkelheit. Sterne hängen gleich glitzernden Wasserblasen an der Nachtdecke. Die Front des Galle-Face-Hotels ist beleuchtet wie ein großes Transparent. Unter den elektrischen Bogenlampen der Strandpromenade tauchen vom Hotelportal her weiße Punkte auf: die weißen Hemdbrüste vieler Herren im schwarzen Abendanzug, Engländer und andere Europäer. Jeder Herr läßt sich von einem

* Öffentliche Tänzerinnen, Prostituierte

nackten Kuli in einem kleinen Rikschawagen ziehen. Die Herren sind ohne Hut. Sie machen vom Hotel nur einen kleinen Abendausflug in das Freudenviertel von Colombo. Die Reihen der kleinen Wagen verschwinden schnell am Ende des Strandweges hinter den Tenniswiesen in dunklen Eingeborenengassen.

Bulram drückt sich hier in einer der Gassen still an den Wänden hin. Er ist in allen Häusern der Gasse wie der Mond bekannt. Die Wagenreihen mit den ausländischen Herren im Abendfrack sind an ihm vorübergerollt und halten jetzt vor ihm in der Straße.

Er sieht die Herren, von einem Hauseigentümer auf dem Straßenpflaster empfangen, in einer der Türen verschwinden. Alle Läden der Häuser sind geschlossen, und man hört nur gedämpft Kastagnetten, Geigen, Tamburine, einförmig wie die Musik summender Wasserkessel. Männer, welche kommen und gehen, verschwinden wie die Katzen lautlos in den Haustüren und um die Straßenecken.

Neben Bulram öffnet sich ein Erdgeschoßladen. Ein Frauenarm langt heraus, und zwei Finger schnalzen. Bulram sieht im Halbdunkel unter dem hellen Sternhimmel zwei große Reihen blendender Zähne und ein Paar nackter Brüste, die sich wie zwei kleine Säcke über das Fenstergesims quetschen. Bulram kennt die Frau nicht, aber er fragt in das dunkle Fenster: «Bist du frei!» Die Frau schnalzt mit der Zunge, und bei diesem Laut beginnen vor Bulram alle Steine der Straße, alle Sternflecken am Nachthimmel zu schaukeln.

Der Singhalese will in das Haus eintreten. Aber der Hauseigentümer sagt ihm, er sei um eine Minute zu spät gekommen. Die an der Fensterecke sei eben drinnen von einem englischen Kapitän gerufen worden. Bulram stellte sich wieder unter das Fenster und wartete. Aber das Mädchen mit den lachenden Zähnen und der schnalzenden Zunge öffnete nicht mehr. Acht Tage hielten Seeoffiziere und Matrosen ausländischer Kriegsschiffe ihre nächtlichen Gelage in dem Haus, und acht Tage lang wurde der armselige Singhalese vom Hauseigentümer abgewiesen; er schlief acht Nächte unter dem Fenster und blieb acht Nächte nüchtern. In der neunten Nacht, als die Dampfer den Hafen verlassen hatten, öffnete sich wieder der Fensterladen. Zwei nackte Brüste drückten sich wieder über die Fensterbank, und helle Zähne glitzerten in einem lachenden Mund; dem Singhalesen schoß sein hitziges Blut wie Sternschnuppen vor die Augen. Bulram ging in das Haus, drückte das Mädchen an sich und schloß dabei die Augen, wie es alle Orientalen tun, wenn sie ernstlich glücklich sind. Er blieb dann Tag und Nacht bei geschlossenen Fensterläden im Haus der Dirne.

Am vierten Abend saß der Hauseigentümer mit seinen Freunden wie immer draußen auf den Steinstufen vor der Haustür. Es wetterleuchtete hinter dem Hausdach. Da kam einer seiner Buben heraus und sagte ihm: «Herr, das Zimmer des Mädchens, welches hinter dem Eckfenster wohnt, ist wie leergefegt. Das Mädchen, das sich dort seit ein paar Tagen mit einem Singhalesen eingeschlossen hielt, ist verschwunden. Die Tür steht weit offen, aber niemand hat weder sie noch den Singhalesen fortgehen sehen. Vielleicht ist der Bursche ein Bergsinghalese gewesen und hat sich in einen Nachtblitz verwandelt und hat das Mädchen auf einer glühenden Wolke fort in die Berge geholt!»

In demselben Augenblick kreischte der Fensterladen an der Straßenecke in den Eisenangeln, und der Hauseigentümer rief: «Verflucht! Sie sind sicher miteinander durch das Fenster fortgesprungen. Verflucht! Sie ist verschwunden, wie sie gekommen ist! Eines Abends stand sie mit ausländischen Matrosen hier unter meiner Tür und trat ein und war viel begehrt und nannte sich mit dem lockenden Namen ‹Talora›. Da auf den Stufen stand sie damals vor mir. Es wetterleuchtete wie heute; als werfe sie Feuer um sich und Feuer ins Haus, so kam sie. Nun sprang sie wie ein Blitz wieder fort.»

Nach Monaten klingelte abends die elektrische Glocke der Gartentür des Edengartens, und als man öffnete, standen Bulram und Talora draußen. Beide vergnügt, lautlos und sanft wie immer.

Der Verwalter fragte, und die Frau des Verwalters fragte, und alle Gartenaufseher fragten, wo die beiden nach zwei Jahren herkämen. Sie aber lächelten nur und deuteten in den wolkenlosen Himmel.

«Herr, er war im Himmel», lächelte Talora, und Bulram nickte immer wieder stumm Beifall, wenn seine Frau auf ihr Herz deutete und auf alle Fragen nichts anderes antwortete als: «Herr, er war im Himmel!»

Dann saßen beide wieder in dem Garten, knieten über den Blumenbeeten, arbeiteten mit der Rasenschere und mit dem Rechen. Sie beugen sich noch heute wolkenlos wie der Ätherhimmel von Nuwara-Eliya über die Blumenreihen, dort oben in dem Garten ohne Jahreszeiten.

JI SHAOYU

geb. um 535

■

Im Jianxing-Park

Die Kaiserstadt ist von zinnoberroten Hügeln
umgeben
Den Park des Palastes durchqueren purpurne
tiefe Gewässer
In unermeßlicher Höhe über uns ragen
Silberterrassen
Und jadegrüne Bäume erheben sich tausend Fuß
hoch
Auf fließendes Wasser fallen die Schatten der
Zeremonialhüte und Wagen
Der Wind läßt Gesang und Pfeifentöne steigen
Wir bleiben stehen und betrachten mitleidig den
verlornen Eisvogelfeder-
schmuck einer Hofdame
Beim Spazieren blicken wir uns um und
betrauern einen liegen-
gebliebenen Haarpfeil
Die Blumen des Gartens drehen sich der
sinkenden Sonne nach
Mehrfache Schatten ziehen über die Storen des
Wagenfensters
Zum Schluß können wir sagen: «Grenzenlos ist
unsere Freude
Mit glänzendem Gold nicht aufzuwiegen!»

Der Garten des Kaiserpalastes in Peking
Nach einem Stich von Matteo Ripa, um 1760

XIE LINGYUN

385–433

■

Südlich der Felder an einem schnell dahinfließenden Bach habe ich einen Garten mit einer Hecke gepflanzt

Holzsammler und Einsiedler – beide leben in den Bergen
Doch ist der Grund, warum sie's tun, verschieden
Nicht nur in einer Sache liegt der Unterschied
Ich aber ziehe mich vom Amt zurück in meinen Garten
Hier kann ich Lärm und Trubel von mir halten
In klare Leere weite Winde rufen
Ich baue mein Haus am Hang des nördlichen Hügels
Fenster und Türen sind zum südlichen Fluß hin geöffnet
Der sprudelnde Bach im tiefen Tal dient mir als Brunnen
Ich pflanze eine Hecke von Hibiskusbüschen
Die vielen Bäume vor der Türe bilden eine Reihe
Vor den Fenstern ragen zahlreiche Berge empor
Langsam spaziere ich hinunter zu den Reisfeldern
Betrachte die hohen Gipfel in duftiger Ferne

Gering sind meine Ansprüche – dafür muß ich
wenig arbeiten
Ich profitiere von dem, was da ist – es braucht
nicht viel menschliche Leistung
Wie der Einsiedler Jiang Sheng möchte ich nur
Gartenwege bauen
Und ewig fühlen wie seine beiden Freunde Qin
und Yang
Ich will nicht vergessen, meinen Geist und meine
Gefühle zu genießen
Wie jene Einsiedler hoffe ich, die Erleuchtung
zu erlangen

BASIL HALL CHAMBERLAIN

1850–1935

■

Japanische Gärten

Ein Garten ohne Blumen – das mag sich wie ein Widerspruch anhören. Aber in Wirklichkeit gibt es viele japanische Gärten dieser Art, denn der japanische Landschaftsgärtner stellt sich die Aufgabe, etwas Parkähnliches zu schaffen – irgendeine berühmte Naturszene wiederzugeben, in der Blumen vorkommen können oder nicht, je nachdem. Wenn sie vorkommen, so werden sie im allgemeinen in Beete gruppiert oder eingedeckt und fortgenommen, sobald ihre Blütezeit vorbei ist, ganz wie es in europäischen Blumenausstellungen geschieht. Auf diese Weise erzielt man gärtnerische Triumphe, wie wir sie im Artikel über Blumen beschrieben haben. Triumphe anderer Art erreicht man durch Zwergkulturen. So kann man zum Beispiel eine Fichte sehen oder einen Ahorn, sechzig Jahre alte Bäumchen, vollkommen in jeder Beziehung, aber nicht höher als einen Fuß. Die japanischen Gärtner sind auch sehr geschickt im Verpflanzen von großen Bäumen. Eine verständige Behandlung der Nebenwurzeln einige Jahre hindurch ermöglicht es, große alte Bäume von Ort zu Ort zu transportieren, so daß sich ein japanischer *nouveau riche* alles anschaffen kann

– selbst einen Ahnenpark –, an welchem Ort er immer will.

Die japanische Landschaftsgärtnerei ist eine der schönen Künste. Seit der Mitte des 15. Jahrhunderts sind Generationen von Künstlern tätig gewesen, sie zu vervollkommnen, die ihnen von ihren Vorgängern vererbten Prinzipien immer wieder auszuarbeiten und zu verfeinern, bis sie dahin kam, ebensosehr als Mysterium wie als Kunst betrachtet zu werden; und sie ist ausgestattet – um nicht zu sagen beschwert – mit einem Wortschatz, so kompliziert und geheimnisvoll, daß sich jemand, der nicht einige von den einheimischen Abhandlungen über diesen Gegenstand gelesen hat, keinen Begriff machen kann. Es gibt eine ganze Menge von Namen für die verschiedenen Arten von Gartenlaternen, eine andere für Wasserbassins, eine andere für Einzäunungen (eine Autorität zählt neunzehn Arten von Schutzgittern auf), eine weitere – und das ist sehr wichtig – für jene großen Steine, die nach japanischer Anschauung das Gerüst der ganzen Komposition bilden.

Sodann gibt es auch für jede Einzelheit Vorschriften, und die verschiedenen Schulen der Gartenkunst und der Gartenwissenschaft haben Regeln, die einander diametral entgegengesetzt sind. Zum Beispiel bringt eine Schule größere Bäume und größere Hügel im Vordergrund eines Gartens an und kleinere in den hinteren Partien, in der Absicht, die Perspektive zu übertreiben und auf diese Weise den Garten größer erscheinen zu lassen, als er wirklich ist. Eine andere Schule lehrt das direkte Gegenteil. Es wird sehr viel mit Täuschungen gearbeitet; so wenn man einen Teil eines kleinen Sees so geschickt verdeckt, daß es den Anschein hat, als ob der unsichtbare Teil des Sees eine große Ausdehnung besäße, oder wenn man ein mäandrisches Band von Kieselsteinen legt, um ein Flußbett vorzutäuschen. In Wirklichkeit hat alles einen Grund – gewöhnlich einen recht verborgenen Grund. Man vertritt die Ansicht, daß man durch gärtnerische Anlagen abstrakte Ideen symbolisieren könne wie Frieden, Keuschheit, hohes Alter und so weiter. Die folgende Stelle von der unten angeführten Autorität zeigt, auf welche Weise der Garten eines gewissen buddhistischen Abtes angelegt wurde, damit er den Gedanken von der Macht der göttlichen Wahrheit ausdrücke: «Dieser Garten besteht fast vollständig aus Steinen, die auf phantasievolle und unregelmäßige Weise in einem kleinen abgeschlossenen Raum angebracht wurden; allein das hiermit ausgedrückte Sentiment kann nur der richtig würdigen, der die folgende buddhistische Legende kennt, die in mancher Beziehung an die Geschichte von Franz von Assisi mit den Vögeln erinnert. Ein Mönch namens Daita, der einen Hügel bestieg und Steine sammelte, begann ihnen die Gebote Buddhas zu predigen, und so wunderbar war die Wirkung der wunderbaren Wahrheiten, die er aussprach, daß sich selbst die leblosen Steine in ehrfürchtiger Zustimmung neigten. Daraufhin legte sie der Heilige auf die Erde rings um sich und heiligte sie als die ‹Nickenden Steine›.»

Was die Japaner *hakoniwa* (*hako,* Schachtel; *niwa,* Garten) nennen, das ist ein vollkommener Landschaftsgarten in dem mikroskopischen Rahmen eines einzelnen Tellers oder Blumentopfes – Pfade, Brücken, Berge, Steinlaternen und so weiter, alles vollständig –, ein phantasievolles kleines Spielzeug.

Manchmal bietet das Dach von Bauernhäusern den Anblick eines Blumengartens dar; denn wenn es flach ist, so wachsen leicht Iris oder rote Lilien darauf. Aber man sieht darin einen Zweck und ist sich über diesen Zweck nicht einig. Manche sagen, daß die Blumen Pestilenz fernhalten sollen, während andere nicht weniger bestimmt behaupten, daß sie zufällig hier wachsen. Wieder andere versichern, daß man die Absicht habe, dadurch die Bedachung zu verstärken. Wir schließen uns der letzten Ansicht an. Zwiebeln fliegen nicht durch die Luft, auch ist es nicht wahrscheinlich, daß in all den Rasenstücken, die auf die Dächer aller Häuser eines Dorfes gelegt wurden, Zwiebeln enthalten sein sollten. Ferner haben wir bemerkt, daß da, wo kein Rasen benützt wird, Lagen starker Schindeln verwendet werden. Man kann also wohl sagen, daß die beiden Arten, das Dach zu decken, demselben Zweck dienen.

SEI SHONAGON

10. Jahrhundert

■

Garten an einem Herbstmorgen

Der Regen, der eine ganze Septembernacht hindurch goß, hat aufgehört, und strahlende Sonne glitzert im Garten. Über die Chrysanthemenblätter sind unzählige Tautropfen gestreut. An den Hecken und Gartentörchen hängen noch zerrissene Spinngewebe, und an ihren Fäden sind silberne Perlen aufgereiht.

Es wird Tag, und die sich verbeugenden Süßkleezweige heben ihre Köpfe einer nach dem anderen erleichtert auf, weil der Tau auf den Blättern schon getrocknet oder gefallen ist.

Es ist für mich interessant, zu denken, daß solche für mich interessante Beobachtungen für andere nicht interessant sein könnten.

KITAHARA HAKUSHŪ

1885–1942

■

Vorne im Garten

Sperling hüpft
Über die Steinbrücke
Die Blattknospen der Azalee sind noch ganz zu
Ihr Spiegelbild auf der Teichoberfläche
Sonnenschein und
Frühlingspulverschnee

Eine Ecke im Garten

Jetzt das Frühstück!
Drei sanft wiegende
Dunkelrote Kosmosblüten und
Die kleinen Maispflanzen mit den ganz jungen [Kolben
In dieser Ecke im Garten
Erste feine Anzeichen eines frischen Herbstes
Ah, die Post ist gekommen!

PRINZ KADONO

669–705

■

Frühlingstag – ergötzender Oriol in den Pflaumenblüten

Ein wenig profitierend vom Umstand, daß heute
ein freier Tag ist
Trete ich in den Garten hinaus, betrachte das
frische Grün
Reinweiße Pflaumenblüten öffnen reinweiße
Wangengrübchen
Reizender Oriol zwitschert mit reizender Stimme
Diesem gegenüber öffne ich meine innersten
Gefühle
Die Entspannung genügt, meine traurige
Stimmung aufzuhellen
Ich habe vergessen, daß mich das Alter erreichen
wird
Dafür mache ich es mir zur Pflicht, den
Frühlingswein auszuschenken

ROBERT FROST

1874–1963

■

Atmosphere

Inscription for a garden wall

Winds blow the open grassy places bleak;
But where this old wall burns a sunny cheek,
They eddy over it too toppling weak
To blow the earth or anything self-clear;
Moisture and color and odor thicken here.
The hours of daylight gather atmosphere.

ROBERT FROST

1874–1963

■

Unendlichkeit

Atmosphere

Inschrift für eine Gartenmauer

Die Winde fegen Rasenplätze leer;
Doch hier die Mauer setzt sich dreist zur Wehr;
Sie wirbeln drüber weg und mühn sich sehr,
Die Erde umzukippen – Eitelkeit;
Hier machen Feuchte, Farbe, Ruch sich breit.
Hier sammelt Tageszeit Unendlichkeit.

ALGERNON CHARLES SWINBURNE

1837–1910

■

A Forsaken Garden

In a coign of the cliff between lowland and
highland,
At the sea-down's edge between windward and
lee,
Walled round with rocks as an inland island,
The ghost of a garden fronts the sea.
A girdle of brushwood and thorn encloses
The steep square slope of the blossomless bed
Where the weeds that grew green from the
[graves of its roses
Now lie dead.

The fields fall southward, abrupt and broken,
To the low last edge of the long lone land.
If a step should sound or a word be spoken,
Would a ghost not rise at the strange guest's
hand?
So long have the grey bare walks lain guestless,
Through branches and briars if a man make way,
He shall find no life but the sea-wind's, restless
Night and day.

ALGERNON CHARLES SWINBURNE

1837–1910

■

Der verlassene Garten

In der Beuge der Kluft zwischen Tiefland und
Steilland,
Wo die Dün' einlenkt aus Wind gegen Lee,
In Blöcke gepackt wie ein Binnland-Eiland,
Gespenst eines Gartens starrt's auf See.
Nur Strupp und Gedörn, wie ein Ringwall, hüten
Das entblätterte Beet, Steilhang im Geviert,
Wo das Kraut einst grün von der Gruft seiner
Zuckt und friert. [Blüten

Gegen Süd stürzt Feld, schroff niedergebrochen;
Flach schleppt sich zu End' dünn dehnendes Land –
Kläng's jetzt wie ein Schritt, wie ein Wort
gesprochen,
Erstände kein Geist an des Fremdgasts Hand?
Zu lang lag Steig grau, nackend und gastlos,
Wenn ein Mensch sich zwänge durch Hasseln
und Hag,
Ihm entgegnete nichts als der Seewind, rastlos
Nacht und Tag.

The dense hard passage is blind and stifled
That crawls by a track none turn to climb
To the strait waste place that the years have rifled
Of all but the thorns that are touched not of time.
The thorns he spares when the rose is taken;
The rocks are left when he wastes the plain.
The wind that wanders, the weeds wind-shaken,
These remain.

Not a flower to be pressed of the foot that falls not;
As the heart of a dead man the seed-plots are dry;
From the thicket of thorns whence the
nightingale calls not,
Could she call, there were never a rose to reply.
Over the meadows that blossom and wither
Rings but the note of a sea-bird's song;
Only the sun and the rain come hither
All year long.

The sun burns sere and the rain dishevels
One gaunt bleak blossom of scentless breath.
Only the wind here hovers and revels
In a round where life seems barren as death.
Here there was laughing of old, there was
weeping,
Haply, of lovers none ever will know,
Whose eyes went seaward a hundred sleeping
Years ago.

Steil klettert, Verhaun gleich, blind und
beklommen,
Was als Zugang führte und keiner mehr fährt,
Zum wüsten Gereut, dem alles genommen
Die Zeit bis auf Dorn, dran Zeit sich nicht kehrt.
Dorn bleibt ihr geschont, wo die Rose zerschüttelt
Fels dauert noch, wenn sie die Ebnen verheert,
Wind wandernd und Wildwuchs, windgerüttelt,
Dieses währt.

Keine Blume, die nicht, wie du streifst, zu Fall
kommt;
Wie das Herz im Toten der Saatfleck dorrt;
Aus den Dickichten, draus keiner Nachtigall Hall
kommt,
Käm' er – ihm würde nie Rosen-Antwort.
Über die Matten, die blühen und bleichen,
Schwingt seinen Ton nur Seevogel-Sang:
Einzig die Sonn' und der Regen streichen
Hier Jahr' lang.

Die Sonne brennt wund, und Regen zerfetzen
Dich steil kahle Blume, dich Hauch ohne Duft:
Nur Wind kommt spuken und hat sein Ergetzen,
Seit Leben ringsum brach ward wie die Gruft.
Einst Augen, sie lachten hier oder sie weinten,
Kann sein, von Buhlen, der keiner gedenkt,
Die den Blick seewärts vor hundert versteinten
Jahrn gelenkt.

Heart handfast in heart as they stood, «Look
thither»,
Did he whisper? «look forth from the flowers to
the sea;
For the foam-flowers endure when the rose-
blossoms wither,
And men that love lightly may die – but we?»
And the same wind sang and the same waves
whitened,
And or ever the garden's last petals were shed,
In the lips that had whispered, the eyes that had
Love was dead. [lightened,

Or they loved their life through, and then went
whither?
And were one to the end – but what end who
knows?
Love deep as the sea as a rose must wither,
As the rose-red seaweed that mocks the rose.
Shall the dead take thought for the dead to love
them?
What love was ever as deep as a grave?
They are loveless now as the grass above them
Or the wave.

All are at one now, roses and lovers,
Not known of the cliffs and the fields and the
sea.
Not a breath of the time that has been hovers
In the air now soft with a summer to be.

Herz, wie sie standen, in Herz, «Blick dorthin!»
(Haucht er's?) «Blick hin von den Blumen zum
Pier!
Denn der Schaumflor daurt, wenn die Rosen
verdorrten,
Und was leichthin liebt, stirbt leicht – doch
wir?»
Und der gleiche Wind sang, und die gleiche See
glitzte –
Eh' im Garten, was letzt aufblühte, verloht,
War im Mund, der noch hauchte, im Aug', das
Liebe tot. [noch blitzte,

Oder lebten sie Liebe, und dann ging's – wohin?
Warn eins bis ans Ziel; doch wer sah, wie's zielt?
Lieb' tiefer als Meer muß wie Rosen verlohen,
Wie die rosige Alge, die Rose spielt.
Wird Totes den Toten meinen und lieben?
Geht Liebe so tief, wie Begrabnes ruht?
Sie sind lieblos heut, wie die drüber hin stieben,
Gras und Flut.

Buhlen und Rosen ruhn eins beim andern,
Unkund dem Geklipp, Meer, Feldern und Pfad;
Nicht ein Hauch von der Zeit, die da war, will
wandern
In der Luft, halb blind von dem Sommer, der naht.

Not a breath shall there sweeten the seasons
hereafter
Of the flowers or the lovers that laugh now or weep,
When as they that are free now of weeping and
We shall sleep. [laughter

Here death may deal not again for ever;
Here change may come not till all change end.
From the graves they have made they shall rise
up never,
Who have left nought living to ravage and rend.
Earth, stones, and thorns of the wild ground
growing,
While the sun and the rain live, these shall be;
Till a last wind's breath upon all these blowing
Roll the sea.

Till the slow sea rise and the sheer cliff crumble,
Till terrace and meadow the deep gulfs drink,
Till the strength of the waves of the high tides
humble
The fields that lessen, the rocks that shrink,
Here now in his triumph where all things falter,
Stretched out on the spoils that his own hand
spread,
As a god self-slain on his own strange altar,
Death lies dead.

Nicht ein Hauch, wird künft'ge Gezeit süß machen
Von Buhlen und Flor, der nun lacht oder weint,
Wenn wie sie wir erlöst von Weinen und Lachen
Ruhn vereint.

Hier Todes Geschäft aus ist es für immer,
Hier kommt kein Wandel als einer zuletzt,
Aus dem Grab ihrer Tat aufsteigen sie nimmer,
Die kein Leben gelassen als fremd und zerfetzt.
Erd', Felder und Dorn auf wilderndem Rasen:
Weil Regen und Sonn', hat dieses Gewähr,
Bis von letzten Wettern auf Land geblasen
Rollt das Meer.*

* Borchardt hat die letzte Strophe nicht übertragen.

MANUEL MACHADO

1874–1947

■

El jardín negro

Es noche. La inmensa
Palabra es silencio . . .
Hay entre los árboles
Un grave misterio . . .
El sonido duerme,
El color se ha muerto.
La fuente está loca
Y mudo está el eco.

¿Te acuerdas? . . . En vano
Quisimos saberlo . . .
¡Qué raro! ¡qué obscuro!
Aun crispa mis nervios
Pasando ahora mismo,
Tan sólo el recuerdo,
Como si rozado
Me hubiera un momento
El ala peluda
De horrible murciélago . . .
Ven, ¡mi amada! Inclina
Tu frente en mi pecho,
Cerremos los ojos;

MANUEL MACHADO

1874–1947

■

Der schwarze Garten

Nacht ist es. Das unermeßliche
Wort heißt Schweigen ...
Zwischen den Bäumen schwebt
Ein tiefes Geheimnis ...
Der Klang, entschlafen,
Die Farbe, verstorben.
Der Brunnen tost,
Und das Echo, stumm.

Erinnerst du dich? ... Umsonst
Suchten wir zu wissen ...
Wie seltsam! Wie düster!
Es sträubt sich mein Innerstes
Noch heute, wenn – wie eben –
Die Erinnerung vorbeihuscht,
Gleichsam als hätte mich
Jetzt flüchtig gestreift
Der haarige Flügel
Einer gräßlichen Fledermaus ...
Komm, Geliebte! Neige
Deine Stirn mir auf die Brust,
Laß uns die Augen schließen;

No oigamos, callemos...
¡Como dos chiquillos
Que tiemblan de miedo!

La Luna aparece,
Las nubes rompiendo...
La Luna y la estatua
Se dan un gran beso.

Hören wir nicht hin, verharren wir
Wie die Kinder, [stumm...
Zitternd vor Furcht!

Der Mond erscheint
Durch Wolken brechend...
Der Mond und die Statue
Küssen sich lechzend.

FRANCO SACCHETTI

1330–1400

■

Donne nel bosco

Passando con pensier per un boschetto,
donne per quello givan, fior cogliendo,
– To' quel, to' quel – dicendo.

– Eccolo, eccolo! –
– Che è? Che è? –
– È fior alliso. –
– Va là per le viole. –
– Omè, che 'l prun mi punge! –
– Quell' altra me' v'agiunge. –
– Uh, uh! o che è quel che salta? –
– È un grillo. –
– Venite qua, correte:
raperónzoli cogliete. –
– E' non son essi. –
– Sì, sono. –
– Colei,
o colei,
vie' qua,
vie' qua
pe' funghi. –
– Costà,
costà,
pel sermollino. –

FRANCO SACCHETTI

1330–1400

■

Blumenleserinnen

Als ich mich sinnend jüngst im Hag erging,
Sah ich, wie Fraun bald hie, bald da sich bückten
Und unter Scherzen Sommerblumen pflückten.

«Nimm diese (rief es hell), nimm diese!»
«Wo? Wo?» – «Hier unten auf der Wiese,
Kornblumen, einen Kranz zu winden.»
«Ich möchte lieber Veilchen finden.»
«Buschrosen wachsen hier am Born.»
«Au! Au! Mich stach ein spitzer Dorn.»
«Was springt dort? Huh! Ich sterb' vor
Schreck!»
«Ein Heupferd war's, jetzt ist es weg.»
«O seht nur, seht,
Wie alles voll Rapunzeln steht!»
«Rapunzeln? Nein!»
«Doch, doch! Es können nur Rapunzeln sein.»
«Lauf her und schau:
Dort blüht es blau
Hinter den Stämmen,
Zwischen den Schwämmen.»

– Nó staren troppo,
ché'l tempo si turba! –
– E' balena! –
– E' truona! –
– E vespero già suona. –
– Non è egli ancor nona! –
– Odi, odi,
è l'usignol che canta:
«Più bel v'è»,
«più bel v'è». –
– I' sento, e non so che. –
– Ove? –
– Dove? –
– In quel cespuglio.
Tócca, picchia, ritócca,
mentre che'l busso cresce,
ed una serpe n'esce.
– O me trista! – O me lassa! –
– Omé! –

Fugendo tutte di paura piene,
una gran piova viene.
Qual sdrúcciola, qual cade,
qual si punge lo pede.
A terra van ghirlande;
tal ciò ch'ha colto lascia, e tal percuote:
tiensi beata chi più correr puote.

Sì fiso stetti il dì che lor mirai,
ch'io non m'avidi e tutto mi bagnai.

«Versäumt euch nicht! Hemmt euren Lauf!
Mir scheint, ein Unwetter zieht auf.
Schon blitzt es
Und spritzt es –
Und Glocken läuten fern den Abend ein.»
«Es kann doch nicht schon Vesper sein!»
«Horcht auf der Nachtigall Getön –
Schöner als schön,
Schöner als schön ...»
Seid still! Ich hör' etwas,
Und weiß nicht, was ...»
«Wo?» – «Unterm Strauch.»
«Jetzt hör' ich's auch:
Es raschelt, zischt und raschelt wieder,
Mir zittern alle meine Glieder –
Es blitzt und donnert – mir ist bange –
Da! Da! Dort reckt sich eine Schlange!»
«Weh! Weh! Wir Armen!
Sie kennt kein Erbarmen!»

Von Angst besessen, fliehn sie hin und her.
Da bricht die Wolke auf, von Regen schwer.
Die eine stürzt und heult mit offnem Mund,
Die andre stößt sich ihre Knöchel wund,
Zu Boden gleiten Sträuße und Girlanden,
Zerstampft sind alle Blumen, die sie fanden,
Glücklich ist jede, welche schneller läuft.

Ich aber stand – und schaute selbstvergessen
Und ließ mich ganz vom Regenguß durchnässen.

MARIO PRAZ

1896–1982

■

Der Giardino del Cavaliere

Florenz hatte ich lange nicht mehr gesehen, und als ich jetzt vor einiger Zeit wieder hinkam, verlockte mich der laue Frühling, mir ein Fahrrad zu mieten und die Tour über den Viale dei Colli zu fahren. Seit ich nicht mehr in Florenz wohnte, war ich immer wieder mal dorthin zurückgekommen, aber daß ich mich mit dem Fahrrad auf dem Viale dei Colli gezeigt hätte, war eigentlich nicht mehr geschehen, seit es mit meiner Jugendzeit zu Ende gegangen war. Und das war ungefähr seitdem ich meine «Tre Fucili»* nach England geschickt hatte, wo dann das Auto in den gnadenlosen Wintern dort drüben schnell Rost ansetzte, beim Verkauf aber, als ich wieder abreiste, immerhin noch die heute erstaunliche Summe von zehn Shilling erzielte.

Den Viale wieder so hinaufzufahren, ließ es ganz seltsam in mir werden. Genauso seltsam mußte auch der Sultan empfunden haben, den ein Zauberer dazu gebracht hatte, seinen Kopf ins Wasser einzutauchen, und den der Zauberer im Traum dann ein langes Leben leben ließ, in dem er heiratete, seine Kinder heranwachsen sah, zu Reich-

---

* Autotyp in den zwanziger Jahren, Spitzname.

tum kam und seinen Reichtum verlor, und als der Sultan seinen Kopf wieder aus dem Wasser herauszog, vermeinte er, daß sein ganzer Daseinskreis nicht mehr als nur einen Augenblick gedauert hatte. Ich fühlte mich nämlich so, als ob ich mit meiner alten Gewohnheit, an beinah jedem Tag in der schönen Jahreszeit zum Viale dei Colli zu fahren, gar nie gebrochen hätte und die ganze vergangene Zeit, in der ich in anderen Ländern gelebt, eine Familie gegründet hatte, Vater geworden war, nur ein Traum gewesen wäre. Vielleicht kam mir der Viale mit seinen Zypressen jetzt kürzer und weniger steil vor, und wenn ich mich oben auf der Höhe unterhalb einer glyzinienverhangenen Villa doch zusammenriß und nicht nach meinem Freund «Virgilio!» rief, geschah es wirklich nur, weil der Ruf fatal gewesen wäre und unweigerlich den Zauber zerstört hätte, wenn er eben, wie anders nicht möglich, ohne Antwort geblieben wäre. Doch der Blick vom Piazzale aus auf die im leichten Nordwind blank geputzte Stadt war, wie auch Foscolos Verse ihn nicht anders beschreiben, mehr denn je ein Kleinod, eine Kostbarkeit, und die Flußbiegung dort rechts, tief türkisfarben hinter einer Tanne mit dem Incontro und Vallombrosa im Hintergrund, das hatte ich genauso gestern verlassen und fand es heute unverändert vor meinem Auge, als ob zwischen der Betrachtung aus längst verflossenen Zeiten und der heutigen die Spanne nur eines Augenblicks läge.

Ich gab mich in dieses Zauberspiel der Einbildung hinein, und es war, als machte meine Phantasie eine Erholungsreise. Aber mein Herz blieb davon unberührt, es war wie abwesend bei diesem leisen Delirium. Doch nach dem Piazzale, und als ich unterhalb von San Miniato und dann am Gelsomino weitergefahren war, spürte ich, daß ich in einen noch geheimeren Bereich eintrat; hier zerriß der Schleier der Einbildung, und nein, ich konnte nicht mehr der Junge von gestern sein, der kurz um Luft rang nach dem Anstieg und schon ganz gefangen war von einem unvordenklichen Vergnügen und dann im Blick auf den stillen, unveränderlichen Horizont wieder zu Atem kam. Hier, wo ich zu meiner Rechten die Bergkuppe des Belvedere sich auftürmen sah und dort auch den Hügelsockel, auf dem sich der Giardino di Boboli erhebt, spürte ich, daß eine Erscheinung auf mich lauerte und daß ich mich ihr mit einer Mischung aus Neugier und Furcht näherte, wie wenn man nach langer Krankheit aufsteht und zum erstenmal vor den Spiegel tritt. In einer Kehre, als ich nach dem Piazzale Galileo schon wieder abwärts fuhr, sah ich vor mir gegenüber auf der nächstgelegenen Anhöhe, vor dem Hintergrund des blauen Monte Morello, die mit Tonvasen geschmückte Mauer der Orangerie, dann die sphinxbestiegenen Pfeiler des Gittertors, und dort oben schließlich – mein Herz krampfte sich jäh zusammen – die ehrwürdige Ansicht des Giardino del Cavaliere.

Der Boboli-Garten
Kupferstich von Georg Andreas Boeckler (1644–1698)

Wer der Cavaliere nun eigentlich war, der seinen Namen dem verschlossenen Garten gab, habe ich nie versucht, in Erfahrung zu bringen.* Ich weiß, als ich klein war und mich mein Kindermädchen, es hieß Palmira, mit den buchsbaum- und zypressenbestandenen Alleen der Boboligärten und mit dem großen Teich, in dessen Mitte ein berühmter Neptun seinen Dreizack schüttelt, vertraut machte, daß uns eines Tages ein grauuniformierter Gärtner fragte, ob wir zum Giardino del Cavaliere hinaufgehen wollten. Und wir stiegen die geschwungene Treppe hinauf. Oben auf dem kleinen Platz gab es noch einen weiteren Teich mit einem grünen Bronzeaffen als Bewohner. Von dort aus weitete sich der Blick auf wieder andere Hügel mit lauter Villen und Olivenhainen, auf ein stilles, zwischen langen Hügelreihen sich dahinstreckendes Tal, das dem Kinderauge wie eine magische Landschaft erschien, in die man nur mit Zaubermitteln hineinkommen konnte. Danach schloß sich das Tor wieder hinter uns. Wir kehrten zurück in die alltägliche Wirklichkeit, zurück in den Boboli mit seinen abschüssigen Hängen und der großen Allee, dem chinesischen Pavillon und dem geflügelten Pegasus, den grünen Säulenhallen und dem kleinen See mit einer eingeschlossenen Insel, die ringsum von Statuen und Marmorstegen umgeben war. Doch der verwunschen erhabene Win-

* Emilio del Cavaliere, 1550 in Rom geboren, war später Leiter der herzoglichen Hofmusik.

kel, der Giardino del Cavaliere, blieb etwas Besonderes, etwas, das abseits liegt, wie das verschlossene Zimmer aus den Feenmärchen, das sich nur mit einem goldenen Schlüssel öffnet.

Während ich nun vom Viale dei Colli aus den Garten gegenüber – so nah, fast zum Greifen nah, und doch so fern – betrachtete, war mir, als sähe ich dort hinten auf der mir verborgenen Eingangstreppe, in dem kurzen Rechteck, dem Garten in italienischer Manier, das stumme Gebärdenspiel meines vergangenen Lebens ablaufen. Boboli blieb für mich unwillkürlich an Bilder der Liebe gebunden. Weil Palmira, wie ich andere sagen hörte und mir selbst auch schien, schön war, schließe ich nicht aus, daß letztlich gerade sie an dieser unwillkürlichen Verbindung schuld war. Wer vermag zu sagen, wie tief bestimmte Eindrücke aus der Kindheit prägen? Palmira war ein schwarzhaariges, blühendes Mädchen, und als ich zum erstenmal von Palmyrens Königin las, die im Siegeszug und beinah erdrückt von der Last ihrer Juwelen in Rom einzog, nahm diese wohlgeformte Schwester der Königin von Saba in meinen Augen Ähnlichkeit mit meiner schwarzhaarigen, blühenden Kinderfrau an. Ich stieg mit ihr die Stufen zum verschlossenen Garten hinauf. Der höfliche, graugewandete Gärtner wartete schon, um uns den Garten aufzuschließen. Dieses Bild verlor sich im Vorgeschichtlichen.

Dann stand noch ein anderer Tag wieder vor

mir auf. Sein Bild von mir war noch hinter dem verschwommenen Anblick aufbewahrt, den der Garten von hier aus, vom Viale dei Colli, bot. An dem Tag in einem regenreichen Frühling war plötzlich ein Gewitterschauer niedergeprasselt. Der Himmel klarte wieder auf, und ich stieg mit Maria die Treppe hinauf. Und erneut kam der graugewandete Gärtner, um das Tor aufzuschließen. Maria hatte auch schwarzes Haar, aber nicht wie Palmira die mythischen Formen einer heidnischen Amazone oder Halbgöttin (so erschien sie mir in der Erinnerung). Maria hatte schwarzes Haar und war anmutig in ihrer Person mit einem sonderbaren, etwas verrückten Aufblitzen in den nußbraunen Augen, und klein war Maria. Die Hügel, die man vom Giardino del Cavaliere aus sehen konnte, der zypressenbestandene Giramontino, der türmebewehrte Arcetri und die anderen, schienen, wie in einem zauberischen Diorama entschleiert, an dem Tag ein kleines Elysium zu sein, an das man hinlangen konnte, in dem man ja vielleicht schon angekommen war mitten in dieser vom Regenwasser reingewaschenen Klarheit ringsum. An Worte, die fielen, erinnere ich mich nicht mehr. Man war dort oben derart gefangengenommen von der Atmosphäre eines irdischen Paradieses, daß man Hand in Hand ging, die schmalen Kieswege zwischen den flachen Beeten entlang spazierte und ganz verträumt nur Augen für diesen Anblick hatte. Dann fiel hinter uns das

Tor wieder ins Schloß. Wir lernten noch andere einsam gelegene, traumhaft schöne Winkel in Florenz kennen, aber in keinem von ihnen hatten wir dies Gefühl, mitten in einem irdischen Paradies zu stehen.

Dann wechselte das Bild der Frau; unmerklich veränderten sich die Züge, die Augen färbten sich himmelblau, die Gestalt streckte sich, die Gesichtsfarben, blaß vorher, wurden lebhafter, zart rosig wie die Blütenblätter der Rosen, und das Haar war so schwarz wie die feinen Verästelungen des Frauenhaarfarns. Und es war auch ein anderer Frühling. Wir saßen auf dem Mäuerchen des Gartens, ihre Wangen schimmerten rosa von der prikkelnden Frühlingsluft, in der die kühle Frische des Apenninschnees mitzuwehen schien. «Ist das schön hier!» An diese schlichten Worte erinnere ich mich noch, denn Letizia machte wenig Worte, und an die paar, die sie sagte, erinnerte man sich, und in der Erinnerung an diese Worte war einem auch richtig froh ums Herz.* Schweigend lag die Tälergruppe da. Die Villen waren wie hingemalt in einer Landschaft von Benozzo Gozzoli. Denn wie ein Gobelin hing das Land vor unseren Augen, und man fühlte, es war reine Gefälligkeit, daß er dort ausgehängt war. Er konnte auch jederzeit wieder

* Das italienische Original kann mit *letizia,* lat. *laetitia,* dem Vornamen, und dem morphologisch homonymen Substantiv *la letizia,* «die Fröhlichkeit», spielen, weil die Bedeutung des Substantivs auch im Eigennamen mitschwingt.

eingerollt und im Handumdrehen den Blicken entzogen werden. Als der graugekleidete Gärtner das Tor wieder hinter uns schloß, waren wir uns nicht ganz sicher, ob er nicht an einem geheimen Schalter drehte und damit die gesamte Szenerie aus beschwingten Hügeln, hübschen Villen, festlichen Olivenhainen, die so für den Augenblick hervorgezaubert schien, um die Stimmung der Verliebten zu beflügeln, ohne eines Menschen Laut – denn immer lag diese Landschaft schweigend da – mit einem Mal verlösche.

Wie ich nun den Schauplatz meiner einstigen Lebensauftritte von der anderen, gegenüberliegenden Seite, vom Viale dei Colli, aus sah, verwischten sich mir die Zeiten und die Personen, und die verschiedenen weiblichen Gesichter flossen ineinander über zu einer einzigen Gestalt, einer Halbgöttin mit schwarzem Haar und himmelblauen Augen. Und immer wieder tauchte dieselbe Frau, derselbe Augenblick vor mir auf. Da kam mir die Frage, ob nicht der Cavaliere des Giardino eben derselbe – oder ein naher Verwandter – des Raffaelschen Cavaliere del Sogno sei, der, einmal sanft ruhend in leisen Schlummer gesunken, vor seinem geistigen Auge allegorische Frauengestalten erscheinen sieht, doch die in Schlafes Wollust schwelgenden Augen unterscheiden nicht recht, daß eine von ihnen die Tugend und die andere ihr Gegenteil ist.

ROBERT WALSER

1878–1956

■

Der Park

Wachehabende Soldaten sitzen auf einer Bank neben dem Portal, ich trete ein, zu Boden gefallene, dürre Blätter fliegen und wirbeln und rollen und rühren mir entgegen. Das ist ungemein lustig und zugleich gedankenvoll; das Lebhafte ist immer gedankenvoller als das Tote und Traurige. Parkluft grüßt mich; die vielen tausend grünen Blätter der hoch aufragenden Bäume sind Lippen, die mir guten Tag sagen: Auch schon aufgestanden? In der Tat ja, ich wundere mich selber. So ein Park, das ist wie ein weites, stilles, abgesondertes Zimmer. Übrigens ist es in einem Park eigentlich immer Sonntag, denn es ist immer ein bißchen wehmütig, und das Wehmütige erinnert lebhaft an zu Hause, und Sonntage hat es ja eigentlich nur zu Hause gegeben, wo man ein Kind gewesen ist. Etwas Elterliches und Kindliches haben Sonntage. Ich gehe weiter unter den hohen, schönen Bäumen, wie das leise und freundlich rauscht, ein Mädchen sitzt allein auf einer Bank, sticht mit dem Sonnenschirm in den Boden, hält den hübschen Kopf gesenkt und ist in Gedanken versunken. Was mag sie denken? Will sie eine Bekanntschaft machen? Eine lange, hellgrüne Allee tut sich auf, einzelne Menschen begegnen mir, die Bänke sind indessen ziemlich spärlich besetzt. Wie die Sonne so scheinen mag, so für gar nichts. Sie küßt die Bäume und das Wasser des künstlich angelegten Sees, ich betrachte ein altes Geländer und lache, weil es mir gefällt. Heutzutage ist es Mode geworden, vor alten eisernen Geländern stehenzubleiben und deren solide, zierliche Arbeit zu bewundern, was ein bißchen dumm ist. Weiter. Ein Bekannter steht plötzlich vor mir, es ist Kutsch, der Schriftsteller, er erkennt mich nicht, während ich ihn doch freundlich grüße. Was hat er? Übrigens hatte ich immer geglaubt, er sei in die afrikanischen Kolonien gegangen. Ich eile auf ihn zu, da verschwindet er mit einem Male; tatsächlich, es ist nur eine alberne Einbildung von mir gewesen, der Platz unter der hohen Eiche, wo ich ihn zu sehen glaubte, ist leer. Eine Brücke! Wie das Wasser unter der Sonne glitzert und schimmert, so zauberhaft. Aber es fährt hier niemand im Kahn, das gibt dem See etwas Verschlafenes, es ist, als ob er nur gemalt daläge. Junge Leute kommen. Merkwürdig, wie man sich an solch einem Sonntagvormittag in die Augen schaut, als ob man sich gegenseitig etwas zu sagen hätte, aber man hat sich nicht das geringste zu sagen, sagt man sich. Ein kleines, entzückend schlankgebautes Schloß ragt vor mir zwischen Bäumen in die weißlich-blaue Luft. Wer mag hier gewohnt haben? Vielleicht eine Mätresse, ich hoffe es, der Gedanke ist anziehend. Hier mag es einstmals von hohen und höchsten Herrschaften gewimmelt haben, Droschken und Kaleschen und Diener in grünen und blauen Livreen. Wie verlassen und vernachlässigt jetzt das edle Gebäude aussieht! Gottlob beachtet man es nicht, denn wenn der Baumeister käme und es mit Hilfe einer Gelehrtenbrille renovierte, man gestatte mir, diese Idee unabgewogen hinunterzuschlucken. Was ist aus uns Volk geworden, daß wir das Schöne nur noch in Träumen besitzen dürfen. Eine alte Frau und ein alter Mann sitzen da, ich gehe vorüber, auch an einem lesenden Mädchen gehe ich vorüber, es geht nicht gut an, ein Liebesabenteuer mit den Worten anzufangen: «Was lesen Sie da, Fräulein?» Ich gehe ziemlich rasch, und plötzlich bleibe ich stehen: Wie schön und still ist so ein Park, er versetzt einen in die abgelegenste Landschaft, man ist in England oder in Schlesien, man ist Gutsherr und gar nichts. Am schönsten ist es, wenn man scheinbar das Schöne gar nicht empfindet und nur so ist wie anderes auch ist. Ich blicke ein wenig zum stillen, halb grünen Fluß hinunter. Übrigens ist ja alles so grün, und grau, das ist eigentlich eine Farbe zum Schlafen, zum die Augen zudrücken. In der Ferne, von Blättern umschlossen, sieht man das bläuliche Kleid einer sitzenden Dame. Zigaretten darf man hier auch nicht rauchen, ein Mädchen lacht hell auf, sie geht zwischen zwei jungen Herren, von denen der eine sie umschlungen hält. Wieder eine Aussicht in eine Allee, wie schön, wie still, wie merkwürdig. Eine alte Dame kommt auf mich zu, das feine, blasse Gesicht von Schwarz umrahmt, diese alten, klugen Augen. Offen gestanden, ich finde es prachtvoll, wenn eine vereinzelte alte Dame durch eine grüne Allee geht. Ich gelange zu einer Blumen- und Gewächsanlage, wo auf einer hübschen Bank im Schatten ein Jude sitzt. Hätte es vielleicht ein Germane sein sollen, würde das besser gewesen sein? Eine kleine Statue steht mitten unter Blumen, es ist eine kreisrunde Anlage, ich gehe langsam rundherum, da kommt wieder das lesende Mädchen, es liest jetzt gehend, es lernt halblaut Französisch. Diese wundervolle Langeweile, die in allem ist, diese sonnige Zurückgezogenheit, diese Halbheit und Schläfrigkeit unter Grün, diese Melancholie, diese Beine, wem seine, meine? Ja. Ich bin zu faul, Beobachtungen zu machen, sehe auf meine Beine herab und marschiere weiter. Ich sage ja, Sonntage gibt es nur an Familientischen und auf Familienspaziergängen. Der erwachsene, einzelstehende Mensch ist dieses Vergnügens beraubt, er kann, wie Kutsch, jede Stunde nach Afrika abdampfen. Überhaupt, welch ein Verlust, fünfundzwanzig Jahre alt geworden zu sein. Es gibt anderes dafür, aber von diesem anderen mag ich jetzt nichts wissen. Ich bin jetzt auf der Straße und rauche und trete in eine bürgerliche Kneipe ein, und hier bin ich auch sogleich Herr der Umgebung. «Schöner Park, schöner Park», denke ich da.

LUDWIG BÖRNE

1786–1837

■

Der Garten der Tuilerien

Es ist noch gar nicht lange (erst fünf Minuten), daß ich die Ursache entdeckt, warum ich in Paris stärker, häufiger und lieber philosophiere, als ich in Deutschland getan. Es ist damit so arg geworden, daß ich, um in die Tuilerien zu kommen, den Weg über die Kritik der reinen Vernunft nehme, welches der kürzeste Weg nicht ist, sondern der längste. Ich tue es bloß aus einer hypochondrischen Ängstlichkeit für die Gesundheit meines Geistes, die mich in Paris befallen. Eine bekannte diätetische Klugheitsregel schreibt vor, man solle sich im nüchternen Zustande keinem ansteckenden Kranken nähern, sondern vorher etwas genießen; auch wird in diesem Falle angeraten, sich den Mund mit Weinessig auszuspülen. Das Philosophieren ist mein Weinessig, der mich gegen die mancherlei Seelenkrankheiten schützt, von denen man in Paris angesteckt werden kann. Man kann dort fangen: Habsucht, Unduldsamkeit, Gottlosigkeit, feinen Geschmack und des verstorbenen Ritters von Zimmermann Personal- und Nationalstolz. Diesen Übeln ist man ausgesetzt, sobald man öffentliche Orte besucht; ja das Zuhausebleiben bewahrt nicht immer vor Ansteckung, denn die emsigen

Zeitungen gehen mit Fiebern hausieren. Besucht man aber gar Salons und die Gesellschaften darin, so kann man noch gefährlichere Übel erwischen. Man wird da Liberaler, Ultra, Bauchredner, Mouchard, Corbonaro, Mitarbeiter oder Stoff des *Reveil* oder des *Miroir.* Darum rate ich jedem Deutschen, in Paris ohne Philosophie nicht auszugehen und, so oft er Gesellschaften besucht, zuvor einige *Unser Vaterland* still herzubeten. Ich kann die Deutschen versichern, daß sie nichts verloren, seitdem ich in Frankreich bin, vielmehr sehr gewonnen. Ich liebe sie jetzt, und mit der wahrsten, reinsten, uneigennützigsten Liebe – denn was könnten sie einem gewinnsüchtigen Geiste in Kunst, in Wissenschaft und im Leben mehr anbieten als die Franzosen? Aber sie haben und gewähren etwas, was den Franzosen mangelt: die Freiheit im Denken und im Fühlen. Die Zerstörung der Bastille hat in Frankreich nur die Zungen freigemacht, die Herzen und Geister sind noch eingesperrt wie früher. Wer aber diese meine Wahl nicht billigt, wer nicht gleich mir eine freie Wüste, und wäre sie von Löwen, Hyänen und Schlangen bevölkert, vorzieht einem geschlossenen Paradiese, und wäre es voll Goldäpfel und würde von Cherubim bewacht – den tadle ich nicht, aber ich beweine ihn.

Aus jener heilsamen Neigung zu philosophieren sind nicht bloß die bisherigen Betrachtungen geflossen, die gar nicht zur Sache gehören, sondern entspringt auch folgende Bemerkung, die nicht

Radierung von Abraham Bosse (1602–1667)

weniger überflüssig ist. Mit so großer Mühe lernt und lehrt der Mensch so vieles und mancherlei zu keinem andern Zweck, als um sich und andern tausend Freuden zu verderben! Die Wissenschaft gleicht einer Chaussee, die ein schmales und langes Gefängnis ist, das man nicht verlassen darf, und rechts und links liegen die schönsten Felder und Blumenwiesen. Jede Kunstregel ist eine Kette, jedes Buch ein Tor – auch im andern Sinne des Worts – das sich hinter den Eingetretenen zuschlägt. Glücklich, die nichts wissen und nichts lesen! Wäre mir Hirschfelds Theorie der schönen Gartenkunst* bekannt, würde mir der Tuileriengarten wahrscheinlich abgeschmackt erscheinen; jetzt aber gefällt er mir, und ich werde ihn sehr loben. Er ist zweckmäßig eingerichtet, und die Zweckmäßigkeit zur Schönheitsregel zu erheben ist so bequem und wirtschaftlich, daß sie gewiß in vielen Kompendien der Ästhetik als solche aufgestellt sein wird. Engländern, die das Reisen lieben und also auch gern das Bild des Geliebten vor Augen haben, ist ein Garten ein Miniatureuropa, in dessen Zügen sie einen kleinen Schaffhauser Wasserfall, ein kleines Chamonixtal, einen kleinen Golf von Neapel mit Wohlgefühlen erblicken. Auch viele andere

---

* Christian Laurenz Hirschfeld (1742–1792). Apostel der Gartenkunst für Deutschland. Seine «Theorie der Gartenkunst» erschien 1777. Er propagierte im Gegensatz zum regelmäßigen französischen Stil die «gesunde Entwicklung» des englischen Gartens.

ziehen englische Gärten vor: Verliebte, Deutsche, Philosophen, glückliche, unglückliche Menschen. Wäre aber der Garten der Tuilerien nicht, wie er ist, im besten französischen Geschmack, sondern im englischen, so wäre das sehr schlimm. Einen Trunkenbold, der täglich eine Flasche Rum trank, heilte sein Arzt – denn endlich hat man die Trunkenheit aus der Moral in die Medizin übergewiesen, und hoffentlich wird man auf diesem gutem Wege fortschreiten, bis man dahin gelangt, die Robespierresleiden nicht in der Geschichte, sondern in Hufelands Journal der praktischen Heilkunde zu beschreiben – der kluge Arzt heilte ihn auf folgende Weise. Er ließ ihn täglich so viel Siegellack in die Flasche tröpfeln, als erforderlich ist, ein Petschaft abzudrücken. Auf diese Weise ward die Flasche täglich etwas weniges voller an Siegellack und leerer an Rum, und der Trunkenbold kam allmählich zu Verstand und ohne Aufsehen zu erregen.

War in diesem Fall der Abgewöhnung von geistigem Getränk solche Vorsicht nötig, wie viel nötiger wäre sie im Fall der Angewöhnung eines geistigen Genusses, und ein Sprung hierin wäre ebenso gefährlich als der Tuileriengarten, wenn er englisch wäre. Das Herz eines echten Parisers würde krank werden durch Erkältung oder durch Erhitzung, wenn er aus dem Kunstkabinett des Palais Royal schon nach wenigen tausend Schritten in das naturgeschichtliche eines englischen Gartens träte – wenn sein Ohr, ohne Zwischensaiten, plötzlich vom Schlangengezisch des Rouletts zum Gemurmel eines Springquells, von den giftigen Locktönen einer Königin der Nacht zu den unschuldigen Liedern der Nachtigallen übersprängе – wenn sich sein Auge vom Pharaotische zu einem *bowling-green* wendete – wenn sein Gefühl aus der breiten Sonnenfläche, worauf die, gleich Grenadieren des großen Kurfürsten, nebeneinander gesteiften und gedrechselten Bäume stehen, plötzlich in das schattige Gewimmel eines frischen Wäldchens träte. So aber bleibt er gesund, denn er tritt aus dem *Palais Royal* nur in einen *Jardin Royal*. Ich will den letztern beschreiben, wie ich ihn an einem der ersten Frühlingstage gesehen.

Der Frühling kündigte sich im Garten nicht durch Blütenstaub an, sondern durch irdischen. Die Bäume hatten die Augen noch geschlossen, denn als Städter stehen sie später auf wie Landbäume. Verrückte Engländer fahren vorbei in großen Reisewagen; das Kammermädchen im seidenen Spencer inwendig, die Herrschaft unter bäuerlichem Strohhut auf dem Bocke. Sobald der Frühling kommt, verlassen die Engländer Paris, um nach der Schweiz, nach Italien oder nach England zu reisen. Ihnen ist die Reisekasse eine Spar- und Amortisationskasse. Wenn in Deutschland ein unzahlfähiger Schuldner die Flucht nimmt, um sich vor seinen Gläubigern zu retten, flüchtet ein Engländer, um seine Gläubiger zu befriedigen. Eine

Guinee ist schon in deutschen Gulden nicht aufzutreiben, in französischen Franken noch weniger. Es ist, als würde außer dem Metallwerte auch noch die Façon daran bezahlt, wie an einem Goldringe. Das reiche, glückliche Volk! Ein armer Teufel von Dichter in London, der nicht Geld genug hat, im November sein Steinkohlenfeuer zu bezahlen, schifft nach Frankreich, wärmt sich dort an der Sonne und trinkt wohlfeiler feurigen Wein als in seiner Heimat kaltes Bier. Geht es dem Schelme gar zu arg, ist er noch enger beschränkt, dann muß er freilich nach Neapel wandern, dort für einen halben Paol sein Abendmahl halten und dabei die Sonne untergehen sehen im blauen Meere! ... Ich folge dem englischen Reisewagen mit den Augen nach, die ganze Rivolistraße hinauf, bis an das Garde-Meuble, wo er umbiegt. Auf diesem Palast spielt der Telegraph. *Spielen?* Ach ja, er spielt wie eine Schlange in der Sonne. Fürchterlich, fürchterlich! Die langarmige Tyrannei! Neulich reiste ein englischer Schriftsteller von Paris nach London. Er war schon drei Tage fort, stand in Calais am Bord des Schiffes; die Segel wurden geruckt – da schoß ihm von Paris der Telegraph wie ein Blitz nach. Er wurde festgehalten und mußte, wegen Verdachts aufrührerischen Briefwechsels, vier Wochen im Kerker schmachten. Er ward unschuldig befunden. Ich habe mir vorgenommen, den *Moniteur* durchzulesen, von 1789 bis jetzt, und ein Beispiel aufzusuchen, daß je durch den Telegraphen eilende

Wohltat zugesendet, daß je Tränen durch diesen Sturmwind getrocknet, daß er je dem Verurteilten rasche Begnadigung zugesprochen. Und finde ich nur ein einziges Beispiel solcher Art, dann will ich mich mit dem Telegraphen aussöhnen. Doch ich vergesse – werden nicht neunmal jeden Monat die gezogenen Lottonummern von dem Telegraphen durch ganz Frankreich gesendet, welche Trost bringen: der weinenden Mutter unter hungrigen Kindern den Trost – sie werde glücklicher sein in der nächsten Ziehung!

An jedem der Gittertore des Tuileriengartens stehen zwei Schildwachen, ein Schweizer und ein Franzose, die sich wechselseitig bewachen und an Treue miteinander wetteifern. Es machte mir das größte Vergnügen, zwischen beiden stehend, mein weißes Taschentuch herauszuziehen und wehen zu lassen und so mit Hilfe des blauen Franzosen und des roten Schweizers ein aufrührerisches Farbentrio öffentlich zu spielen, ohne daß mir ein königlicher Prokurator etwas darum anhaben konnte. Diese armen Schildwachen sind sehr geplagt. Gewiß hatten sie in den Schlachten von Marengo und Austerlitz ihre Flinten nicht so viel hantiert, als sie es hier tun. Sie müssen nämlich vor jedem, der ein Ordensband trägt, das Gewehr präsentieren. Das endet nicht. Es ist erquickend, zu sehen, wie viele Verdienste in die Tuilerien eintreten und wie sich der abgetriebene Bandwurm immer wieder erneuert. Ich ließ es mir angelegen sein, eine Viertelstunde lang alle die zu zählen, die Ordensbänder trugen. Ich zählte zehnmalhundert Vorübergehende, und unter jedem Hundert waren neunzehn bis zweiundzwanzig Bebänderte, also jeder fünfte Mann war ein Wohltäter seines Vaterlandes! Und dazu rechne man noch die vielen, die ich im Gedränge übersehen oder die bescheiden ihren Ruhm unter dem Rocke trugen. Dann zählte ich aber auch die vielen jungen, noch blühenden Männer, auf welche der Schlachtentot schlecht gezielt und die nur einen Arm oder ein Bein verloren. Wofür haben sie gekämpft? Ich erstaunte, daß der Mensch so ein Lamm sei und daß die Menge der Verstümmelten sich nicht auch fragt: «Wofür haben wir gestritten?» – und nicht öfter, als es geschieht, den Kopf an das verlorne Bein setzen.

Unter den Bäumen stehen eine unzählige Menge Strohstühle nebeneinander gereiht; es sind *Lehn*stühle, kaum sitzt man darauf, kommt eine Frau, die Lehnspflicht einzufordern. Man zahlt zwei Sous; ist man aber ein junger Mensch vom feinsten Ton, begeht man eine Felonie, sagt keck, man habe schon gezahlt, legt zu den zwei ersparten Sous noch fünf Franken, und frühstückt gut. Schriftsteller, die statistische Notizen sammeln, müssen es sich merken, daß man in Paris zum Sitzen an öffentlichen Orten zwei Stühle gebraucht (sie können den Strohbedarf und den Ackerbau darnach berechnen); nämlich einen zum Sitzen und den andern die Füße darauf zu stellen. Man erkennt

Ausländer, die erst in Paris angekommen, leicht daran, daß sie mit herabhängenden Füßen sitzen. Auch unterscheiden sich durch die Art des Sitzens die Ehemänner von den Anbetern ihrer Weiber. Erstere sitzen *neben* den Frauen, und haben, wie diese, ihre Füße auf dem Fußstuhle gestellt. Die Anbeter hingegen sitzen *vor* den Angebeteten, ihnen zu Füßen auf dem Fußstuhle, unterhalten sich mit ihnen französisch (in linguistischer und sittlicher Bedeutung des Wortes), und wenden der Allee und der Welt darin den Rücken zu. Frauenzimmer, deren Herz Ferien hat, bereiten sich, wie brave Studenten, auf das kommende Sommer- oder Wintersemester gehörig vor, indem sie die vorübergehenden Herren fleißig ansehen und sich die wichtigsten Paragraphen notieren. Dies ist eine löbliche Sitte: denn die Schamhaftigkeit wird durch nichts mehr gestärkt als durch ihre Verletzung, nämlich durch Abhärtung derselben. Man braucht im Garten der Tuilerien gar nicht eitel zu sein, sondern nur fremd, um sich vorzuschmeicheln, man habe die schönsten Eroberungen gemacht in der Weiberwelt... Eine bürgerliche Frau geht vorbei und fordert Kupfergeld ein; sie trägt etwas versteckt und achtsam unter ihrer weißen Schürze. Bettelt sie für einen Säugling, den sie mütterlich gegen Wind und Sonne schützt? Nein, sie trägt unter ihrer Schürze eine Art Gebackenes, das so leicht ist wie gebackene Luft. Es heißt: *Plaisirs des Dames*. Das muß schnell und verhüllt herumgetragen werden, damit es nicht kalt werde. *«Des plaisirs, mes Dames! Des plaisirs!»* ruft sie im Fluge, und wie im Traume schwebt sie vorüber.

Wie der Tuileriengarten für die Mikropolitiker, für die Glücksritter und Glücksfußgänger ein Marktplatz ist, auf dem sie kaufen und verkaufen, so ist er für die Makropolitiker ein schöner Paradeplatz, auf dem sie exerzieren und exerzieren sehen. Sechs Zeitungsbuden liefern patriotischen Herzen täglich das nötige Brennholz. Ihr tretet heran, nehmt, ohne ein Wort zu sprechen, ein beliebiges Blatt, geht lesend spazieren, so lange es euch gefällt, bringt dann das Blatt zurück und bezahlt einen Sous dafür...

Der Garten wird auf beiden Seiten, seiner Länge nach, von zwei gemauerten Terrassen begrenzt. Die eine, längs der Seine, gewährt eine herrliche Aussicht auf den Strom, auf die Brücken und den Palast der Volksdeputierten, der, nach dem Schlage, der ihn neulich getroffen, auf der linken Seite gelähmt ist. Die andere Terrasse führt die Straße Rivoli entlang und heißt die *Terrasse des feuillants,* weil bis zur Revolution das Kloster der Feuillants da gestanden. In diesem Kloster hatte die Nationalversammlung ihre Sitzungen. Zu jener Zeit, vor der Hinrichtung des Königs, beliebte es dem Volksmutwillen, jene Terrasse mit einer dreifarbigen Schnur von dem übrigen Garten abzustecken, und er nannte sie *le pays national,* zum Unterschiede des *pays de Coblence.* Wehe dem Bürger, der im *pays de Coblence* spazierenging, er wurde für einen Aristokraten angesehen und mißhandelt. Ein junger Mann, dem diese geographische Einteilung noch unbekannt war, stieg in das Coblenzer Land hinab. Zusammenlauf, wütendes Geschrei, Verderben drohende Gebärden. Da merkte der Unwissende, was er begangen, kehrte zurück, zog seine Schuhe aus und wischte den Staub von den Sohlen. Jubel, Beifallklatschen, und der Jüngling wurde im Triumphe fortgeführt. Am Fuße dieser Terrasse, da wo sie sich senkend in Gestalt eines Hufeisens ausgeht, innerhalb des Kreisschnittes, liegt ein Platz, mit Stühlen und Bänken versehen, den nennt man *La petite Provence,* weil die Mittagssonne, deren Strahlen sich frei und ungehindert an der Mauer brechen, dort eine Wärme verbreitet, die in Wintertagen in jene südliche Provinz Frankreichs versetzt. Da ist der tägliche Sammelplatz vieler hundert Kinder mit ihren Müttern oder Wärterinnen. Man denkt gern nicht daran, daß dort auch viele Frauen mit Adoptivkindern sitzen und die empfindsame Mutterliebe spielen, um Adoptivväter anzulocken – man vergißt das gern, um, des Pariser Kunstlebens voll und satt, sich in der reinen Kinderwelt zu erfrischen. Aber auch diese Erquickung ist matt. Zu verderben war die Kindernatur nicht, aber sie auch steckt in einem verzierten Etui, und man muß sie herausziehen. Da haben sie ein Spiel, *la corde* genannt. An einem Stricke sind an beiden Enden hölzerne Handhaben befestigt, daran faßt man ihn, schlägt ihn unter die Füße durch und springt so darüber. Es hieße die Romantik zu weit treiben, wenn man tadeln wollte, daß diese Stricke keine rohen Natur- und Galgenstricke sind, sondern feine Schnüre, wie sie sich ein türkischer Strangulat von Stande nur wünschen mag. Aber das folgende ist ärgerlich. Nämlich außer jenen kleinen Schnüren zu Selbstsprüngen haben sie auch lange Gesellschaftsstricke, die an beiden Enden von zwei kleinen festgehalten werden und worüber alle anwesenden Springdilettanten mit größerer oder kleiner Fertigkeit springen, sowohl vorwärts als rückwärts. Da bildet sich nun ein Zuschauerkreis von Erwachsenen, und man sieht dann sechsjährige Mädchen in der Koketterie debütieren und den Beifall der Umstehenden, als spielten sie bei Franconi, mit anmutigem Lächeln fordern und einziehen.

Jetzt sinkt hinter den elyseischen Feldern die Sonne unter, auch hier herrlich! Denn die Königin der Erde geht in ruhiger Majestät vorüber, unbekümmert, was sie mit ihren Blicken begegne, Paradiese, Schlachtfelder oder den Spielwarenmarkt von Paris – sie lächelt nicht minder, sie zürnt nicht mehr. Es wird getrommelt, und die große Wache des Gartens tritt heraus. Sie laden scharf, mit Geräusch und Gepränge, damit es jeder erfahre, daß der wachende Mond am Thronhimmel die nächtlichen Schritte der Räuber beleuchte. Dann sondern sich etwa zwanzig Mann ab und stellen sich zehn Schritte auseinander, eine Linie durch die ganze Breite des Gartens ziehend. Darauf schreiten sie mit kleinen und langsamen Schritten vor, das Volk vor sich hertreibend. Zurück darf keiner, und so wird in wenigen Minuten der Garten ausgekehrt. Dann werden die Tore geschlossen, und Todesstille herrscht um den Palast. Wehe dem Betrunkenen, dem Unachtsamen oder Unwissenden, der in der Nähe der Tuilerien während der Nacht der fern zurufenden Schildwache nicht gleich antwortet. Dieses Versäumen hat erst vor wenigen Tagen einem Jüngling das Leben gekostet; die Kugel traf ihn ins Herz. O die unselige Herrschaft, die, einer exotischen Pflanze gleich, in fremden Schiffen hergebracht, von Hofwärme ausgebrütet, von der Gießkanne lohnsüchtiger Gärtner begossen, vor jeder Wolke, vor jedem Lüftchen zitternd, ein ängstliches Treibhausleben führt! Wie besser ist die andere, die, gleich einer deutschen Eiche, in der Liebe des Volks wurzelt, von der Sonne geboren, vom Himmel selbst befruchtet, die der naschenden Axt freundlich wehrt und dem Sturme mit Macht widersteht!

RAMÓN JOSÉ SENDER

1902–1982

■

Mary-Lou

Ich hielt mich in San Diego (Kalifornien) auf und logierte im «Bel Mar» (unsinnige italienisch-spanische Mischung!), einem eher schummerigen Hotel mit allerlei tropischem Zubehör, welches so recht dazu angetan war, Sehnsüchte aus Kindertagen wachzurufen. San Diego ist keine tropische Gegend, aber sie gibt sich diesen Anschein. Das Hotel hatte einen Innenhof mit wunderlicher Ausstattung und richtigen Palmen, und hohe Bananenstauden mit breiten dunkelgrünen Blättern überragten dichtes Bougainvillea-Gebüsch. Einer der Mauern entlang war ein riesiger Vogelkäfig mit mehr als hundert Wellensittichen.

Diese Vögelchen plauderten wie menschliche Wesen, immer ganz leise, aber auf einmal sagten sie irgendeinen kurzen Satz ganz deutlich. Auf englisch. Der häufigste war: *«Such a dog»,* «Was für ein Hund!» Dort trieb sich nämlich ein winziges Chihuahua-Hündchen herum, das sich allerdings laut und wild gebärdete, mich jedenfalls immer anbellte, wenn es mich sah. Die Wellensittiche hatten diesen Satz oftmals von den Hotelgästen gehört, die dort ein- und ausgingen. Dem Hund mußte wohl von seinen Vorfahren her Spanisches irgendwie vertraut sein, und darum bellte er mich stets wütend an.* Er hatte es ganz offensichtlich auf mich abgesehen, als erinnere er sich an die hungernden Soldaten in Hernán Cortés' Heer, die auf dem entbehrungsreichen Eroberungszug Tausende seiner Vorfahren aufgegessen hatten. Es hörte sich an, als wolle er zu mir sagen: «Hier nützt dir alles nichts, spanischer Hungerleider, hier sind wir in Kalifornien, USA, hier gibt es Gesetze, die uns vor Hundefressern im allgemeinen und Spaniern im besonderen schützen.»

San Diego ist eine ganz moderne Stadt, fängt unten am Meer an und steigt von Hügelzug zu Hügelzug empor bis zu einer riesigen Parkanlage. Mit den neuen Überbauungen ist der Flughafen immer mehr ins Stadtinnere gerückt, und nun fliegen die Passagiere auf Balkonhöhe der hohen Hotelgebäude ein.

Ich ging jeden Vormittag in den Park und setzte mich auf eine Bank mit Sicht auf das ferne Meer. Eines Tages kam ein etwa achtjähriges Mädchen mit einem Kinderwagen, in dem es vermutlich eine große Puppe spazierenführte. Der Wagen war alt und wackelig; der Lack war abgeblättert, Risse im Tuch waren vernäht oder mit Flicken ausgebessert. Er sah aus wie von einer Müllgrube. Immerhin ließ sich das Dach auf- und hinunterklappen, wenn auch mit einiger Mühe, und die Räder drehten sich

* Der Autor floh aus Franco-Spanien und war Professor in Kalifornien.

in den Achsen, allerdings nur mit lautem Kreischen.

Ich saß, wie gesagt, auf einer Bank und zeichnete zum Zeitvertreib in ein Heft. Das Mädchen kam näher und sagte: «Darf ich schauen?»

Ich zeigte ihr, was ich hingekritzelt hatte, sie neigte den Kopf von einer Seite auf die andere und meinte schließlich: «Am besten gefällt mir der Elefant.»

Ich hatte aber nirgends einen Elefanten gezeichnet, vermutlich ließ sie eine leere Stelle zwischen den Linien der Baumstämme die Umrisse des Dickhäuters erahnen. Ich brauchte ziemlich lange, bis ich merkte, was sie gesehen haben könnte. Um etwas zu sagen, fragte ich: «Wie heißt du?»

«Mary-Lou.»

Wir schwiegen ein Weilchen. Vor uns lag glatt wie ein blaugrüner Teppich eine riesige viereckige Rasenfläche. Darum herum standen Bänke, auf einigen saßen Grüppchen von zwei oder drei Personen. Mary-Lou sagte zu mir: «Darf ich mich zu dir auf die Bank setzen?»

«Ja, Mary-Lou.»

Sie setzte sich sogleich hin, und natürlich fiel dabei ein Buch, das ich neben mich hingelegt hatte, auf den Boden. Sie entschuldigte sich, nahm es auf und legte es wieder an seinen Platz. Ich zeichnete weiter, sie seufzte, strich sich eine Haarsträhne hinter das Ohr und sagte: «Ist mein Name nicht schön?»

Ich bejahte. Das Mädchen trug ein Bikini, so daß es fast nackt war, und der kleine Büstenhalter hatte noch überhaupt nichts zu halten.

«Kommst du jeden Tag in den Park? Arbeitest du nicht? Ah, ich sehe schon, du zeichnest Elefanten. Mein Vater ist Fensterputzer.»

Sie sagte es mit hörbarem Stolz.

Wir freundeten uns sogleich an. Trotzdem behandelte ich sie wie beiläufig, schenkte ihr kaum Beachtung und lobte ihre kindliche Schönheit in keiner Weise, auch bemühte ich mich, meiner Stimme keinen besonders liebenswürdigen Ton zu geben.

Im Kinderwagen führte das Mädchen nicht etwa eine Puppe spazieren, sondern sein Schwesterchen aus Fleisch und Blut, ein widerspenstiges und ungebärdiges Kind. Mary-Lou mußte etwa achtjährig sein, ihr Schwesterchen noch nicht drei.

Als wir uns am nächsten Tag wieder auf derselben Bank trafen, sah ich, daß sie sich für mich interessierte. Auch ich hatte mich vom ersten Augenblick an für sie interessiert. Sie hatte natürlich gemerkt, daß ich sie gern hatte, und beide verbargen wir unsere Zuneigung – jedes auf seine Weise.

Das Kleine wollte Pipi machen, aber Mary-Lou gab ihm von meiner Bank aus hartherzige Befehle: «Warte, bis wir zu Hause sind!» Dann schaute sie mich an: «Findest du nicht auch?»

«Nein, nein», sagte ich, «es kann doch überall Pipi machen. Es ist doch noch so klein.»

Mary-Lou nahm es aus dem Wagen, trug es unter einen Baum und schaute mich an: «Hier?»

«Ja.»

Dann entwischte das Kleine. Mary-Lou lief ihm nach. Barfuß und fast nackt pfeilte es wie ein Eichhörnchen über den Rasen davon, bis es endlich von Mary-Lou eingeholt wurde. Mit einem zweiten Heft von mir, das sie in der Hand hielt, schlug sie ihm ein paarmal auf den Kopf, von hoch oben herab, als wolle sie es totschlagen. Das Kleine weinte nicht. Vielmehr versuchte es, Mary-Lou an einem Bein zu halten und zu beißen, aber meine Freundin kannte seine Absichten und wich aus. Dann rief sie mich um Hilfe, und ich ging hin, packte das Schwesterchen an einem Knöchel, hob es in die Luft und trug es so zum Wagen zurück. Es weinte nicht, es war offenbar vom Leben schon ziemlich abgehärtet. Es wunderte sich wahrscheinlich, daß jemand es auf diese Weise in der Luft baumeln ließ.

Es blieb still im Wagen sitzen, war aber sichtlich beleidigt.

Ich sagte zu ihm, es solle schlafen, und kurze Zeit später – das Kind hatte weder geweint noch aufbegehrt – war es eingeschlummert. Anscheinend hatte ich es hypnotisiert.

Dann erzählte mir Mary-Lou von ihrem Schwesterchen: «Es ist ein böses Ding.»

«Nicht besonders. Immerhin weint es nicht.»

«Ach, du kennst es noch nicht. Es weinte nicht,

als du es packtest, weil es überlegte, wie und wo es dich erwischen könnte, um tüchtig zuzubeißen.»

Sie zeigte mir frische Spuren, eine auf dem Arm und eine auf dem Oberschenkel, wo die Haut durchgebissen war. Dann sagte sie, es sei sehr klug von mir gewesen, das Kind an einem Bein zu packen und kopfabwärts zu tragen. So konnte es mich nicht beißen. Sie redete von ihrer Schwester wie von einer Wildkatze oder einem Skorpion.

An einem Vormittag kam ich später als sonst in den Park. Mary-Lou war nicht da. Aber es dauerte nicht lange, bis sie mit ihrem häßlichen Kinderwagen erschien. Sie sah sehr ernst und düster aus. Sie ließ den Wagen vor mir stehen und setzte sich neben mich. Dann seufzte sie, schaute mich glücklich an und sagte: «Ich glaubte schon, du würdest nicht kommen. Ich meine, heute.»

«Ich hatte noch zu tun, Mary-Lou.»

Sie dachte wohl darüber nach, was für eine Arbeit ich haben könnte. Vielleicht war ich Fensterputzer wie ihr Vater? Ich mochte das kleine Mädchen gern, obwohl es nicht ausgesprochen hübsch war. Es hatte zwar einen wohlgeformten Körper, die weiblichen Rundungen deuteten sich an, aber sein Gesicht hatte etwas Gewöhnliches, es hatte trotz der lebhaften Augen wenig Ausdruck.

Mary-Lou schaute mich an und lachte grundlos – ein wenig zu oft; vielleicht dachte sie daran, was man ihr im vergangenen Winter in der Schule gesagt hatte: «Sprich nicht mit Leuten, die du nicht kennst; und wenn du sprechen mußt, zeige dich *cold, calm and collected.*» Das heißt soviel wie «kalt, ruhig und gelassen». Ich hätte Lust gehabt, ihr schönes Haar und ihre Wangen zu streicheln (es kostete mich Überwindung, nicht ihren hübschen kleinen Hintern zu tätscheln). Aber wahrscheinlich wäre eine solche aus unschuldigem Wunsch entsprungene Liebkosung – ich liebte Mary-Lou, wie man eine Katze, einen Strauch oder eine Grille liebt – doch nicht frei von irgendeinem Anflug von Wollust gewesen. Mary-Lou hielt sich in ihren Worten zurück wie ich mich in meinen Gebärden. So ist das Leben.

«Du kommst sehr früh in den Park», sagte ich zu ihr.

«Meine Mutter schickt mich von zu Hause weg. Sie gibt mir das Frühstück, und dann schickt sie mich fort.»

«Wann gehst du wieder heim?»

«Bevor es dunkel wird. Wenn die Sonne hinter jener Palme untergeht.»

«Und wo ißt du zu Mittag?»

«Hier herum.»

«Hast du Geld?»

Mary-Lou griff mit der Hand unter ihr Bikini, schob es nach unten – womit sie, ohne zu wollen, ihre rechte Hinterbacke halb entblößte – und zog eine Fünfundzwanzig-Cent-Münze heraus: «Das ist für den Lunch für meine Schwester und mich. Ich kaufe eine Packung *chocolate-milk* mit zwei

Trinkhalmen, und sie saugt auf der einen Seite und ich auf der andern.»

Wir schauten uns an, ohne etwas zu sagen.

«Meine Mutter sagt, im Park könne man gut wachsen.»

«Das ist wahr, Mary-Lou. Siehst du, wie groß die Bäume hier sind?»

«Mein Name ist schön, nicht wahr?» wiederholte sie.

«Nicht nur dein Name. Auch du bist schön.»

Sie lächelte, war ganz aufgeregt, außer sich, so daß das Näschen sich ein wenig rümpfte. Sie wußte nicht, was antworten. Endlich fand sie das richtige Wort: «Danke.»

«Wem gleichst du mehr? Deinem Vater oder deiner Mutter?»

Sie zögerte und sagte nach einer Weile: «Die Nachbarn finden, ich gleiche dem Polizisten in unserem Quartier, dem mit dem Fahrrad.»

«Soso.»

Es war unverkennbar, wir redeten wie dicke Freunde miteinander, aber ohne jegliche Kokette-rie ihrerseits und ohne sichtliche Zärtlichkeit meinerseits. Das war für sie nichts Besonderes, denn von zu Hause her war sie Zärtlichkeit nicht gewöhnt. Ich spürte aus ihrer Sprechweise die eintönig karge und schnöde Lieblosigkeit im Umgang mit ihren Eltern. Vielleicht war es besser für sie, von ihnen keinerlei Weichheit und Sanftheit zu erfahren. Das Leben würde vermutlich wenig

Rücksicht auf sie nehmen, und ihre Eltern erzogen sie unbewußt in angemessener Weise, nämlich für die schonungslose Rauheit im Umgang.

«Einmal», sagte sie, «kaufte ich statt *chocolate-milk* Wassermelone, und dann mußte ich erbrechen.»

«Es ist sicher besser, du kaufst immer Milch. So mußt du nicht erbrechen.»

Ich glaubte, das Schwesterchen schlafe, aber dem war nicht so, denn manchmal drehte es auf dem Kissen den Kopf mir zu – es lag immer auf dem Bauch – und schaute mich argwöhnisch und hinterlistig von der Seite an. Es lutschte am Daumen, aber trotzdem war etwas Frühreifes und Erwachsenes an ihm.

«Dein Schwesterchen ist ein liebes Kind», wiederholte ich, «es weint ja gar nie.»

«Jetzt weint es nicht, weil es Angst hat, du könntest es wieder am Fuß packen und in der Luft baumeln lassen. Mit dir ist nicht zu spaßen. Es kann dich nicht beißen.»

«Ah, ich verstehe. Weint es denn zu Hause?»

«Und wie! Es ist sehr *bitchy*» (damit meinte sie, es winsle wie die Hunde). «Mit Weinen bekommt es immer, was es will.»

«Und was machst du, wenn es weint?»

«Ich verhaue es.»

«Wie?»

«Ich haue ihm auf den Hintern. Oder auf den Kopf.»

«Und weint es dann nicht noch mehr?»

«Nein. Dann ist es still. Wenn ich es verhaue, ist es still.»

Ein seltsames Geschöpf, dieses Schwesterchen.

Ein Eisverkäufer kam mit seinem Wagen vorbei und läutete die Glocke. Ich bot Mary-Lou ein «Cornetto» an, aber sie wollte lieber ein Schokolade-«Skimo». Als sie es bekommen hatte, hielt sie es mir hin, damit ich zuerst daran schlecken könne, worauf ich noch eines für mich kaufte. Jedem das Seine. Ich deutete auf das schlafende Schwesterchen, aber Mary-Lou sagte, ihre Mutter wolle nicht, daß es etwas anderes außer Milch bekomme, sonst werde es krank. Einmal habe sie ihm Popcorn und Wassermelone gegeben, und da habe es auch erbrechen müssen. Dann sagte Mary-Lou noch: «Wenn es erwacht und sieht, daß wir essen, fängt es an zu weinen. Aber wir lassen es einfach weinen.»

«Einverstanden.»

«Es soll ruhig wütend werden. Schließlich bist du nicht mit ihm befreundet, sondern mit mir. Es soll ruhig wütend werden!»

Ich wollte nicht, daß das Kind wütend werde, und sagte, während ich an einer Ecke meines «Skimo» den harten Schokoladeüberzug abbiß: «Ich werde es beruhigen, wenn es weint. Jetzt essen wir einmal unser ‹Skimo›, bevor es etwas merkt.»

Wir schleckten also genießerisch und geschäftig,

aber das Schwesterchen erwachte. Es schlief immer nur eine Weile – wie die Katzen. Es setzte sich auf und schaute uns von seinem schäbigen Thron aus unter dem schiefen und verblichenen Wagendach hervor argwöhnisch an. Sein Näschen zitterte. Der Schokoladeduft war bis dorthin gedrungen. Mary-Lou leckte sich unvorsichtigerweise die Lippen ab, und das Schwesterchen begann zu wimmern.

«Weine ein bißchen lauter», sagte ich zu ihm, «damit wir dich besser hören.»

Es sperrte seine Äuglein weit auf – wie ein weißes Käuzchen sah es aus – und nahm einen zweiten Anlauf.

«Das ist doch gar nichts. Viel lauter, *my child*. Weine, so laut du kannst. Oder kannst du etwa gar nicht weinen?»

«Und ob es kann!» sagte Mary-Lou.

Es paßte Mary-Lou gar nicht – sie war schon eifersüchtig –, daß ich ihr Schwesterchen *«my child»* nannte. Das Kleine zog es nun vor, sich wieder auf den Bauch zu legen, aber es drehte den Kopf und schaute mich verständnislos von der Seite an. Offenbar fand es: «Bei diesem Kerl nützen alle Schliche nichts.» Aber Mary-Lou schien gar nicht überzeugt, daß mein Vorgehen erfolgreich sei. Das heißt, sie glaubte mir schon, behielt sich aber vor, mir nicht so viel Erfahrung zuzutrauen wie ihrer Mutter, die jeweils das Kleine ganz gehörig verprügelte. «Die Tat ist beweiskräftiger als

Worte», schien sie zu denken. Es wäre ihr recht gewesen, wenn ich ihre Schwester so richtig verhauen hätte.

«Hast du noch mehr Geschwister, Mary-Lou?»

«Nein, meine Mutter möchte keine mehr, und sie bereut es, daß sie uns beide gehabt hat.»

Ich fragte mich, wie weit wohl das Kind über so wichtige Dinge Bescheid wußte.

«Meine Mutter möchte eben am liebsten immer allein sein.»

Als Mary-Lou sah, daß das Kleine wieder den Kopf hob und aus dem Wagen klettern wollte, nahm sie das Buch in beide Hände und fragte mich: «Soll ich ihm das Buch über den Kopf schlagen?»

Ich erschrak und nahm ihr das Buch weg. Sie hatte aber sofort das Heft in der Hand: «Und das Heft?»

«Nein, auch das nicht.»

Jetzt fing das Kleine so recht aus voller Kehle zu plärren an. Seine Schwester hob es aus dem Wagen, setzte es auf den Boden, griff mit der Hand ans Höschen, und als sie festgestellt hatte, daß es trokken war, verzog sie den Mund: «Ich kenne es, es plärrt nur aus Bosheit.»

Mary-Lou ging hin und her und wußte nicht, was tun. Es war eben schon so: das Kleine wurde allmählich zu groß für ein Kindermädchen wie Mary-Lou.

«Bringe es zu mir», sagte ich.

Meine Freundin nahm ihr Schwesterchen ohne

jegliche Herzlichkeit in die Arme, hob es vom Boden auf und setzte es mir auf die Knie.

Das Kleine hörte sogleich auf zu schreien. Es hatte offenbar entsetzliche Angst vor mir. Ich traute ihm nicht und zog meinen nackten Unterarm aus der Reichweite seiner Zähne.

Es bestand kein Zweifel: dieses Teufelskind schätzte seine Möglichkeiten ab, und als es merkte, daß es keine gab, fing es aus lauter Enttäuschung wieder zu plärren an.

«Wie gut du weinen kannst. Sehr gut, sehr gut, aber viel lauter.»

Es hörte sogleich wieder auf und schaute mich mit finsterem Ernst an, das heißt, mit einem Gesichtsausdruck, der zur Überlegung einer erwachsenen Person hätte passen können: «Ist dieser Kerl eigentlich verrückt?»

Ich dachte derweil bei mir, daß die schmerzhafteste Bißwunde (die entzündlichste unter den ungiftigen) die von Menschen ist, ob von Erwachsenen oder von Kindern. Das wußte Mary-Lou noch nicht.

So zog sich der Vormittag hin. Mary-Lou erzählte mir, während sie eine Windel unter das Kinn klemmte, um sie leichter zusammenfalten zu können, sie sei einmal gratis in den Zoo eingelassen worden.* Vor dem Affenkäfig habe sie gesehen,

* Wie in früheren Jahrhunderten – so war der «Jardin du roi», der erste botanische Garten in Paris, verbunden mit einem Tiergarten – ist San Diegos Stadtpark zugleich ein Zoo.

daß eine Affenmutter ihr Junges in den Armen hielt, das noch gar keine Haare hatte und ausgesehen habe wie ihre Schwester, nur *cuter* (also affenhafter, was nicht weiter verwunderlich war). Am besten gefielen ihr im Zoo – abgesehen von den Affen, die ihre nackten Jungen mit den großen anliegenden Ohren und dem verängstigten Gesichtsausdruck in den Armen hielten – die frei auf den Wegen umherlaufenden Hühner mit ihrer Schar piepsender Küken um sich herum.

Ganz verzückt erzählte sie mir, wie die Küken sich aufnehmen und streicheln ließen und die Hennen sich dabei gar nicht aufregten, sondern einfach warteten. Sie fraßen ihr sogar Maiskörner aus der Hand. Auch ein großer Bär hatte ihr gefallen; der machte allerlei Kunststücke und Späße, wenn ein Autobus mit Touristen anhielt und der Chauffeur ihm zurief: «He, Joe, komm, zeige etwas, damit meine Freunde lachen können. Los, Joe!»

Der Bär richtete sich dann auf und grüßte ganz militärisch, danach stützte er sich auf die Vorderpfoten, machte einen Kopfstand und streckte den häßlichsten Teil seines Riesenkörpers in die Luft – *«Ursus horribilis»* stand auf einem Schild –, und wenn er guter Laune war, schlug er noch einen Purzelbaum. Die Leute lachten, und der Bär brüllte; man wußte nicht, ob aus Freude oder aus Wut. Der Chauffeur warf ihm dann einen Apfel hin, den er in der Luft auffing wie ein Baseball-Catcher.

Aber es gab auch Tiere im Zoo, die Mary-Lou gar nicht gefielen, zum Beispiel eine Rattenart aus Australien, die so groß war wie Schweine. Ich hatte sie auch schon gesehen, und sie waren mir vorgekommen wie Mäuse, die man durch ein riesiges Vergrößerungsglas zwanzig- oder dreißigmal größer sieht. Es gab welche, die siebzig oder achtzig Kilo schwer waren.

Angriffslustig sahen sie nicht aus, das nicht. Auch waren sie rundum von einer Mauer eingeschlossen, die sie nicht ersteigen konnten. Trotzdem hatte Mary-Lou Angst vor ihnen gehabt.

Eines Morgens kam ich wieder einmal vor Mary-Lou in den Park. Ein Mädchen in ihrem Alter, vielleicht etwas jünger, in schönen Kleidern (sogar mit Lackschuhen und weißen Socken) setzte sich zu mir auf die Bank und schaute mir beim Zeichnen zu. Schon erschien Mary-Lou mit ihrem wackeligen Kinderwagen, sah, daß ihr Platz besetzt war, ließ ihr Schwesterchen stehen und rannte zu mir. Sie stieß das Mädchen von der Bank, so daß es auf alle viere auf den Boden fiel, und sagte empört zu mir: «Ist es nicht wahr, daß dieser Platz mir gehört? Sage es ihr!»

«Es ist wahr», sagte ich zum andern Mädchen, «dieser Platz gehört Mary-Lou.»

Sie ging weg, drehte aber nochmals den Kopf und schaute mich verwundert an. Meine Freundin setzte sich glücklich und zufrieden neben mich, rutschte zurecht und nochmals hin und her. Dann ging sie doch ihren Kinderwagen holen, aber nicht ohne mir vorher einzuschärfen: «Halte mir den Platz frei! Laß kein anderes Mädchen hin.»

Aha, die Sache wurde ernst. Sie hatte nicht gesagt: «kein anderes Kind», sondern: «kein anderes Mädchen».

Ich habe schon erzählt, daß vor unserer Bank ein riesiger rechteckiger Rasen wie ein Teppich dalag, so gleichmäßig und kurz geschnitten war er.

Dort erschien ein sonnengebräunter weißhaariger Mann – fünfundsiebzig Jahre alt war er mindestens –, sein Rücken war von der Last der Jahre gekrümmt, aber er war jugendlich und sportlich gekleidet.

Er betrat das Rasenviereck, stellte sich in die Mitte und begann sich auszuziehen, als wäre er ganz allein. Zuerst das kurzärmelige Hemd (seine knorrigen Arme waren dunkelbraun), dann das Unterleibchen. Auf seinem gebeugten Rücken zeichnete sich jeder Wirbel ab und machte alle Verkrümmungen deutlich sichtbar. Wie sein Gesicht waren auch seine Brust, seine Arme und sein Rücken von der Sonne fast schwarz gebrannt.

Aber er war noch nicht fertig. Er löste die Gürtelschnalle, knöpfte den Schlitz auf und zog die Hosen aus – nicht ohne Anzeichen von Entsetzen von seiten der Zuschauer. Danach schlüpfte er aus den Schuhen und den Socken. Seine Kleider legte er auf ein Häufchen auf den Boden, dann setzte er sich daneben und überließ seinen alten Körper der Neugier der Menschen und den Strahlen der Sonne. In den Unterhosen.

Der Alte war rasiert und seine Unterwäsche reinlich. Er saß da, drehte den Kopf nach rechts und nach links und murmelte einzelne Wörter vor sich hin, die jedoch nur undeutlich bis zu uns drangen. Als Mary-Lou meine Neugier bemerkte, sagte sie: «Ich glaube, es ist ein Pfarrer.»

«Ein Pfarrer?»

«Ja, aber ich weiß nicht, von was für einer Religion.»

Der Alte murmelte weiter Sätze vor sich hin, und wenn es ihm verleidete, mit sich selbst zu reden, streckte er sich auf dem Rasen aus und lag lange Zeit an der Sonne da. Schließlich richtete er sich mit eckigen krebsartigen Bewegungen unbeholfen wieder auf und ging auf eine Bank am Rande des Rasens zu, auf der drei Personen saßen. Er runzelte die Stirn und schien ganz verärgert. In einer Entfernung von acht oder zehn Schritten blieb er stehen und fing mit etwas quietschender, aber doch kraftvoller Stimme zu reden an: «‹Ich werde euch heimsuchen und vor Gericht holen; ich werde Zeuge sein gegen Verführer und Ehebrecher; gegen alle, die falsches Zeugnis ablegen; die Tagelöhnern, Witwen und Waisen ihren gerechten Lohn vorenthalten; gegen alle, die Fremde gering achten und mich nicht fürchten›, sagt Jehova, der Herr der Heerscharen.»

Ich wußte nicht, ob ich lachen sollte oder nicht.

Mary-Lou hörte gelassen zu, es war nicht das erstemal, daß sie ihn hörte. Selbst wenn es das erstemal gewesen wäre – Mary-Lou wunderte sich über gar nichts.

Auf der Bank saßen drei ältere Leute, zwei Männer und eine Frau. Wäre es ein Liebespaar gewesen, hätten sie das mit den «Ehebrechern» vermutlich als eine Frechheit empfunden. Jene drei Personen aber lächelten freundlich – trotz der strengen und gebieterischen Miene des Alten, der sich nun einer andern Bank zuwandte (unmittelbar neben der meinen), auf der zwei Frauen saßen, eine ältere und eine jüngere. Der Alte blieb in der gleichen Entfernung vor ihnen stehen, hob den sonnenverbrannten Arm und schrie: «Sie sahen Hochmut und Lügen und falsche Voraussagen. Jene sagen: ‹Jehova hat gesprochen›, aber Jehova hat sie nicht gesandt: die Erfüllung des Wortes läßt auf sich warten. Waren nicht alle eure Weissagungen eitle Visionen und Lügengespinste, so oft ihr auch saget: ‹Jehova hat gesprochen›; denn ich habe nicht gesprochen. Deswegen hat Jehova, der Herr, so gesprochen: ‹Weil ihr so viel eitles Geschwätz verbreitet und eure Visionen Lügengebilde sind, darum stehe ich auf gegen euch›, sagt Jehova, der Herr.»

Ich dachte bei mir: «Jetzt kommt er zu uns. Was hat er wohl uns zu sagen?»

Und so war es auch. Er stand vor uns still und sagte: «Was immer von euren Brüdern, die in dieser Stadt wohnen, an Streitfällen auf euch komme, zwischen Blut und Blut, Gesetzen und Vorschriften, Statuten und Rechtssätzen, ihr sollt sie ermahnen, daß sie sich nicht gegen Jehova versündigen, damit sein Zorn nicht auf euch und eure Brüder falle. Wenn ihr so handelt, werdet ihr nicht in Sünde geraten.»

Ich fand keinerlei Sinn in seinen Worten, und als ich mich anschickte, ihn zu fragen, sah ich, daß er sich schon einer andern Bank zuwandte und mich gar nicht beachtete. Mary-Lou schaute ihm gleichgültig und gelangweilt nach. Dann sagte sie nochmals: «Ich glaube, es ist ein Pfarrer.»

Offenbar war der Alte mit seinen Predigten fertig und ging wieder in die Mitte des Rasenteppichs, befriedigt, seine Aufgabe erfüllt zu haben. Mary-Lou fragte mich: «Ramón, hast du eine Mutter? Nein? Bist du verheiratet?»

«Nein, auch nicht. Warum?»

«Einfach so.»

Wieder saßen wir lange schweigend da. Wir schauten beide auf das ferne Meer hinaus, das am Horizont unmerklich in den Himmel überging. Ich wollte, daß sie noch ein bißchen weiterrede, und war auf einen Heiratsantrag gefaßt: «Woran denkst du? Jetzt bist du noch ein Kind.»

«Ich wachse ziemlich schnell, weißt du?»

«Wie alt bist du? Acht Jahre?»

«Nein, achteinhalb.»

«Du mußt noch lange warten. Und überhaupt:

wenn du achtzehn Jahre alt bist, bin ich schon sechzig. Ich wäre ein alter Ehemann.»

«Was macht das schon aus! Müssen denn alle Ehemänner neu sein?»

«Ja, mehr oder weniger. Du bist doch noch ein Kind.»

«Ich weiß schon, daß Kinder nicht heiraten. Das hat man uns in der Schule gesagt. Jetzt bin ich noch ein Kind. Aber dann wachse ich und werde ein ... ein Tee ...»

«Teenager.»

«Genau. Und dann wachse ich weiter und werde ein Auswuchs.»

«Nein, Mary-Lou», fuhr ich entsetzt dazwischen.

«Nicht? Warum nicht?»

«Ausgewachsen, sagt man, oder erwachsen.»

«Also gut ... ich meine, wenn ich dann ganz groß bin. ‹Im Park wird man schnell groß›, sagt meine Mutter. Aber ich will nicht allzu groß werden.»

«Nein, lieber nicht. Hast du die Giraffe gesehen?»

«Allerdings habe ich sie gesehen!» sagte sie erschrocken.

Wieder wollte das Schwesterchen im Wagen zu weinen anfangen. Als ich es anschaute, war es sofort still, wie immer.

«Es ist sehr *bitchy,* weißt du,» meinte Mary-Lou wieder einmal dazu.

Das Wort, das im Englischen außer «lästig» und «hündisch» auch «verhurt» bedeuten kann, störte mich auf Mary-Lous Lippen, aber sie wollte ihm sicher nur die erste Bedeutung geben.

«Es wird vermutlich Hunger haben», sagte ich.

«Es ist noch zu früh für den Lunch.»

«Das ist doch nicht wichtig. Geh und kaufe Milch, ich werde es solange hüten.»

Ich gab Mary-Lou ein Geldstück, sie ging damit zu einem Erfrischungsstand und kam mit einem kleinen paraffinierten Kartonbehälter und einem Strohhalm zurück. Sie schien noch etwas mitgebracht zu haben. «Ich habe diesen Kuchen gekauft», sagte sie und brach ihn entzwei, «für uns.»

Mary-Lou hatte nicht besonders saubere Hände. Aber man darf nicht an Kleinigkeiten hängenbleiben. Wichtig war, daß sie ihre fünfundzwanzig Cents ausgegeben hatte, um mich einzuladen.

Schweigend aßen wir den Kuchen. Er klebte am Gaumen, und wir hatten nichts zu trinken. Ich gab ihr noch ein Geldstück, und sie ging *chocolate-milk* für uns holen. Ganz schnell und glücklich kam sie mit der kalten Milchpackung an ihren nackten Bauch gedrückt zurück. Aber sie blieb nochmals kurz stehen und verschob die Packung, die sie anscheinend störte. Der Bauch ist empfindlicher auf Berührung mit etwas Kaltem als andere Körperteile.

Mit dem Getränk rutschte der Kuchen besser hinunter. «Danke, Mary-Lou.»

Wir aßen und tranken – jedes mit seinem Halm. Schließlich hörte man ein leeres Glucksen – und Mary-Lou sagte: «Das ist das Fertig-Schluß-Geräusch.»

In diesem Augenblick rülpste ihr Schwesterchen ganz laut; beim Daumenlutschen hatte es Luft eingesogen. Als mich Mary-Lou lachen sah, wurde sie eifersüchtig, weil ich ihr Schwesterchen lustig fand, und ohne daß sie es merkte, versuchte sie auch zu rülpsen, aber es gelang ihr nicht.

Ein Hündchen kam auf uns zu, ein Spaniel, beschnupperte uns aus sicherer Entfernung und hopste dann übermütig wieder davon.

Von weitem hörte man das helle Gebimmel des Eisverkäufers und in der Nähe Musik aus einem Transistorradio. Ich hatte beobachtet, daß Mary-Lou von diesen Musikbüchsen ganz gefesselt war.

Am andern Tag wollte ich mich bei Mary-Lou für die Einladung erkenntlich zeigen und kaufte für sie ein solches Transistorradio – sie waren ganz billig. Es hatte trotzdem einen sehr guten Ton. Sie konnte es kaum fassen.

«Meine Mutter wird es mir wegnehmen», sagte sie und fügte gleich hinzu, sie werde es unter der Matratze im Kinderwagen verstecken.

Sie führte mir das Versteck vor, damit ich sicher sein könne, daß mein Geschenk nicht abhanden komme. Als ihr Schwesterchen Musik unter seinem Gesäß hörte, wurde es unruhig, suchte zwischen den Beinchen und schnupperte in der Luft.

Für dieses Kind war der Geruch offenbar der beste Richtungsweiser. Mary-Lou drohte ihm: «Wenn du es naß machst, schlage ich dich tot.»

Ich erschrak, denn ich traute es ihr zu. Mary-Lou merkte es und fügte hinzu: «Ich sage das nur, damit es nicht auf die Musik pinkelt.»

Wir schwiegen und schauten den Wolken zu. Hin und wieder seufzte sie auf; dann mußte ich auch seufzen. Ach, die Liebe!

Der Spaniel schwänzelte hierhin und dorthin. Er wäre gern zu mir gekommen, aber das Mädchen schüchterte ihn ein. Hunde haben Angst vor fremden Kindern, denn diese möchten mit ihnen spielen, plagen sie dabei aber nur.

Wie jeden Tag kam auch heute der «Prophet», zog seine Kleider aus, packte sie säuberlich auf ein Häufchen und legte sich an die Sonne. Dann trat er vor uns und hielt uns seine Predigten voller Bibelsprüche aus dem Alten und Neuen Testament.

«Magst du Hunde gern?» fragte mich Mary-Lou.

«Ja, aber ich habe die Katzen lieber.»

«Ich mag die Hunde auch nicht, sie wollen stets lecken.»

Wir hatten einen ähnlichen Geschmack, das ist immer gut bei Liebespaaren.

Mary-Lou kam an jenem Tag mit einer neuen Frisur. Gewöhnlich war sie überhaupt nicht gekämmt, und ihre Haarsträhnen hingen irgendwie herab, aber nun waren sie zu einem Pferdeschwanz zusammengebunden, allerdings nicht mit einem Haarband, sondern mit einer ganz gewöhnlichen Packschnur. Manchmal erinnerte ihr Profil an das Bildnis auf einer römischen, will sagen pompejanischen Münze.

«Gefällt dir meine Frisur?» Sie plusterte sich auf.

Wenn andere Kinder in der Nähe waren, drehte sie das Transistorradio ganz laut an, um sie neidisch zu machen. In jenem Augenblick sang gerade eine Frau – oder war es ein Mann, heute ist das schwer zu unterscheiden – das Lied *Love me, baby, before the sunrise . . .*

Meine Freundin tastete nach ihrem *pony-tail*, um sich zu vergewissern, ob alles in Ordnung sei. Mit dem Haarschopf hing auch ein Stück ausgefranste Schnur über ihren Rücken hinunter.

Der alte Mann mit der sonnengebräunten Haut hatte sich auf dem Rasen ausgestreckt, nachdem er seine tägliche Evangelisierungsaufgabe erfüllt hatte. Doch plötzlich schien ihm etwas in den Sinn zu kommen; er stand nochmals auf und wandte sich an uns. Er predigte erneut eindringlich und so laut er konnte von David und Absalom; da erschien der Spaniel auf dem Rasen und trottete auf den Kleiderhaufen des «Propheten» zu. Das Tier schnüffelte daran und schnüffelte wieder, dann hob es das Bein und näßte die Kleider ausgiebig. Als es genug hatte, ging es weg, kam aber zurück, beschnüffelte die Kleider von der andern Seite her und wiederholte sein Geschäft.

Der Alte konnte es nicht sehen, weil sich alles hinter seinem Rücken abspielte. Ich wollte verhindern, daß der Hund auf seinem unappetitlichen Tun beharrte, und rief ihn zu mir, als hätte ich die Absicht, ihm etwas zu geben. Sogleich kam er mit wedelndem Schwanz heran.

Die Leute, die den Vorfall miterlebten, lachten laut heraus, und der Alte drehte den Kopf von einer Seite auf die andere und wußte nicht, was er denken sollte. Er glaubte natürlich, wir lachten über ihn und seinen David und Absalom.

Mary-Lou lachte mit, wie ich, wie alle. Der Alte versuchte gar nicht zu verstehen, er nahm seinen Platz wieder ein und predigte noch lauter vom läuternden Feuer, das eines Tages vom Himmel falle, um alle Gottlosen, nämlich uns, zu bestrafen. Während er redete, setzte er sich neben seinen Kleiderhaufen.

Ohne auf unser Gelächter zu achten, aber sichtlich beleidigt, legte er sich wieder hin, ließ seine Brust von der Sonne bescheinen und vertraute die Rache dem Arm Gottes an.

Ich mußte Mary-Lou noch eine schwierige Mitteilung machen. Ich mußte ihr sagen, daß ich am nächsten Tag abreise und nun nicht mehr in den Park kommen würde. Sie hatte mich nicht gefragt, woher ich sei, denn sie nahm es als sicher an, daß ich in San Diego wohne.

Am Tag zuvor hatte ich in Mary-Lous Abwesenheit mit dem Eisverkäufer eine Abmachung getroffen. Ich hatte ihm das nötige Geld gegeben (drei oder vier Dollars), damit Mary-Lou den ganzen Sommer über gratis ein «Skimo» von ihm erhalte. Dazu solle er sagen: «Das ist von Ramón.» Der Eisverkäufer war ein reifer Mann und hatte bestimmt selbst Kinder, denn er begriff sofort und versicherte mir, ich könne mich auf ihn verlassen, er werde an keinem Tag vergessen, Mary-Lou ihr Eis zu geben.

Es war somit alles geregelt. Aber das Schwierigste hatte ich noch vor mir: ich hatte Mary-Lou noch nicht gesagt, daß ich abreise.

«Heute bist du spät gekommen», sagte sie.

«Ja, Liebling, ich mußte noch ein Telegramm aufgeben.»

«Wohin?»

«Nach einer Stadt im Osten, um mitzuteilen, daß ich morgen ankomme.»

Sie drehte den Kopf wie ein aufgeschreckter Vogel: «Dann verreist du also?»

«Ja, Mary-Lou.»

«Sehr weit fort?»

«Nun ... drei Flugstunden.»

Es folgte eine lange Stille. Sie schaute – ohne ihn zu sehen – den «Propheten» an.

Ich blickte in die Ferne, auf den weiten Pazifischen Ozean hinaus, den Núñez de Balboa* entdeckt hatte. Zwischen uns und der Unermeßlich-

* Vasco Núñez de Balboa (1475–1517)

keit scharrte der Spaniel mit den Hinterpfoten den Rasen auf.

«Gut», sagte sie, «alle Leute verreisen einmal, nicht wahr? Aber du bist mein Freund und ...»

«Hast du noch andere Freunde?»

«Nein.»

Wir schwiegen. Der Spaniel bellte eine Heuschrecke an. Das Kind schlief. Zum Glück, so machten uns die Geständnisse weniger Mühe.

Ich schaute zum Himmel hinauf und sagte: «Es fällt mir schwer abzureisen, glaube mir, es fällt mir sehr schwer, Mary-Lou.»

Dann kam der «Skimo»-Verkäufer mit seinem Glockengebimmel und seinem Wagen. Die Leute lachten immer noch über die nassen Kleider des «Propheten».

Mary-Lou knabberte an ihrem Schokoladeeis und fragte, ohne mich anzuschauen: «Gibt es in der Stadt, wo du hinfliegst, auch einen Park wie hier?»

«Ja, aber er ist nicht so groß.»

«Mit einem Zoo?»

«Ja.»

«Gehen da auch Mädchen hin wie ich?»

«Nun, die Mädchen dort heißen nicht wie du, Mary-Lou.»

«Nicht wahr, mein Name ist schön?»

«Und dein Gesicht auch.»

Sie schaute mich verlegen an und rümpfte das Näschen – sie wollte lächeln, wußte aber im Augenblick nicht, wie ... Sie sagte, sie habe sich heute das Gesicht noch nicht gewaschen, denn ihre Mutter habe sie mit dem Kind zum Haus hinaus gedrängt. Ihre Mutter dränge sie immer zum Haus hinaus. Sie wolle am liebsten allein sein.

Sie gab mir ihr «Skimo», ich solle es einen Augenblick halten, rannte zu einem Brunnen, wusch sich das Gesicht und kam ganz naß wieder zu mir zurück. Sie suchte eine Windel im Kinderwagen, um sich abzutrocknen. Ich bot ihr mein Taschentuch an – es war groß und sauber –, sie rieb sich damit ab, und als sie es mir zurückgeben wollte, zögerte sie und breitete es dann auf der Bank zum Trocknen aus.

Dann aß sie den Rest ihres «Skimo», ohne etwas zu sagen. Sie dachte darüber nach, was ich ihr gesagt hatte.

«Kommst du nie mehr hierher?»

«In nächster Zeit auf jeden Fall nicht, Mary-Lou. Aber du kannst mir schreiben, und ich werde dir antworten.»

Sie wollte sich über sich selbst lustig machen und versuchte zu lachen, aber es gelang ihr nicht: «Ich bin doch viel zu dumm. Ich kann noch gar nicht richtig schreiben, ich kann nur die großen Buchstaben. Schade.»

Ich sagte ihr, sie solle mit großen Buchstaben schreiben und ihren schönen Namen daruntersetzen. Dann lenkte ich das Gespräch auf den Spaniel, der dem «Propheten» die Kleider naß gemacht hatte, und teilte ihr mit – so für alle Fälle –, daß sie jeden Tag vom Eisverkäufer ein «Skimo» bekomme, bis zum 30. September. «Er gibt es dir umsonst, und wenn du es ißt, wirst du an mich denken.»

Sie schaute den schiefen wackeligen Kinderwagen an und sagte: «Kommst du im nächsten Sommer wieder? Dann ist meine Schwester schon groß, denn hier im Park wächst man schnell.»

Sie wollte noch vieles sonst sagen, aber sie wußte nicht, was: «Weißt du?»

Ich bejahte, sie rutschte auf der Bank zurecht und sagte: «Weißt du?»

Sie fand das richtige Wort nicht. Sie wußte selbst nicht, was sie sagen wollte. Auch ich wollte etwas sagen und fand das richtige Wort nicht. Ich dachte nur an eines: «Nach dem 30. September wird Mary-Lou ihr ‹Skimo› nicht mehr bekommen.» Ich fand es ein haarsträubendes Unrecht und meine Knausrigkeit eine Schande. Die Glocke des Eisverkäufers bimmelte ganz weit weg.

Der alte «Prophet» wollte seine Kleider anziehen, und als er sein Unterleibchen naß fand, wußte er nicht, was er davon halten sollte. Unwillkürlich zuckte er zusammen, als er auf der Haut die ungewohnte Kälte spürte. Die Leute lachten. Der Alte meinte, wir spotteten über seinen religiösen Eifer, zog die Brauen zusammen und redete wieder vom Feuer, das eines Tages vom Himmel falle und ...

RUDYARD KIPLING

1865–1936

■

«Sie»

Eine Aussicht lockte mich vorwärts zur nächsten, eine Hügelkuppe zu ihrem Gegenstück quer durch die halbe Grafschaft; und da ich, um darauf reagieren zu können, mir keine größere Mühe zu machen brauchte, als einen Hebel nach vorne zu kippen, ließ ich die Grafschaft unter meinen Rädern dahingleiten. Die mit Knabenkraut besetzten Ebenen des östlichen Teils wichen dem Thymian, der Steineiche und dem fahlen Gras der Downs; diese wiederum dem reichen Kornland und den Feigenbäumen der tiefer liegenden Küste, wo man zur Linken über fünfzehn ebene Meilen den Puls der Gezeiten in sich spürt. Und als ich mich dann endlich durch ein Gewirr von runden Hügeln und Wäldern landeinwärts wandte, war ich über die mir bekannten Orientierungspunkte hinausgeraten. Hinter eben jenem Weiler, der bei der Hauptstadt der Vereinigten Staaten Pate gestanden hat, entdeckte ich verborgene Dörfer, in denen Bienen – das einzig Wache hier – in achtzig Fuß hohen Linden dröhnten, welche graue Normannenkirchen überragten; wundersame Bäche, die unter Steinbrücken dahinschossen, welche für stärkeren Verkehr konstruiert worden waren, als sie je wieder behelligen sollte;

Zehntenscheunen, größer als die dazugehörigen Kirchen, und eine alte Schmiede, die lauthals verkündete, daß sie einst eine Halle der Tempelritter gewesen sei. Zigeuner sah ich auf einer Allmend lagern, wo Stechginster, Farn und Heidekraut es längs einer Meile Römerstraße miteinander auszufechten hatten; etwas weiter störte ich einen Rotfuchs auf, der sich nach Hundeart in der prallen Sonne auf dem Rücken wälzte.

Als die bewaldeten Hügel immer dichter um mich rückten, stand ich im Wagen auf, um mich nach jener großen Welle der Downs auszurichten, deren mit einem Ringwall versehene Kuppe im Umkreis von fünfzig Meilen einen Orientierungspunkt abgibt. Nach meiner Schätzung sollte ich zu einer westwärts verlaufenden Straße gelangen, die an ihrem Fuß entlanglief, doch ließ ich die verwirrenden Schleier der Wälder außer acht. Eine scharfe Wegbiegung tauchte mich zuerst in einen grünen, vom hell glänzenden Sonnenlicht überfluteten Hohlweg ein, darauf in einen düsteren Tunnel, wo vorjähriges totes Laub raschelnd um meine Reifen jagte. Das kräftige Haselgebüsch, das über meinem Kopf zusammenwuchs, war seit mindestens ein paar Generationen nicht ausgelichtet worden, und keine Axt hatte den moosüberwucherten Eichen und Buchen geholfen, darüber hinauszuwachsen. Hier verwandelte sich die Straße offensichtlich in einen von einem Moosteppich überzogenen Reitweg, auf dessen braunem Samt verblühte Primelbüschel sich wie Jade abhoben und ein paar kränkelnde weißstielige Hyazinthen unisono nickten. Vom Abhang begünstigt, stellte ich den Motor ab und glitt über das zusammengewirbelte Laub dahin, wobei ich jeden Moment rechnete, auf einen Wildhüter zu stoßen; aber ich hörte nur in weiter Ferne einen Eichelhäher keifend gegen die Stille im Dämmerdunkel unter den Bäumen angehen.

Weiterhin führte der Pfad nach unten. Schon wollte ich den Rückwärtsgang einlegen und, bevor ich noch im Sumpf landete, im zweiten Gang zurückkrebsen, als ich durch das wirre Dickicht vor mir Sonnenschein durchschimmern sah und die Bremse losließ.

Sofort zog ich sie jedoch wieder an. Während mir das Licht übers Gesicht flutete, setzten meine Vorderräder über die Grasnarbe einer weiten stillen Rasenfläche, aus der sich überraschend zehn Fuß hohe Reiter mit eingelegten Lanzen, riesige Pfauen und wohlgenährte rundköpfige Ehrenjungfern erhoben – blauschwarz und gleißend – lauter zurechtgestutzte Eibenbäume. Auf der anderen Seite des Rasens – Wälder in Reih und Glied belagerten ihn auf drei Seiten – stand ein uraltes Haus aus flechtenbewachsenem verwitterten Stein mit unterteilten Fenstern und rosafarbenen Ziegeldächern. Es wurde von halbrunden, ebenfalls rosafarbenen Mauern flankiert, die den Rasen auf der vierten Seite abschlossen und an deren Fuß mannshohe Buchsbaumhecken wuchsen. Tauben saßen auf dem Dach um die schlanken Backsteinkamine herum, und ich konnte ein achteckiges Taubenhaus hinter dem vor Blicken schützenden Mauerwerk gerade noch ausmachen.

Hier hielt ich also an – mit der grünen Lanze eines Reiters vor der Brust; gefangengenommen von der überragenden Schönheit dieses Juwels in genau dieser Fassung.

«Falls ich hier nicht als Unbefugter hinausbugsiert werde oder falls mich dieser Reiter da nicht umgaloppiert», dachte ich, «so müssen zumindest Shakespeare und Königin Elisabeth durch das halboffene Gartentor kommen und mich zum Tee einladen.»

Ein Kind erschien an einem der oberen Fenster, und mir war, als winke das Kleine freundlich mit der Hand. Aber es galt einem Spielgefährten, denn bald darauf zeigte sich ein zweites helles Köpfchen. Dann hörte ich Gelächter zwischen den Eibenpfauen, und indem ich mich umwandte, um mich zu vergewissern (bis dahin hatte ich nur Augen für das Haus gehabt), sah ich, wie ein Springbrunnen hinter einer Hecke sein Silber gegen die Sonne schleuderte. Die Tauben auf dem Dach gurrten zum gurrenden Wasser hinunter; aber zwischen diesen beiden Melodien fing ich das tief befriedigte Glucksen eines Kindes auf, das in irgendwelchen harmlosen Unfug völlig versunken war.

Das Gartentor – schweres Eichenholz tief in die dicke Mauer eingelassen – öffnete sich weiter: eine

Frau in einem großen Gartenhut setzte langsam den Fuß auf den von der Zeit ausgehöhlten Steintritt und schritt ebenso langsam über den Rasen. Ich wollte eben eine Entschuldigung anbringen, als sie den Kopf hob und ich erkannte, daß sie blind war.

«Ich habe Sie gehört», sagte sie. «Ist das nicht ein Automobil?»

«Leider habe ich mich verfahren. Ich hätte dort oben abbiegen sollen. Ich hab' mir nie träumen lassen...», begann ich.

«Mich freut's aber sehr. Man stelle sich vor: ein Automobil kommt in unseren Garten! Das wird ein richtiges Fest...» Sie drehte sich um und tat so, als schaue sie um sich. «Sie... Sie haben doch niemanden gesehen... oder vielleicht doch?»

«Niemanden, mit dem ich reden konnte, aber die Kinder schienen sich von weitem dafür zu interessieren.»

«Welche?»

«Ein paar hab' ich grad jetzt am Fenster oben gesehen, und mir ist, als hätte ich auch so ein Kerlchen im Garten gehört.»

«O Sie Glückspilz!» rief sie, und ihr Gesicht fing an zu strahlen. «Ich kann sie natürlich hören, und damit hat's sich. Sie haben sie gesehen und gehört?»

Ich bejahte. «Und falls ich auch nur ein bißchen was von Kindern verstehe, so amüsiert sich eins königlich beim Springbrunnen hinten. Entwischt, nehm' ich an.»

«Sie haben Kinder wohl sehr gern?»

Ich nannte ihr ein paar Gründe, warum ich sie nicht gänzlich verabscheue.

«Selbstverständlich, ja ganz selbstverständlich», sagte sie. «Dann haben Sie auch Verständnis. Dann werden Sie es auch nicht albern finden, wenn ich Sie bitte, Ihr Auto durch den Garten zu fahren, ein-, zweimal, ganz langsam? Ich bin sicher, daß sie es gerne angucken möchten. Die Ärmsten bekommen so wenig zu sehen. Man versucht, ihnen das Leben vergnüglich zu gestalten, aber», sie streckte ihre Hände abweisend gegen die Wälder, «wir sind hier so weltabgeschieden.»

«Sehr gern», stimmte ich zu. «Nur, ich kann doch nicht Ihren Rasen zuschanden fahren.»

Sie wandte ihr Gesicht nach rechts. «Warten Sie eine Minute; wir sind doch am Südeingang, nicht? Hinter jenen Pfauen dort verläuft ein Plattenweg – Pfauenweg nennen wir ihn. Man kann ihn von hier aus nicht sehen, sagt man mir, aber wenn Sie ganz knapp am Waldrand entlangfahren, können Sie beim ersten Pfau wenden und so auf die Steinplatten kommen.»

Es war ein Sakrileg, diese träumende Hausfront mit Motorengeknatter aufzuschrecken, aber ich wandte den Wagen schwungvoll, um vom Rasen herunterzukommen, streifte den Waldrand und bog in den breiten plattenbelegten Weg, wo das Springbrunnenbecken dalag wie ein einziger Sternsaphir.

«Darf ich mit?» bat sie. «Nein, bitte helfen Sie mir nicht. Sie mögen es lieber, wenn sie mich auch sehen.»

Mühelos ertastete sie ihren Weg zum Vorderteil des Wagens, und mit einem Fuß auf dem Trittbrett rief sie: «Kinder, o Kinder, schaut doch her und seht, was jetzt passiert.»

Die Stimme hätte, um der Sehnsucht willen, die ihrem Schmelz zugrunde lag, verlorene Seelen aus dem Höllenschlund heraufbeschworen, und so überraschte es mich nicht, daß hinter den Eiben ein Antwortjauchzer erschallte. Es mußte das Kind am Springbrunnen gewesen sein, aber es lief bei unserem Herannahen davon und ließ ein Spielzeugschiffchen auf dem Wasser zurück. Ich sah seinen blauen Kittel zwischen den reglosen Reitern aufblitzen.

Völlig auf die Kinder eingestellt, fuhren wir die ganze Länge des Spazierwegs ab und auf ihre Bitte im Rückwärtsgang wieder zurück. Diesmal gewann das Kind die Oberhand über seine panische Angst, stand aber weitab vom Geschütz und wußte nicht so recht, was tun.

«Das Kerlchen beobachtet uns», sagte ich ihr. «Mich nimmt doch wunder, ob es nicht gern mitfahren möchte.»

«Sie sind noch immer sehr scheu. Sehr scheu. Aber, o Sie Glücklicher, Sie können sie sehen! Wir wollen mal hinhorchen!»

Sofort stellte ich den Motor ab, und die feuchte,

vom Buchsbaumduft geschwängerte Stille umfing uns ganz. Scherengeklapper war zu vernehmen von einem Gärtner, der eine Hecke stutzte; Bienengemurmel und abgerissenes Stimmengewirr, das aber auch von den Tauben hätte herrühren können.

«Oh, lieblos!» sagte sie matt.

«Vielleicht verkriechen sie sich nur vor dem Auto. Das Jüngferchen am Fenster guckt schrecklich interessiert drein.»

«Ja?» Sie hob den Kopf. «Es war nicht recht von mir, das zu sagen. Sie haben mich wirklich sehr lieb. Das ist doch das einzige, was das Leben lebenswert macht – wenn sie einen liebhaben –, nicht wahr? Ich darf gar nicht daran denken, wie hier das Ganze wäre ohne sie. Übrigens, ist es hier schön?»

«Ich finde, es ist der schönste Ort, den ich je gesehen habe.»

«Das sagen mir alle. Ich kann es natürlich fühlen, aber es ist nicht ganz dasselbe.»

«Dann haben Sie also nie ...», begann ich, brach jedoch verlegen ab.

«Nicht, solange ich mich erinnern kann. Es passierte, als ich erst ein paar Monate alt war, wie man mir erzählt hat. Und doch, irgendwelche Erinnerungen muß ich haben, wie könnte ich sonst von Farben träumen. Ich sehe Licht in meinen Träumen und Farben, aber *sie* sehe ich nie. Ich höre sie nur, genau so, wie wenn ich wach bin.»

«Es ist schwierig im Traum, Gesichter zu sehen. Manche Menschen können das, aber die meisten von uns besitzen diese Gabe nicht», fuhr ich fort, wobei ich zum Fenster hochschaute, wo das Kind fast ganz verborgen stand.

«Das hab' ich auch schon gehört», bestätigte sie, «und ich hab' mir sagen lassen, daß man im Traum nie das Gesicht eines Toten sieht. Stimmt das?»

«Ich glaube schon, wenn ich es mir jetzt so richtig überlege.»

«Aber wie steht es bei Ihnen... bei Ihnen selbst?» Die blinden Augen richteten sich auf mich.

«Ich habe noch nie die Gesichter meiner Toten im Traum gesehen», gab ich zurück.

«Das muß so schlimm sein wie blind sein.»

Die Sonne war plötzlich hinter den Wäldern untergetaucht, und lange Schatten bemächtigten sich der hochnäsigen Reiter, eines um des andern. Ich sah das Licht an der Spitze einer gleißenden Blätterlanze langsam erlöschen und das ganze standhafte, harte Grün sich in sanftes Schwarz verwandeln. Das Haus, welches das Ende dieses Tages hinnahm, wie es hunderttausend Tagesenden zuvor hingenommen hatte, schien sich tiefer in die Ruhe unter den Schatten hineinzukuscheln.

«Haben Sie das je gewollt?» kam es von ihr nach einem Schweigen.

«Manchmal sehr», gab ich zurück. Das Kind war vom Fenster weggetreten, als die Schatten darüber hereingebrochen waren.

«Ach, ich auch, aber ich glaube, es steht uns eigentlich nicht zu... Wo wohnen Sie?»

«Ganz am andern Ende der Grafschaft, mehr als sechzig Meilen weit weg, und ich muß mich auf den Heimweg machen. Ich bin ohne meine großen Lampen gekommen.»

«Aber es ist noch nicht dunkel – ich kann das fühlen.»

«Ich fürchte, es wird dunkel sein, bis ich zu Hause bin. Könnten Sie mir jemanden mitgeben, der mich auf den rechten Weg bringt? Ich habe mich verirrt.»

«Ich schicke Madden mit Ihnen bis zur Kreuzung. Wir wohnen hier so weit ab von der Welt – es erstaunt mich nicht, daß Sie sich verirrt haben. Ich führe Sie jetzt ums Haus zur Vorderseite; aber nicht wahr, Sie fahren doch langsam, bis Sie aus dem Gelände heraus sind. Sie finden das doch nicht etwa albern?»

«Ich verspreche Ihnen, ich werde langsam fahren», sagte ich und ließ den Wagen im Leerlauf über den Plattenweg rollen.

Wir umfuhren den linken Flügel des Hauses – allein die kunstvoll verzierten, aus Blei gegossenen Dachrinnen lohnten eine Tagreise –, fuhren unter einem großen, rosenüberwachsenen Tor in der roten Mauer durch und so zur hohen Hauptfront des Hauses, die an Schönheit und Stattlichkeit die Rückseite genauso übertraf wie alles andere, was ich gesehen hatte.

«Ist es so über alle Maßen schön?» fragte sie voll Verlangen, nachdem sie meinen Begeisterungsausbruch angehört hatte. «Und die Bleifiguren, mögen Sie die auch? Hinten hinaus liegt der alte Azaleengarten. Es heißt, das Ganze müsse für Kinder angelegt worden sein. Könnten Sie mir bitte heraushelfen? Ich würde gerne mit Ihnen fahren bis zur Wegkreuzung, aber ich darf sie nicht allein lassen. Sind Sie's, Madden? Zeigen Sie diesem Herrn den Weg zur Kreuzung. Er ist von seinem Weg abgekommen – aber er hat sie gesehen.»

Lautlos erschien ein Butler an der Haustür, diesem Wunder aus altem Eichenholz, und verschwand umgehend, um seinen Hut zu holen. Sie stand vor mir und sah mich mit großen blauen Augen ohne Sehvermögen an, und ich bemerkte zum ersten Mal, daß sie schön war.

«Denken Sie daran», schärfte sie mir leise ein, «wenn Sie sie liebhaben, dann werden Sie auch wiederkommen», und verschwand im Innern des Hauses.

Der Butler sprach im Auto kein Wort, bis wir fast am Gutseingang waren, wo ich, weil ich plötzlich einen blauen Kittel im Gebüsch aufblitzen sah, in weitem Bogen auswich, damit der Teufel, der kleine Buben zum Spielen verleitet, mich nicht in einen Kindermord verwickeln könne.

«Entschuldigen Sie, Sir, aber warum haben Sie das eben gemacht?»

«Das Kind dort drüben.»

«Wegen unserm kleinen Herrn in Blau?»

«Natürlich.»

«Er ist überall. Haben Sie ihn am Springbrunnen gesehen, Sir?»

«O ja, ein paarmal. Müssen wir hier abbiegen?»

«Jawohl, Sir. Und haben Sie zufällig auch die im oberen Stock gesehen?»

«Am Fenster oben? Ja.»

«War das, bevor die gnädige Frau herauskam, um mit Ihnen zu sprechen, Sir?»

«Kurz davor. Warum wollen Sie das wissen?»

Er zögerte ein bißchen: «Nur um sicherzugehen, daß ... daß *sie* das Auto auch gesehen haben, Sir, denn wo Kinder herumtollen, kann auch ein Unglück passieren, obwohl ich sicher bin, daß Sie ganz besonders vorsichtig fahren. Nichts weiter, Sir. Hier ist die Kreuzung. Von hier nun können Sie nicht mehr fehlgehen. Danke, Sir, bei *uns* ist das nicht üblich, nicht bei ...»

«Ich bitte um Verzeihung», entgegnete ich und steckte das britische Silbergeld wieder ein.

«Oh, bei andern ist das grundsätzlich schon in Ordnung. Auf Wiedersehen, Sir.»

Er zog sich in den gepanzerten Turm seiner Kaste zurück und schritt von dannen. Eindeutig ein Butler, der sehr auf die Ehre seines Hauses bedacht war und vermutlich einem Dienstmädchen zuliebe sein Interesse auf die Kinderstube ausgedehnt hatte.

Als ich hinter dem Wegweiser an der Kreuzung war, blickte ich zurück, aber die faltigen Hügel verschränkten sich so mißgünstig ineinander, daß ich nicht erkennen konnte, wo das Haus gestanden hatte. Als ich mich in einem Häuschen weiter der Straße entlang nach dem Namen erkundigte, gab mir die dicke Krämerin, die dort Süßigkeiten feilbot, zu verstehen, daß Autofahrer wenig Daseinsberechtigung hätten, und schon gar nicht das Recht, «in der Weltgeschichte herumzuflanieren und fein zu sprechen wie Herrschaften, die in der eigenen Kutsche reisen». Nicht unbedingt ein Völkchen mit angenehmen Manieren!

Als ich am Abend meine Route auf der Karte rekonstruierte, wurde ich nicht viel klüger. Es zeigte sich, daß «Hawkin's Old Farm» der amtliche Eintrag für den ganzen Ort war und daß sich das alte, sonst so ausführliche Grafschaftslexikon darüber ausschwieg. Das Herrschaftshaus dieser Gegend, «Hodnington Hall», war georgianisch mit frühviktorianischem Geschnörkel, wie ein abscheulicher Stahlstich bewies. Ich brachte mein schwieriges Problem vor einen Nachbarn, einen tief in der hiesigen Erde verwurzelten Baum, und er nannte mir den Namen einer Familie, mit dem ich nichts anzufangen wußte.

Einen Monat oder so danach fuhr ich wieder hin, es kann aber auch sein, daß mein Automobil von sich aus diese Straße wählte. Es lief über die unfruchtbaren Downs hinaus, schlängelte sich durch jede Windung im Labyrinth der Feldwege am Fuße der Hügel, zog durch die hohen Mauern der im vollen Laube undurchdringlichen Wälder, kam bei der Kreuzung heraus, an der mich der Butler verlassen hatte, und hatte kurz danach Schwierigkeiten mit seinem Innenleben, was mich zwang, es auf einem Stück Wiesenland, das sich in ein sommerlich stilles Haselwäldchen hineinschob, abzustellen. Soweit ich mich mit Hilfe des Sonnenstandes und der Großmaßstabskarte hier zurechtfinden konnte, mußte es sich um die Straßen entlang jenes Waldes handeln, den ich beim ersten Mal von der Anhöhe aus ausgekundschaftet hatte. Mit der Reparatur machte ich eine ungeheuer ernste Sache und aus meinen Werkzeugen eine glitzernde Autowerkstatt, indem ich Schraubenschlüssel, die Luftpumpe und dergleichen fein säuberlich auf einer Decke auslegte. Es war so eine richtige Falle für Kinder, denn an einem solchen Tag, überlegte ich mir, dürften die Kinder nicht weit sein. Jedesmal, wenn ich meine Arbeit unterbrach, lauschte ich, aber der Wald war so erfüllt von sommerlichen Geräuschen (dabei hatten die Vögel bereits Hochzeit gehalten), daß ich diese zuerst nicht von Tritten vorsichtiger Füßchen unterscheiden konnte, die sich durchs tote Laub heranstahlen. Um sie anzulocken, ließ ich die Autoglocke erschallen, aber die Füßchen stoben davon, und ich bereute es sogleich, denn für ein Kind ist ein plötzlicher Lärm ein echter Schrecken. Eine halbe Stunde mußte ich wohl an der Arbeit gewesen sein, als ich im Wald die Stimme der Blinden rufen hörte: «Kinder, o Kinder, wo seid ihr denn?»

und die Stille sich nur widerwillig über dem vollkommenen Klang schloß. Sie kam auf mich zu, indem sie zum Teil den Weg zwischen den Baumstämmen ertastete, und obwohl ein Kind scheinbar fest an ihrem Rockzipfel hing, schoß es wie ein Kaninchen ins Gebüsch, als sie sich näherte.

«Sind Sie es, vom andern Ende der Grafschaft?» fragte sie.

«Jawohl, ich bin's, vom andern Ende der Grafschaft.»

«Warum sind Sie denn nicht durch den oberen Wald gekommen? *Sie* waren gerade dort.»

«Sie sind vor ein paar Minuten hier gewesen. Ich nehme an, sie wußten, daß mein Wagen eine Panne hatte, und kamen, um sich den Spaß anzusehen.»

«Hoffentlich nichts Ernstes! Wie können Autos eigentlich Pannen haben?»

«Auf fünfzig verschiedene Arten. Nur, meins hat sich ausgerechnet die einundfünfzigste ausgesucht!»

Sie lachte, voll Freude über den kleinen Scherz, ihr köstlich gurrendes Lachen und schob ihren Hut zurück.

«Das hätte ich gern gehört», sagte sie.

«Warten Sie einen Augenblick, ich hole Ihnen ein Kissen.»

Sie setzte einen Fuß auf die Decke, auf der überall Ersatzteile herumlagen, und beugte sich voller Eifer darüber. «Was für prächtige Dinge.» Ihre Hände, durch die sie sah, leuchteten im tanzenden Sonnenlicht. «Hier eine Schachtel und hier – noch eine Schachtel! Nanu, Sie haben sie ja wie zum Verkaufenspielen aufgestellt.»

«Ich gestehe, daß ich all das hervorgekramt habe, um sie für mich einzunehmen. In Wirklichkeit brauch' ich die Hälfte dieser Sachen gar nicht.»

«Wie lieb von Ihnen. Ich habe Ihre Glocke im oberen Wald gehört. Sie sagen, vorher seien sie hier gewesen?»

«Ich bin ganz sicher. Warum sind sie denn so scheu? Der kleine Mann in Blau, der mit Ihnen kam, sollte eigentlich seine Angst überwunden haben. Er hat mich die ganze Zeit beschattet wie ein Indianer!»

«Es muß an der Glocke liegen», sagte sie, «ich hörte, wie eins ganz verstört an mir vorbeilief, als ich herunterkam. Sie sind so scheu, so scheu – sogar mir gegenüber.» Sie wandte ihr Gesicht und rief noch einmal über die Schulter: «Kinder, o Kinder, guckt doch einmal her!»

«Die sind wohl zusammen losgezogen, um sich ihren eigenen Spielen zu widmen», sprach ich meine Vermutung aus, denn hinter uns erhob sich gedämpftes Gemurmel, das von hellem Kinderlachen unterbrochen wurde. Ich nahm meine unprofessionelle Hantiererei wieder auf, und sie lehnte sich, das Kinn in die Hand gestützt, vor und hörte mit Interesse zu.

«Wie viele sind es denn eigentlich?» erkundigte ich mich schließlich. Meine Arbeit war fertig, aber das war für mich kein Grund, bereits gehen zu müssen.

Sie zog beim Nachdenken die Stirne leicht kraus. «Ich weiß nicht genau», sagte sie ohne Umstände. «Manchmal mehr – manchmal weniger. Sehen Sie, sie kommen und bleiben bei mir, weil ich sie liebhabe.»

«Das muß ja sehr lustig sein», sagte ich, während ich einen Schraubenzieher versorgte; und noch beim Sprechen wurde mir die Belanglosigkeit meiner Antwort bewußt.

«Sie ... Sie lachen mich doch nicht aus?» rief sie. «Ich ... ich hab' ja keine eigenen. Ich hab' nie geheiratet. Die Leute machen sich manchmal ihretwegen über mich lustig, weil ... weil ...»

«Weil sie Barbaren sind», formulierte ich für sie. «Darüber braucht man sich keine grauen Haare wachsen zu lassen. Solche Leute verlachen alles, was nicht in ihr kleinkariertes Leben hineinpaßt.»

«Ich weiß nicht. Wie sollte ich auch. Ich kann es nur nicht haben, wenn sie mich *ihretwegen* auslachen. Es tut mir weh; und wenn man nicht sehen kann ... ich möchte nicht als Gefühlsdusel erscheinen», ihr Kinn zitterte beim Sprechen wie bei einem Kind, «aber wir Blinden haben, glaub' ich, nur eine Haut. Alles von außen trifft uns mitten in die Seele. Bei Ihnen ist das anders. Sie haben solch gute Verteidigungsmöglichkeiten durch Ihre Augen. Sie sehen sich vor, bevor Ihnen jemand wirklichen Schmerz in der Seele zufügen kann. Bei uns vergessen das die Leute.»

Ich schwieg und ging in Gedanken das unerschöpfliche Thema durch: die mehr als nur vererbte Brutalität der Christenvölker (denn sie wird ja systematisch anerzogen), neben der das pure Heidentum des Negers von der Westküste Afrikas moralisch einwandfrei und maßvoll erscheint. Das führte mich auf eine weite Reise tief in mein Innerstes hinein.

«Tun Sie das nicht!» sagte sie ganz plötzlich und schlug die Hände vor das Gesicht.

«Was denn?»

Sie machte eine Handbewegung. «Das! Es ... es ist ganz purpurn und schwarz. Nicht! Die Farbe tut weh!»

«Aber wie in aller Welt kennen Sie denn die Farben?» rief ich aus, denn das war nun wirklich eine überraschende Enthüllung.

«Farben als solche?» fragte sie.

«Nein, die Farben, die Sie gerade gesehen haben.»

«Das wissen Sie genausogut wie ich», lachte sie, «sonst hätten Sie diese Frage nicht gestellt. Es gibt sie gar nicht in der Welt. Es gibt sie nur in Ihrem Innern – als Sie eben so zornig wurden.»

«Meinen Sie so einen matten Fleck, der ins Purpurne geht – wie Portwein vermischt mit Tinte?» fragte ich.

«Ich habe nie Tinte oder Portwein gesehen, aber

die Farben sind unvermischt. Sie sind rein – ganz rein.»

«Etwa schwarze Striemen und Zacken quer über das Purpurrot?»

Sie nickte. «Ja ... falls sie so sind», und beschrieb mit dem Finger wieder eine Zickzacklinie, «aber sie ist mehr Rot als Purpur, diese böse Farbe.»

«Und welches sind die Farben an der Spitze des ... von was immer Sie auch sehen?»

Langsam lehnte sie sich vor und zeichnete mit dem Finger das Ei, die mystische Form an sich, auf die Decke.

«So sehe ich sie», sagte sie und zeigte mit einem Grashalm, «Weiß, Grün, Gelb, Rot, Purpur und – wenn die Menschen zornig oder böse sind – Schwarz quer übers Rot: so wie es eben bei Ihnen war.»

«Wer hat Ihnen denn davon erzählt – zum ersten Mal?» wollte ich wissen.

«Von den Farben? Niemand. Als ich klein war, erkundigte ich mich immer nach den Farben – in Tischdecken, Vorhängen, Teppichen, wissen Sie –, denn einige Farben taten mir weh, und andere machten mich froh. Man nannte sie mir; und als ich älter wurde, sah ich auf diese Art die Menschen.» Wieder fuhr sie dem Umriß des Eies nach, was nur sehr wenigen von uns zu sehen vergönnt ist.

«Ganz allein?» wiederholte ich.

«Ganz allein. Es war ja niemand sonst da. Erst

später fand ich heraus, daß die anderen Menschen die Farben nicht sahen.»

Sie lehnte gegen den Baumstamm, flocht und löste ausgerupfte Grashalme. Die Kinder im Wald waren näher gekommen. Aus den Augenwinkeln sah ich sie herumtollen wie Eichhörnchen.

«Jetzt bin ich sicher, daß Sie mich nie auslachen werden», fuhr sie nach einer längeren Pause fort. «*Ihretwegen* genauso wenig.»

«Um Himmels willen! Nein!» rief ich, soeben aufgeschreckt aus meinen Gedankengängen. «Ein Mensch, der ein Kind auslacht – es sei denn, das Kind lache mit –, ist ein Unmensch!»

«Das hab' ich natürlich nicht so gemeint. Sie würden nie ein Kind auslachen, aber ich dachte ... ich dachte vorher... daß Sie vielleicht über *sie* lachen könnten. So bitte ich Sie denn um Verzeihung ... worüber lachen Sie jetzt?»

Ich hatte keinen Ton von mir gegeben, aber sie hatte es gemerkt.

«Über die pure Idee, daß Sie mich um Verzeihung bitten. Hätten Sie Ihre Pflicht getan, als Stütze des Staates und Gutsbesitzerin, so hätten Sie mich wegen unbefugten Betretens Ihrer Ländereien vor Gericht zitieren müssen, als ich neulich durch Ihre Wälder kurvte. Ich habe mich schändlich benommen, unverzeihlich!»

Sie sah mich, den Kopf an den Baumstamm gelehnt, lange und unverwandt an; diese Frau, die die unverhüllte Seele zu sehen vermochte.

«Wie seltsam!» kam es fast flüsternd. «Wie ausgesprochen seltsam!»

«Warum, was hab' ich getan?»

«Sie verstehen nicht... und doch, das von den Farben haben Sie verstanden. Verstehen Sie denn wirklich nicht?»

Sie sprach mit einer Leidenschaft, die durch nichts begründet war, und ich wandte mich ihr verblüfft zu, als sie sich erhob. Die Kinder hatten sich hinter einem Brombeergesträuch zu einem Kreis zusammengefunden. Ein glänzendes Köpfchen beugte sich über etwas noch Kleineres, und die Haltung der kleinen Schultern ließ mich erkennen, daß alle den Finger an die Lippen hielten. Auch sie waren eingeweiht in ein Kindergeheimnis von gewaltigem Ausmaß. Ich allein war hoffnungslos auf dem Holzweg, hier draußen im hellen Sonnenlicht.

«Nein», sagte ich und schüttelte den Kopf, als könnten es die toten Augen wahrnehmen. «Was immer es sein mag – ich verstehe es jetzt noch nicht. Vielleicht später – falls ich wieder herkommen darf.»

«Sie werden wiederkommen», erwiderte sie. «Sie kommen sicher wieder und wandern im Wald herum.»

«Vielleicht kennen mich die Kinder dann gut genug, so daß sie mich mit ihnen spielen lassen – um mir einen Gefallen zu tun. Sie wissen ja, wie Kinder sind.»

«Hier geht's nicht um einen Gefallen, sondern um ein Recht», gab sie zurück, und während ich mir überlegte, was sie wohl damit meinte, kam ein völlig aufgelöstes Frauenzimmer um die Wegbiegung gestürzt mit flatternden Haaren, puterrot im Gesicht und vor Seelennot beinahe wie ein Rind brüllend. Es war meine dicke, unhöfliche Freundin vom Süßwarenladen.

Die Blinde hörte sie und trat einen Schritt vor. «Was ist denn, Mrs. Madehurst?» fragte sie.

Die Frau warf sich die Schürze über den Kopf, kroch buchstäblich im Staub und jammerte, ihr Enkel sei todkrank, der hiesige Arzt sei zum Fischen gefahren und Jenny, die Mutter, mit ihrem Latein am Ende, und so weiter unter Wiederholungen und lautem Geschrei.

«Wo wohnt der nächste Arzt?» fragte ich zwischen zwei Anfällen.

«Madden wird es Ihnen sagen. Fahren Sie beim Haus vorbei und nehmen Sie ihn mit. Ich kümmere mich hier um die Dinge. Beeilen Sie sich!» Sie brachte die dicke Frau, die sich auf sie stützte, in den Schatten.

Zwei Minuten danach ließ ich alle Posaunen von Jericho vor der Hauptfront von «Haus Wunderschön» erschallen, und Madden, der in der Gesindekammer war, stellte sich der Krise wie ein Butler und Mann.

Eine Viertelstunde bei gesetzwidriger Geschwindigkeit beschaffte uns fünf Meilen entfernt einen

Arzt. Noch in derselben halben Stunde hatten wir ihn, der großes Interesse am Automobil zeigte, an der Tür des Süßwarenladens abgesetzt und parkten am Straßenrand, um das Urteil abzuwarten.

«Nützliche Dinger, Autos», sagte Madden, nun ganz Mann und nicht mehr Butler. «Hätte ich eins gehabt, als meine krank wurde – sie wäre nicht gestorben.»

«Wie kam das?» fragte ich.

«Krupp. Mrs. Madden war nicht da. Niemand wußte, was tun. Acht Meilen fuhr ich im leichten Federwagen, um den Arzt zu holen. Als wir zurückkamen, war sie schon erstickt. Dieser Wagen hätte sie gerettet. Jetzt wäre sie fast zehn.»

«Das tut mir leid», sagte ich, «dachte ich mir doch aufgrund dessen, was Sie mir letzthin auf dem Weg zur Straßenkreuzung erzählten, daß Sie Kinder wirklich sehr gerne haben.»

«Haben Sie sie wieder gesehen, Sir, heute morgen?»

«Ja, aber an Autos sollten sie mittlerweile gewöhnt sein. Nicht eins kam mir näher heran als zwanzig Meter.»

Er sah mich prüfend an – wie ein Kundschafter einen Stammesfremden –, nicht auf die Art, wie ein Diener seine Augen zu seinem vom lieben Gott eingesetzten Herrn erheben sollte.

«Warum wohl?» sagte er, knapp hörbar durch den tiefen Atemzug, den er tat.

Wir warteten noch immer. Ein Lüftchen von

der See wanderte die langen Linien der Wälder auf und ab, und das Gras am Wegrand, das schon vom sommerlichen Staub überpudert war, hob und senkte sich in fahlen Wellen.

Eine Frau, die sich den Seifenschaum von den Armen wischte, kam aus dem kleinen Haus neben dem Süßwarenladen.

«Ich hab' alles mitgekriegt, im Hof hinten», sagte sie gutgelaunt. «Er sagt, der Arthur ist so mies dran, man kann sich's gar nicht erklären. Haben Sie ihn eben schreien hören? So mies, man kann's gar nicht erklären. Ich denk' mir, jetzt ist's an der Jenny, nächste Woche im Wald herumzuwandern, Mr. Madden.»

«Pardon, Sir, Ihre Reisedecke rutscht herunter», wandte sich Madden ehrerbietig an mich. Die Frau erschrak und knickste und lief weg.

«Was meint sie mit ‹im Wald herumwandern›?» erkundigte ich mich.

«Es muß hier eine Redensart sein. Ich stamme aus Norfolk», sagte Madden. «Das ist schon eine respektlose Bande in dieser Grafschaft. Sie hat Sie für den Chauffeur gehalten, Sir.»

Ich sah den Arzt aus dem kleinen Haus herauskommen, gefolgt von einer schlampigen Frauensperson, die sich an seinen Arm klammerte, als könnte er für sie mit dem Tod in Verhandlung treten.

«Die Art Kinder», jammerte sie, «die Art bedeutet uns, die sie haben, genauso viel, wie wenn sie ehelich wären. Genauso viel, ganz genauso viel. Und der Herrgott freut sich genauso, wenn Sie so eins retten, Herr Doktor. Nehmen Sie mir's nicht weg. Miss Florence wird Ihnen genau dasselbe sagen. Lassen Sie ihn nicht im Stich, Herr Doktor.»

«Ich weiß, ich weiß», sagte der Mann, «aber er wird jetzt für eine Weile ruhig sein. Wir holen die Krankenschwester und die Arznei so schnell wie möglich.» Er bedeutete mir, den Wagen vorzufahren, und ich gab mir Mühe, mich aus dem, was folgte, herauszuhalten; trotzdem sah ich das verheulte, vor Schmerz erstarrte Gesicht der jungen Frau, und ich fühlte, wie ihre ringlose Hand sich an mein Knie klammerte, als wir losfuhren.

Der Arzt war ein Mensch mit einem gewissen Sinn für Humor, denn ich weiß noch, daß er mein Auto im Namen Äskulaps beschlagnahmte und das Automobil und mich ohne Gnade einsetzte. Zuerst eskortierten wir Mrs. Madehurst und die Blinde, um am Krankenlager zu wachen, bis die Schwester eintreffen würde. Darauf fielen wir in ein hübsches Kreisstädtchen ein, um zu Rezepten zu kommen (der Arzt hatte zerebrospinale Meningitis diagnostiziert), und als die Grafschafts-Krankenanstalt, die von verstörtem Marktvieh umlagert war, meldete, daß im Moment keine Krankenschwestern zur Verfügung ständen, gingen wir im wahrsten Sinne des Wortes auf die ganze Grafschaft los. Wir unterhandelten mit Besitzern von

Landhäusern, Personen von Rang und Namen, die am Ende baumüberwölbter Auffahrten saßen und deren starkknochiges Weibervolk vom Teetisch wegstakte, um sich die dringenden Worte des Doktors anzuhören. Schließlich gab eine unter einer Libanonzeder sitzende alte, weißhaarige Dame, die von einem Hofstaat prächtiger Russischer Windhunde – alles Autohasser – umringt war, dem Arzt eine schriftliche Order, die dieser wie von einer Prinzessin entgegennahm und die wir mit übersetzter Geschwindigkeit viele Meilen durch einen Park zu einem französischen Nonnenkloster brachten, wo wir sie gegen eine bleiche zitternde Ordensschwester eintauschten. Sie kniete im Wageninnern und betete ohne Unterlaß den Rosenkranz, bis wir sie auf Abkürzungen, die sich der Doktor ausgedacht hatte, zum Süßwarenladen geführt hatten. Es war ein langer Nachmittag, vollgestopft mit verrückten Ereignissen, die entstanden und vergingen wie die Staubwolken unter unseren Rädern: Querschnitte durch uns fernstehende und unverständliche Leben, die wir im rechten Winkel durchrasten; und ich fuhr in der Abenddämmerung erschöpft nach Hause, um von aufeinanderprallenden Rindviehhörnern zu träumen; von kulleräugigen Nonnen, die in einem Gräbergarten lustwandelten; von vergnüglichen Teegesellschaften unter schattigen Bäumen; von nach Karbol duftenden, graugestrichenen Korridoren der Grafschafts-Krankenanstalt; von den

«Exiguus spatio, variis sed fertilis herbis»
Mezzotinto von Henry Fletcher (tätig um 1715–38)

Tritten scheuer Kinder im Wald und von Händen, die meine Knie umklammerten, als das Auto anfuhr.

Ich hatte die Absicht gehabt, in ein paar Tagen wieder hinzufahren, aber dem Schicksal gefiel's, mich unter mancherlei Vorwänden von dieser Seite der Grafschaft fernzuhalten, bis der Holunder und die wilde Rose Früchte trugen. Endlich brach ein strahlender, von Südwesten her reingefegter Tag an, der die Hügel zum Greifen naherückte, ein Tag voller unberechenbarer Luftströmungen und hoher zarter Wolken. Ohne eigenes Zutun war ich abkömmlich und brachte das Auto zum dritten Mal auf jene bekannte Straße. Als ich den Kamm der Downs erreichte, spürte ich, wie sich die linde Luft veränderte, sah, wie sie glasig wurde unter der Sonne; und als ich aufs Meer hinunterschaute, bemerkte ich, wie sich im selben Augenblick die Bläue des Kanals verfärbte und von poliertem Silber zu glanzlosem Stahl und dann zu trübem Zinn überging. Ein hochbeladener Kohlendampfer, der sich bis dahin der Küste entlanggedrückt hatte, steuerte aufs tiefere Wasser hinaus, und durch kupferfarbenen Dunst sah ich ein Segel nach dem anderen auf der verankerten Fischerflotte hochgehen. Hinter mir, in einer tiefen Delle, erhob sich unvermittelt ein dröhnender Wirbelwind durch die geschützt stehenden Eichen und riß kreiselnd die ersten Proben trockener Herbstblätter mit sich in die Höhe. Als ich die Küstenstraße erreichte, qualmte der Nebel von der See über die Ziegeleien, und die Flut erzählte jeder Buhne unterhalb von Ushant vom Sturm. Es verging keine Stunde, und das sommerliche England war in frostigem Grau verschwunden. Wieder einmal waren wir das abgeschiedene Inselreich im Norden, und alle Schiffe der Welt röhrten vor unseren gefahrvollen Pforten; und zwischen ihren Schreien war das Kreischen verstörter Möwen zu hören. Tropfen rannen vor Feuchtigkeit von meiner Mütze, und die Falten der Reisedecke fingen sie in kleinen Lachen auf oder ließen sie in Bächlein ablaufen, und Salz klebte wie Rauhreif an meinen Lippen.

Landeinwärts lud sich der dichtgewordene Nebel unter den Bäumen mit Herbstgeruch auf, und der tröpfelnde Regen ging in einen Schauer über. Die späten Blumen – Malven am Wegrand, Skabiosen auf dem Feld und Dahlien im Garten – guckten noch immer fröhlich durch den Nebel, und wo der Odem der See nicht hinreichte, war kaum etwas vom Absterben der Natur zu sehen. Noch immer standen in den Dörfern alle Haustüren offen, und nacktbeinige, barhäuptige Kinder saßen auf den feuchten Treppenstufen herum und riefen «Pup-pup» hinter dem Fremden her.

Ich erlaubte mir, dem Süßwarenladen einen Besuch abzustatten, wo mich Mrs. Madehurst mit den gastfreundlichen Tränen einer dicken Frau empfing. Jennys Kind, erzählte sie, sei zwei Tage nach der Ankunft der Nonne gestorben. Sie fand, es sei schon am besten für das Kind, daß es jetzt aus dem Weg sei, obwohl die Versicherungsgesellschaften aus Gründen, von denen sie nicht einmal so tun wolle, als verstände sie sie, nur ungern solche danebengegangene Leben versichern würden. «Nicht etwa, daß sich Jenny nicht so um Arthur gekümmert hätte, wie wenn er zur rechten Zeit zur Welt gekommen wäre, am Ende des ersten Jahres – wie Jenny selber.» Dank Miss Florence war das Kind mit einem Pomp begraben worden, der nach Mrs. Madehursts Meinung die kleine Unregelmäßigkeit seiner Geburt mehr als wettmachte. Sie beschrieb den Sarg, wie er innen und außen aussah, den gläsernen Leichenwagen und die Grabumrandung aus Immergrün.

«Aber wie geht's der Mutter?» erkundigte ich mich.

«Jenny? Oh, die wird schon darüber hinwegkommen. Dasselbe habe ich auch mit ein paar von meinen eigenen mitgemacht. Sie kommt schon darüber hinweg. Sie wandert jetzt im Wald herum.»

«Bei dem Wetter?»

Mrs. Madehurst schaute mich mit zusammengekniffenen Augen über den Ladentisch an. «Weiß nicht, aber irgendwie macht's dem Herzen Luft. Ja, es macht dem Herzen Luft. Verlieren und Gebären kommt auf die Dauer aufs gleiche heraus, heißt's bei uns.»

Altweiberweisheit ist nun mal größer als alle Weisheit der Väter zusammengenommen, und dieser letztere Orakelspruch stürzte mich in derart weitläufige Gedankengänge, während ich die Straße hochfuhr, daß ich beinahe eine Frau und ein Kind an der waldigen Ecke am Gutstor zum «Haus Wunderschön» überfahren hätte.

«Hundewetter!» rief ich, wie ich im Schritttempo in die Kurve fuhr.

«Halb so schlimm», kam es gelassen aus dem Nebel zurück.

«Meins ist daran gewöhnt; Ihres werden Sie vermutlich drinnen finden.»

Im Haus empfing mich Madden mit professioneller Höflichkeit, erkundigte sich nach dem Befinden des Automobils und ließ es sich nicht nehmen, es unterzustellen.

Ich wartete in einer ruhigen nußbraunen Halle, der späte Blumen etwas Freundliches gaben und die ein wunderbar würziges Holzfeuer durchwärmte – ein sehr friedlicher Raum mit großer Ausstrahlung. (Männer und Frauen bringen ja hin und wieder unter großer Mühe eine glaubhafte Lüge zustande; aber das Haus, das ihr Tempel ist, kann nichts anderes erzählen als die Wahrheit über die, die darinnen wohnen.) Das Wägelchen eines Kindes und eine Puppe lagen auf dem schwarzweißen Boden, auf dem ein Vorleger weggestrampelt worden war. Ich hatte das Gefühl, als seien die Kinder gerade erst weggerannt, um sich, was das

Nächstliegende war, in den vielen Windungen des großen, handgearbeiteten Treppenhauses zu verstecken, das gewichtig aus der Halle emporstieg, oder um sich hinter den geschnitzten Löwen und Rosetten der Galerie darüber hinzukauern und mich zu beäugen. Dann hörte ich ihre Stimme über mir – sie sang, wie die Blinden singen – aus ganzer Seele:

«In den wonnigen Gärten ...»

Und mein ganzer früherer Sommer war mir bei der Melodie wieder gegenwärtig.

«In den wonnigen Früchtegärten
Bitten wir Gott: ‹Segne unsern Gewinn›,
Aber ‹Gott behüte uns vor Härten›
Gäbe passenderen Sinn.»

Sie ließ die holprige fünfte Zeile weg und wiederholte:

«Gäbe passenderen Sinn.»

Ich sah sie über die Galerie lehnen, ihre ineinandergelegten Hände hoben sich perlweiß vom Eichenholz ab.

«Sind Sie es, vom andern Ende der Grafschaft?» rief sie.

«Jawohl, ich bin's, vom andern Ende der Grafschaft», gab ich lachend zurück.

«Was hat's doch lange gedauert, bis Sie wieder herkommen mußten!» Sie lief die Treppe herunter, wobei eine Hand leicht auf dem breiten Geländer auflag.

«Zwei Monate sind's und vier Tage. Der Sommer ist vorbei.»

«Ich hatte die Absicht, früher zu kommen, aber das Schicksal hat es anders gewollt.»

«Das weiß ich. Bitte, sehen Sie doch zum Feuer. Ich darf mich seiner ja nicht annehmen, aber ich spüre, daß es nicht recht will. Bringen Sie es in Gang!»

Ich sah auf beiden Seiten des tief in die Wand eingelassenen Kamins nach, fand aber nur einen halbverkohlten Zaunpfahl, mit welchem ich ein schwarzes Scheit in die Flammen schob.

«Es geht nie aus, weder bei Tag noch bei Nacht», sagte sie wie zur Erklärung, «falls jemand hereinkommt und an die Zehen friert.»

«Innen ist das Haus noch viel schöner als außen», murmelte ich. Das rote Licht ergoß sich so weit über die vom Alter polierte dunkle Täfelung, daß die Tudor-Rosen und -Löwen der Galerie Bewegung und Farbe erhielten. Ein alter, konvexer, von einem Adler gekrönter Spiegel nahm das Bild in sein geheimnisvolles Herz auf, verzerrte abermals die bereits verzerrten Schatten und buchtete die gerade Linie der Galerie zur Wölbung eines Schiffsrumpfes aus. Der Tag ging in einem halben Sturm zu Ende, so daß sich der Nebel in dahinjagende Fetzen auflöste. Durch die vorhanglosen unterteilten Scheiben des breiten Fensters konnte ich sehen, wie die tapferen Reiter auf dem Rasen Ausfälle gegen den Wind, der sie mit Legionen toter Blätter herausforderte, machten und wieder in Ruhestellung gingen.

«Ja, es muß schön sein», sagte sie. «Möchten Sie es sich ansehen? Oben ist noch immer genügend Licht.»

Ich stieg hinter ihr das solide Treppenhaus hoch, das breit genug für ein Gefährt gewesen wäre, zur Galerie, von der die kannelierten elisabethanischen Türen abgingen.

«Fühlen Sie doch einmal, wie tief unten die Klinken angebracht worden sind – der Kinder wegen.» Sie stieß ein Türchen nach innen auf.

«Übrigens, wo sind sie eigentlich?» fragte ich. «Heute habe ich sie noch nicht einmal gehört.»

Sie antwortete nicht sogleich. Dann sagte sie leise: «Ich kann sie eben nur hören. Dies ist eines ihrer Zimmer – alles bereit, wie Sie sehen.»

Sie wies in einen ganz mit Holz getäfelten Raum. Kleine niedere Klapptische und Kindersessel standen da. Ein Puppenhaus, mit der einhängbaren Fassade halb offen, hatte seinen Platz gegenüber einem großen gescheckten Schaukelpferd, von dessen gepolstertem Sattel es ein Kinderspiel war, auf die breite Fensterbank zu kraxeln, von der aus man den Rasen überblickte. Ein Spielzeuggewehr lag in einer Ecke neben einer vergoldeten Kanone aus Holz.

«Sicher sind sie eben weggelaufen», flüsterte

ich. Im schwachen Licht knarrte vorsichtig eine Türe. Ich hörte das Rascheln eines Kleidchens und Fußgetrippel – flinke Füßchen, die durch einen Raum nebenan rannten.

«Ich hab's gehört», rief sie triumphierend. «Sie auch? Kinder, o Kinder, wo seid ihr denn?»

Die Stimme erfüllte den Raum, der sie liebevoll bis zum vollkommenen letzten Ton bewahrte, aber jetzt antwortete darauf kein Juchzer wie damals im Garten. Wir hasteten von einem eichengedielten Raum zum nächsten; hier eine Stufe hoch, da drei Stufen hinunter, durch ein Gewirr von Gängen; die ganze Zeit genasführt von denen, die wir jagten. Ebenso gut hätte man versuchen können, ein einziges Frettchen in einen Kaninchenbau mit offenen Ausgängen zu jagen. Es gab unzählige Mauernischen, jetzt im Dunkeln liegende, schießschartenartige Erker, von wo sie hinter unserem Rücken losrennen konnten, und nicht mehr benutzte, sechs Fuß tief ins Mauerwerk eingelassene Kamine sowie den Irrgarten, der durch die Verbindungstüren zwischen den Zimmern entstand. Ein paarmal hatte ich ihr vergnügtes Gekicher vernommen, wenn es ihnen gelang zu entschlüpfen, und ein paarmal den Schattenriß eines Kinderkleidchens vor dem dunkel werdenden Fenster am Ende eines Korridors erspäht; aber wir kehrten mit leeren Händen zur Galerie zurück, just in dem Augenblick, als eine Frau mittleren Alters eine Lampe in die dazu bestimmte Nische stellte.

«Nein, heute abend hab' ich sie auch nicht gesehen, Miss Florence», hörte ich sie sagen, «aber dieser Turpin da, der sagt, er will mit Ihnen sprechen, wegen seinem Stall.»

«Oh, da muß Mr. Turpin mich wohl sehr dringend sprechen wollen. Richten Sie ihm aus, er soll in die Halle kommen, Mrs. Madden!»

Ich schaute in die Halle hinunter, die nur vom schwachen Licht des Feuers erleuchtet wurde, und im tiefsten Schatten sah ich sie schließlich. Sie mußten hinuntergeschlüpft sein, während wir in den Gängen herumliefen, und glaubten sich nun hinter einem alten, vergoldeten Lederwandschirm sicher versteckt. Nach kindlichem Rechtsempfinden galt mein fruchtloses Hinterherjagen soviel wie eine Empfehlung, aber da ich mir damit so viel Mühe gemacht hatte, beschloß ich, sie dazu zu kriegen, später von selbst herauszukommen, durch den einfachen Kniff, den Kinder nicht ausstehen können, nämlich so zu tun, als bemerke man sie gar nicht. Sie lagen dicht beisammen, ein kleines Knäuel, kaum mehr als Schatten, außer wenn eine aufzüngelnde Flamme einen Umriß preisgab.

«Und jetzt wollen wir Tee trinken», sagte sie, «ich glaub', ich hätte Ihnen gleich zu Anfang welchen anbieten sollen, aber irgendwie schafft man es nicht, gute Manieren zu wahren, wenn man alleine lebt und als etwas – hm – komisch gilt.» Und dann fügte sie mit ganz feinem Spott bei: «Möchten Sie eine Lampe, damit Sie beim Essen sehen können?»

«Das Licht des Feuers ist viel angenehmer, find' ich.»

Wir tauchten in das köstliche Dämmerlicht ein, und Madden brachte Tee.

Ich wählte meinen Sessel vor dem Wandschirm, gefaßt darauf, zu überraschen oder überrascht zu werden, je nachdem wie sich das Spiel entwickeln sollte, und mit ihrer Erlaubnis – denn der Herd ist immer heilig – beugte ich mich nieder, um mit dem Feuer zu spielen.

«Woher kriegen Sie denn diese feinen kurzen Holzbündel?» fragte ich beiläufig. «Nanu, das sind ja Kerbhölzer.»

«Natürlich», erwiderte sie. «Da ich weder lesen noch schreiben kann, bin ich gezwungenermaßen für meine Abrechnungen aufs alte englische Kerbholz zurückverfallen. Geben Sie mir eins herüber, und ich sag' Ihnen, was es zu bedeuten hatte.»

Ich reichte ihr ein noch nicht angesengtes, etwa ein Fuß langes Haselkerbholz, und sie fuhr mit dem Daumen über die Kerben.

«Das ist der Milchertrag unserer Farm für den Monat April letzten Jahres, in Gallonen», erläuterte sie.

«Ich weiß nicht, was ich ohne Kerbhölzer angefangen hätte. Einer meiner alten Förster hat mir das System beigebracht. Heutzutage gilt es sonst als überholt, nur meine Pächter brauchen es noch. Einer von ihnen wird gleich kommen, um mich zu sprechen. Oh, das tut nichts. Er hat hier außerhalb der Geschäftszeiten nichts zu suchen. Er ist ein habgieriger unwissender Mensch – sehr habgierig sogar –, sonst käme er nicht noch nach Anbruch der Dunkelheit vorbei.»

«Besitzen Sie denn viel Land?»

«Gott sei Dank nur ein paar hundert Morgen in Selbstverwaltung. Weitere sechshundert sind fast ausschließlich an Leute verpachtet, die meine Familie schon vor mir gekannt haben, aber dieser Turpin ist ein ziemlich neuer Mann – ein richtiger Straßenräuber!»

«Aber sind Sie sicher, daß ich nicht ...?»

«Sicher nicht. Sie haben ein Anrecht darauf. Er hat keine Kinder.»

«Ach ja, die Kinder», sagte ich und glitt mit meinem niedrigen Sessel weiter zurück, bis er fast den Wandschirm berührte, der sie verbarg. «Ich bin ja gespannt, ob sie meinetwegen herauskommen.»

Stimmengemurmel – Maddens Stimme und eine tiefere – war von der niedrigen dunklen Seitentüre her zu vernehmen, und ein rothaariger Riese mit Segeltuchgamaschen, unverkennbar der Gutspächtertyp, kam hereingestolpert oder wurde hereingeschubst.

«Kommen Sie zum Feuer, Mr. Turpin», sagte sie.

«Bitte sehr, Miss, ich ... ich kann ganz gut auch an der Tür stehenbleiben.» Beim Sprechen klammerte er sich an den Türgriff wie ein verschüchtertes Kind. Plötzlich wurde mir klar, daß ihn eine schier übermächtige Furcht beim Wickel hielt.

«Nun?»

«Wegen dem neuen Stall fürs Jungvieh ... das wär's. Die ersten Herbststürme setzen ein ... aber ich komm' ein andermal wieder, Miss.» Seine Zähne klapperten nicht viel stärker als die Türklinke.

«Das glaub' ich nicht», sagte sie nüchtern. «Der neue Stall, na. Was hat Ihnen denn mein Verwalter am fünfzehnten geschrieben?»

«Ich hab' mir gedacht, daß vielleicht, wenn ich direkt mit Ihnen sprechen würde ... so ... so ... von Mann zu Mann ... Miss. Aber ...»

Er rollte seine schreckgeweiteten Augen, die in jeder Ecke Zuflucht suchten. Halb öffnete er die Tür, durch die er eingetreten war, aber ich bemerkte, daß sie wieder geschlossen wurde – von außen und mit fester Hand.

«Er schrieb, was ich ihm aufgetragen hatte», fuhr sie fort. «Sie haben bereits zuviel Vieh. Dunnetts Farm hat nie mehr als fünfzig Ochsen gehalten – nicht einmal zu Mr. Wrights Zeiten. Und er hat zusätzlich Preßfutter verwendet. Sie haben bereits siebenundsechzig Stück und füttern nicht zu. In dieser Hinsicht haben Sie den Pachtvertrag gebrochen. Sie treiben Raubbau mit dem Land.»

«Ich ... ich kriege ja Mineraldünger ... Superphosphate ... nächste Woche. Eine Wagenladung voll hab' ich praktisch schon bestellt. Ich geh' morgen zum Bahnhof und kümmere mich darum. Und dann kann ich wiederkommen und mit Ihnen reden, Miss, sozusagen von Mann zu Mann, bei Tageslicht... Der Herr da geht doch nicht etwa weg?» Er kreischte fast.

Ich hatte nur den Sessel etwas weiter zurückgleiten lassen und die Hand nach hinten ausgestreckt, um ans Leder des Wandschirms zu pochen, aber er fuhr hoch wie eine aufgescheuchte Ratte.

«Nein. Und nun hören Sie mir bitte einmal zu, Mr. Turpin.» Sie drehte sich im Sessel um und wandte ihm, der mit dem Rücken zur Tür stand, das Gesicht zu. Es war ein altbekanntes geplantes Beispielchen mieser Profitmacherei, das sie ihm da auf den Kopf zusagte – dieser Antrag auf einen zusätzlichen Kuhstall auf Kosten seiner Grundherrin, damit er mit dem heimlich einkalkulierten Dünger den Pachtzins fürs nächste Jahr aus dem Grundschätzungswert des Hofes herausschlagen könne, wohlverstanden, nachdem er, wie sie sagte, die zusätzlich gedüngten Weiden bis auf die Grasnarbe ausgebeutet haben würde. Ich konnte gar nicht anders, als das Übermaß seiner Habgier zu bewundern, um derentwillen er dem unbestimmbaren Grauen, das ihm den Angstschweiß über die Stirne rinnen ließ, Trotz bot.

Ich hörte auf, aufs Leder zu klopfen – ich rechnete in der Tat gerade die Kosten des Stalles aus –, da fühlte ich, wie meine herunterhängende Hand ergriffen und sanft in weichen Kinderhändchen herumgedreht wurde. So hatte ich schließlich doch gesiegt! Gleich würde ich mich umwenden und Bekanntschaft schließen mit diesen schnellfüßigen Wanderern ...

Ein hingehauchtes Küßchen fiel mitten in meine Handfläche – ein Geschenk, über das sich die Finger damals immer sofort zu schließen hatten: der hingebungsvoll-vertrauende, halb vorwurfsvolle Wink eines wartenden Kindes, das nicht daran gewohnt war, vernachlässigt zu werden, auch wenn die Erwachsenen ganz furchtbar beschäftigt waren –, ein Bruchstück jener wortlosen Verständigung, die wir einst vor sehr langer Zeit zusammen ausgemacht hatten.

Und dann fiel es mir wie Schuppen von den Augen. Und mir war, als hätte ich es vom ersten Tag an gewußt, als ich über den Rasen zum Fenster hinaufgeblickt hatte.

Ich hörte die Tür ins Schloß fallen. Die Frau wandte sich mir schweigend zu, und ich fühlte, daß auch sie es wußte.

Wieviel Zeit danach verstrich, vermag ich nicht zu sagen. Aufgeschreckt wurde ich, weil ein Scheit herausfiel, und ich erhob mich automatisch, um es zurückzulegen. Darauf kehrte ich an meinen Platz zurück, zu meinem Sessel ganz nah beim Wandschirm.

«So, jetzt verstehen Sie», flüsterte sie über die dichtgedrängten Schatten hinweg.

«Ja, jetzt verstehe ich. Ich danke Ihnen.»

«Ich... ich höre sie ja nur.» Sie senkte ihren Kopf in die Hände. «Ich hab' kein Recht, Sie wissen ja, kein anderes Recht. Ich hab' weder geboren noch verloren, weder geboren noch verloren!»

«So seien Sie sehr froh», sagte ich, denn meine Seele in mir lag bloß.

«Vergeben Sie mir!»

Sie schwieg, und ich kehrte zurück zu meinem Leid und meiner Freude.

«Es geschah, weil ich sie so liebte», sagte sie endlich mit gebrochener Stimme. «Aus diesem Grunde geschah es, schon ganz von Anfang an – schon bevor ich wußte, daß sie... sie alles sind, was ich je mein eigen nennen würde. Und ich liebte sie doch so!»

Sie streckte die Arme aus nach den Schatten und den Schatten innerhalb des Schattens.

«Sie kamen, weil ich sie liebte, weil ich sie brauchte. Ich... ich muß sie dazu gebracht haben. War das unrecht – was meinen Sie?»

«Nein... nein.»

«Ich... ich gebe ja zu, daß das Spielzeug und das ganze Drum und Dran Unsinn waren... aber... aber ich selbst habe leere Räume so gehaßt, als ich klein war.» Sie wies auf die Galerie. «Und die Gänge so ganz leer... und wie hätte ich es je ertragen können, daß das Gartentor geschlossen blieb? Nehmen wir doch an...»

«Nein, um Himmels willen, nicht!» rief ich.

Das Zwielicht hatte einen kalten Regenschauer gebracht mit ungestümen Windstößen, die an den Butzenscheiben herumzerrten.

«Und das gilt auch fürs Feuer, das die ganze Nacht hindurch unterhalten wird. Ich finde das nicht so unsinnig – und Sie?»

Ich schaute den breiten Backsteinkamin an und stellte durch Tränen, glaub' ich, fest, daß weder darauf noch in seinem Umkreis Eisen zu finden war, das die Geister der Toten abgeschreckt hätte, und ich senkte den Kopf.

«Ich hab' all das getan und vieles mehr – einfach, um so zu tun als ob. Dann kamen sie. Ich hörte sie, aber ich wußte nicht, daß sie von Rechts wegen nicht mir gehörten, bis Mrs. Madden mir sagte ...»

«Die Frau des Butlers? Was denn?»

«Eins davon, ich hörte es, hat sie gesehen. Und wußte: das war das ihre! *Nicht* für mich. Erst wußte ich das gar nicht. Vielleicht war ich auch eifersüchtig. Danach ging es mir langsam auf, daß es nur geschah, weil ich sie liebte, nicht weil... Oh, entweder *muß* man gebären oder verlieren», sagte sie in mitleiderregendem Ton. «Es gibt nichts anderes – und doch, sie lieben mich. Das müssen sie doch! Nicht wahr?»

Kein Geräusch war im Raum zu vernehmen, außer den schlappernden Lauten der Flammen, aber wir beide lauschten angespannt, und sie wenigstens fand Trost in dem, was sie hörte. Sie gewann ihre Fassung zurück und erhob sich halb.

Ich blieb unbeweglich auf meinem Sessel beim Wandschirm sitzen.

«Halten Sie mich nicht für einen armen Tropf, weil ich so über mich jammere, aber... aber ich bin eben ganz im Dunkel, und Sie, Sie können sehen.»

In der Tat konnte ich sehen, und mein Sehvermögen bestätigte mich in meinem Entschluß, obwohl sich das genauso anfühlte, als würden Geist und Körper auseinandergerissen. Doch ein Weilchen wollte ich noch bleiben – da es das letzte Mal war.

«Sie denken also, es sei unrecht?» sagte sie heftig, obwohl ich nichts gesagt hatte.

«Nicht für Sie. Tausendmal nein. Für Sie ist es recht... ich bin Ihnen unaussprechlich dankbar. Für mich wäre es unrecht. Nur für mich...»

«Warum?» fragte sie, fuhr sich aber mit der Hand übers Gesicht, wie damals bei unserem zweiten Zusammentreffen im Wald. «Ach so», sagte sie dann, in der heiligen Einfalt eines Kindes. «Für Sie wäre es unrecht.» Und dann, indem sie leise in sich hineinlachte: «Erinnern Sie sich – ich hab' Sie doch einen Glückspilz genannt – einmal – am Anfang. Ausgerechnet Sie, der Sie nie wieder hierherkommen dürfen!»

Sie verließ mich, damit ich noch ein Weilchen beim Wandschirm sitzen bleiben konnte, und ich hörte, wie oben, der Galerie entlang, ihr Schritt nach und nach erstarb.

JOSEPH BEAUMONT

1616–1699

■

The Garden

The garden's quit with me: as yesterday
I walk'd in that, today that walks in me;
Through all my memory
It sweetly wanders, and has found a way
To make me honestly possess
What still another's is.

Yet this gain's dainty sense doth gall my mind
With the remembrance of a bitter loss.
Alas, how odd and cross
Are earth's delights, in which the soul can find
No honey, but withall some sting
To check the pleasing thing!

For now I'm haunted with the thought of that
Heav'n-planted garden where felicity
Flourish'd on ev'ry tree.
Lost, lost it is; for at the guarded gate
A flaming sword forbiddeth Sin
(That's I) to enter in.

O Paradise! when I was turned out,
Had'st thou but kept the Serpent still within,
My banishment had been

JOSEPH BEAUMONT

1616–1699

■

Der Garten

Der Garten schuldet nichts; wie gestern ich
In ihm, geht heute er in mir;
Zieht sich durch meinen Sinn
Anmutig hin, fand einen Weg,
Daß ich in Ehren jetzt genieß',
Was eines andern ist.

Doch dieser köstliche Gewinn wird mir vergällt
Von der Erinnrung an Verlust, der quält.
Weh, seltsam und ein Kreuz
Ist irdischer Genuß, in dem die Seel' bestimmt
Honig und Stachel finden muß,
Der ihr die Freude nimmt!

Denn nun plagt mich im Traum
Der Himmelsgarten, wo Glückseligkeit
Blühte an jedem Baum.
Er ist dahin, dahin; denn am bewachten Tor
Ein Flammenschwert der Sünde wehrt,
Drum mir den Eingang sperrt.

O Paradies! Als es dich lassen hieß,
Hättst du nur noch die Schlange drin,
Ich nähm' den Bannstrahl leichter hin,

Less sad and dangerous: but round about
This wide world runneth raging he
To banish me from me:

I feel that through my soul he death hath shot;
And thou, alas, hast locked up Life's Tree.
O miserable me,
What help were left, had *Jesus's* pity not
Show'd me another Tree, which can
Enliven dying Man.

That Tree, made fertile by his own dear blood,
And by his death with quick'ning virtue fraught!
I now dread not the thought
Of barricado'd Eden, since as good
A Paradise I planted see
On open Calvary.

Mir würde davon nicht solche Gefahr:
Jetzt rennt sie rasend um die weite Welt,
Daß es mir an mir selber fehlt:

Mir ist, als ob sie Tod in meine Seele trieb;
Und weh, du hast den Lebensbaum verwahrt.
Ich armer Wicht,
Was gäb' es Hilfe, hätte *Jesu* Mitleid nicht
Mir einen andern Stamm gezeigt, der Leben bringt,
Wenn Mensch mit dem Tode ringt.

Den Baum, von seinem teuren Blut fruchtbar gemacht
Und dem sein Tod hat Lebenskraft gebracht!
Nun schreckt mich nicht mehr dies
Versperrte Eden, ein zweites Paradies
Seh' ich errichtet da
Offen auf Golgatha.

Der Klostergarten als Paradies
Holzschnitt aus: «Fior di virtu hystoriato», 1519

GOTTFRIED ARNOLD

1666–1714

Spaziergang mit Jesu

Es ist ja wahr, im Feld sieht's lieblich aus,
Wo alles sich mit Blumen kann bezieren:
Ich aber geh' auch hier in meinem Haus
In aller Still' mit meinem Lamm spazieren.
Da scheint die Sonn', da singt die Nachtigall,
Da grünt's und blüht's, da rauschen frische Quellen.
Ich seh' da nichts als Jesum überall,
Sein Engelchor erfüllet alle Stellen.
Er ist die Sonn', die Liebe, der Gesang,
Dabei die Hoffnung grünt und reine Wasser
springen.
Ist das nicht gnung bei meinem schönen Gang?
Er soll mich ja zum Paradiese bringen.

JOHANN KLAJ

1616–1656

Christus in der Gestalt des Gärtners

Ach eile Maria, die zwitscherden Sänger einziehn,
Ach eile Maria, der bittere Winter ist hin,
Der Felderbereifer
Und Wiesenzerschleifer.

Es kommen die silberkristallinen Brunnen
Durch Wälder und Felder mit Lisplen gerunnen,
Da rastet der Schläfer,
Der bräunliche Schäfer.

Die künstlich bemalete Tulipe prächtiglich läßt,
Dieweil sie geschmücket und sticket der blümichte West,
Der Kältebezwinger
Und Blumenanbringer.

Es kirren und girren die Tauben im Schatten,
Die frommen und friedlichen Störche sich gatten,
Violen ausblühen,
Was willt du verziehen?

Schau meinen durchbohreten Leib und eröffnete
Brust,
Aus welcher gequollen der rötlich gefärbete Must,
Betrachte die Glieder,
Wie glänzen sie wieder:

Ach herze mich nicht, ich bin noch nicht gezogen
Hindurch die mit Sternen gewölbeten Bogen,
Der Fried' ist getroffen,
Der Himmel ist offen.

Ach eile Maria, den flüchtigen Jüngern zu sagen,
Ich fahre zu meinem und euerem Vater mit Wagen,
Die Thronen mich gleiten,
Den Einzug bereiten.

Jesus als Gärtner (Joh. 20,17)
Holzschnitt von Albrecht Dürer (1471–1528)

ALPHONSE DE LAMARTINE

1790–1869

■

Worte an die Gärtner

Meine Herren!

Jene Meister der Kunst, jene Betreuer der Natur, deren Ausführungen Sie zuvor gehört haben, vor allem aber der gelehrte und verehrungswürdige Altmeister des Landbaus, Monsieur Jard, der mit seinen Worten über mich soeben die Gefühle und das Wohlwollen, mit denen er mich im Privatleben beehrt, an die Öffentlichkeit getragen hat, sie allein sind nach meiner Meinung befugt, zu Ihnen über die nutzbringende und faszinierende Gartenbaukunde zu sprechen, deren Früchte und Blüten vorhin auf einem anderen Gelände Ihrer Ausstellung über die Augen zu uns gesprochen haben. Da mir jedoch die Rolle eines unvoreingenommenen Vertreters aller Anliegen dieser Berufsgemeinschaft zugewiesen wurde, die schwierige Aufgabe, nach den Meistern das Wort zu ergreifen, versuche ich nun zu gehorchen. Aber was kann ich Ihnen denn sagen, was Sie nicht schon tausendmal besser wissen als ich? Von all den Fachausdrücken, die Ihre Jahresausstellungen schmücken, von all den Pflanzen, die unter Ihrer Pflege Blüten oder Früchte tragen, kenne ich in Tat und Wahrheit lediglich den

Rebstock, diesen uns allen gemeinsamen Stamm, diesen Baum des Lebens, der uns ernährt, der uns bereichert, der uns alle in diesem Land hervorgebracht hat als menschliche Trauben! Nein, zu meiner Schande muß ich nochmals gestehen: ich kenne den Gartenbau nicht anders als durch den Genuß, den er mir verschafft, durch seine Farben, seinen Wohlgeruch, seine Düfte, seine Sinnesreize; ich weiß nicht mehr darüber, als daß er eine unerklärliche, urwüchsige, instinktmäßige Verlockung ist, welche zu allen Zeiten die Menschen, vor allem die Dichter und Denker, die Poeten, Schriftsteller, Philosophen, die Krieger, ja sogar die Klosterinsassen, veranlaßt hat, nach dem Anblick der Gärten, nach der inneren Sammlung, der Andacht in ihnen zu trachten, in Gärten zu flüchten vor dem Lärm der Menschenmenge, vor den Blicken der Masse, vor dem Tumult der Öffentlichkeit, dort zu sich selbst zu kommen im Schatten einiger Büsche, am Rand einer Quelle, um die Naturerscheinungen zu beobachten, um sozusagen mit gespitzten Ohren dem dumpfen Pochen der Erde, dem Raunen des pflanzlichen Lebens, dem Kreislauf der Säfte in den Zweigen zu lauschen, um dort auch zu spüren, wie in ihrem eigenen Innern jene Gedanken und Eingebungen wachsen, die bald religiös, bald philosophisch und dann wieder heroisch sind und die man den *Genius der Einsamkeit* nennt, oder um sich dort in der Lebensmitte, am Lebensabend auszuruhen, um ihre Kräfte wieder zu sammeln nach einer geistigen Erschöpfung, wie sie die Männer der Tat zu gewissen Zeiten übermannt, so wie Sie selbst manchmal in der Mitte oder am Ende eines Arbeitstages von körperlicher Ermüdung überrascht werden, so daß Sie gezwungen sind, sich unter den Baum zu setzen, den Sie soeben zurechtgestutzt haben, oder an den Rand des Gartenbeetes, das Sie soeben umgegraben haben!

Dank dieser Neigung zum Natürlichen, dieser heimlichen Verwandtschaft zwischen dem Menschen und einem Stück Erde, das die Hand des Gärtners für besondere Zwecke zugerichtet, eingefriedet, bebaut, bepflanzt, angesät, begossen, abgeerntet hat, wurde die Geschichte der Gärten durch alle Jahrhunderte und in allen Ländern zu einem Teil der eigentlichen Geschichte der Nationen und auch zu einem Teil der Träume über das künftige Leben, über die Vergangenheit der Völker. Überprüfen Sie doch all diese Vergangenheiten, all diese Religionen, all diese historischen Aufzeichnungen, all diese Fabeln, und Sie werden keine einzige finden, welche den Menschen nicht in einem Garten, nämlich im Garten Eden, entstehen und ihn nach seinem Tod nicht in einem Paradies enden läßt, keine einzige, welche dieses Bild eines mit Wassern und Früchten reich gesegneten Gartens nicht mit den Bildern und Träumen einer ursprünglichen Glückseligkeit oder einer künftigen Glückseligkeit im Himmel vermengt. Was beweist dies, meine Herren? Es beweist, daß die menschliche Phantasie sich für alle von ihr erschaffenen Paradiese nichts Besseres zu erträumen vermochte als einen irdischen oder himmlischen Garten, Gewässer aller Art, schattige Winkel, Blumen, Früchte, Rasenflächen und Bäume, einen heiteren Himmel, friedlich leuchtende Sterne, einen fruchtbaren Boden, sozusagen eine geheime Übereinkunft, eine gegenseitige Freundschaft zwischen dem Menschen und der Erde. Ebenso wahr ist, daß der Mensch auch in seinen schönsten Träumen nichts Besseres zu erfinden vermochte als die Natur: einen Platz an der Sonne, vor Bösewichten geschützt, durch die Pflanzenwelt verschönert, von den Vögeln des Himmels und den mit dem Menschen befreundeten Tieren belebt, durch die Arbeit der Hände geheiligt, angesichts der erahnten Gegenwart des Schöpfers gottgeweiht und schließlich bewohnt von der Familie, der Liebe, der Freundschaft und von den ewig aufeinanderfolgenden Generationen! Dort hat die Menschheit das Glück angesiedelt, und ist es nicht auch dort, wo Sie es unbeirrt suchen? Sie suchen dort nicht das unverwechselbare, vollständige Glück, das in unseren Träumen vorkommt, sondern Sie suchen das Glück in den unvollständigen und kurzlebigen Bildern, in denen Gott uns erlaubt hat, es hier auf Erden an gewissen Orten zeitweilig zu erspähen.

O ja, Sie haben ganz recht, es dort zu suchen. Wenn Ihr Beruf der glücklichste aller Berufe ist, so ist Ihre Wissenschaft im Grunde genommen die am wenigsten utopische, problematische, trügerische, die zuverlässigste aller unserer Wissenschaften.

In der Tat, ganz abgesehen von den übrigen Überlegungen, weshalb der Gartenbaukundige mit seiner Kunst so eng verbunden sei, hat mich noch etwas anderes häufig beeindruckt und hat Sie selbst sicher weit häufiger beeindruckt als mich: von allen Künsten, ich meine von allen Wissenschaften, ist es Ihre Wissenschaft, welche diesen Namen noch am ehesten verdient, welche den, der sich ihr widmet, am wenigsten täuscht, welche den Geist am wenigsten zu den Irrtümern der theoretischen Lehren verleitet und welche ihn am unmittelbarsten und am zwingendsten zur Wahrheit der praktischen Anwendung führt. Und weshalb ist das so? Weil Sie bei der Ausübung *Ihrer* Wissenschaft unablässig und unmittelbar die Natur und ihre sichtbaren, greifbaren, geheimnisvollen und doch offenkundigen Gesetze mit den Händen berühren; Sie arbeiten sozusagen Seite an Seite mit Gott; Sie sind lediglich ein Mitgestalter des göttlichen Vegetationsgesetzes. Und dieses göttliche Gesetz fügt sich unseren eitlen Launen nicht. Mit seinen unverrückbaren Werken gibt sich Gott nicht für unsere Wahnideen her. Denn die Natur kennt keine Nachsicht gegenüber unseren Irrlehren. Sie ist souverän, absolut wie ihr Schöpfer. Sie widersetzt sich unseren verrückten Bemühungen; sie vereitelt, und das manchmal rücksichtslos, die Verwirklichung unserer Illusionen. Sie steht uns bei, sie hilft uns, sie belohnt uns, wenn wir sie in guter Absicht berühren und wenn wir in ihrem eigentlichen Sinne arbeiten; aber wenn wir uns selbst täuschen, wenn wir sie vergewaltigen, zwingen, verfälschen wollen, straft sie uns Lügen mit augenfälligen Tatsachen: was immer wir gegen ihren Willen und im Widerspruch zu ihren Gesetzen erschaffen wollten, wird unfruchtbar, verkümmert, stirbt ab. *Wir* können uns ungestraft irren, und das jahrhundertelang, in der Geschichte, in der Philosophie, in den Religions- oder Sozialtheorien, ja sogar in der Astronomie. Über all das können wir uns die absurdesten Hirngespinste ausdenken und sie der Welt für lange Zeit als Wahrheiten darstellen. Sie als Landwirte oder Gärtner können das nicht! Selbst Ihre hartnäckigsten Irrtümer können nicht mehr als eine Saison überdauern, eine Vegetationsperiode, einen Frühling, höchstens ein Jahr! Das ist die Frist für Ihre Irrtümer, denn es ist die Frist für Ihre Experimente. Haben Sie diese Frist überschritten, so korrigiert die Natur Sie von selbst; sie offenbart Ihnen ihren Willen, so daß Sie Ihre eigene Arbeit mit diesem Willen in Einklang bringen müssen. Deshalb stellen Sie ihr unaufhörlich Fragen, abwägend, voller Ehrfurcht, und sie antwortet Ihnen immer richtig und immer rasch. Sie verzeichnen diese Antworten in Ihrem Gedächtnis, in Ihren Schriften, in Ihren Lehrbüchern; und aus diesem ständigen Zwiegespräch zwischen dem fragenden Menschen und der antwortenden

Natur erschaffen Sie jene Katechismen des Land- oder Gartenbaus, aus welchen die Lehre über den Pflanzenwuchs hervorgeht.

Auf diese Weise, dank einfachen Büchern, dank Kongressen über Landbau und Natur, wie es beispielsweise Ihre gegenwärtige Veranstaltung ist, haben sich diese Kenntnisse verbreitet, geklärt, vermehrt. Seit Plinius mit seinem Verzeichnis aller Pflanzen des Römischen Reiches seiner Zeit; seit Karl dem Großen mit seinen *Kapitularien,* die seine eigene Charta darstellten, wo er selbst Namen und Anzahl der Gemüsesorten angab, die er in seinen Gärten anzubauen befahl; seit Cato, dem strengsten aller Staatsmänner, der jedem römischen Bürger, wie arm er auch war, die Pflicht auferlegte, auf seinem umzäunten Stück Land Blumen zu pflanzen, damit diese Kulturen und diese Eleganz auch den Volkssitten etwas Kultur und etwas Eleganz verliehen (denn er wollte zwar den übertriebenen Luxus in der Republik eindämmen, aber er wollte zumindest kein Gesetz gegen den Luxus des Pflanzenbaus) – seit diesen Anfängen bis zu den Expeditionen auf See und zu Lande, den Kreuzfahrten der Holländer, der Engländer, die auf der ganzen Welt eine nach der anderen die achtundneunzig Gemüsesorten oder jene Blumen einsammelten, mit denen Ihre heutigen Beete und Rabatten übersät sind, dauerte es, bis schließlich die Gartenbaukunst – zunächst von den Römern erdacht, in China allgemein verbreitet und zum

Wunder vervollkommnet, in England zum aristokratischen Luxus ausgebaut, in Holland geknechtet und auf die Anbetung der Tulpe reduziert, in Italien zur Größe einer herrlichen Kunst erhoben, der Bildhauerei, der Skulptur und der Architektur gleichgestellt, in Frankreich benützt aufgrund ihrer Verwandtschaft mit dem hochentwickelten Akkerbau, dessen Vorhut sie ist –, bis diese Kunst jetzt dank Ihren Bemühungen in vielen Regionen Europas den Status einer Industrie erlangt hat, welche Millionen von Arbeitskräften beschäftigt und für Millionen Früchte und Blumen ein- und ausführt!

Auf diese Weise – darf ich Sie darauf aufmerksam machen, meine Herren – verwandelt sich der Gartenbau, der bisher zu nichts weiter als zur Erholung diente der ein häuslicher Luxus, ein Bodenschmuck war, zum ersten Mal in ein neuartiges, großartiges Handelsgut, dies zu einer Zeit, da die Arbeit dem Menschen mehr fehlt als der Mensch der Arbeit, zu einer Zeit, da die Erfindung einer neuen Industrie die Erfindung von Reichtum, die Erfindung einer Beschäftigung, die Erfindung von Gehältern, die Erfindung für das Überleben von Tausenden von Arbeitern bedeutet. Und glauben Sie ja nicht, dies sei eine Übertreibung, meine Herren! Ich komme von Südfrankreich zurück. Ich habe an der Mittelmeerküste soeben ein mit Blumen reich beladenes Schiff gesehen; die Toskana und der Staat Genua exportieren Produkte aus ihren Blumenbeeten für mehrere Millionen! Indessen ließ die eine Kunst eine weitere entstehen. Nach der Kunst des Blumenanbaus kam die Kunst des Pflückens, des Auswählens der Blumen, Farben, Schattierungen, Düfte. Diese Kunst ist beispielsweise in Genua so weit fortgeschritten, man hat dort die Rosen, die Nelken, die Dahlien, die Tulpen, die Ranunkeln so genau studiert, miteinander kombiniert, verflochten, verwoben, daß die für den festlichen Tafelschmuck bestimmten Blumengebinde, deren Durchmesser oft über einen Meter beträgt, aussehen wie Smyrnateppiche, wie pflanzliche Gewebe, wie duftender Samt, wie Mosaike aus Pflanzen. Es gibt in Genua regelrechte Webkünstler, welche diese wohlriechenden Stoffe herstellen. Eine weitere Berufsgattung bilden die Blumenbinderinnen, die unter anderem Athenerinnen sind. Die Buketts, die Sie bewundern, deren Duft Sie an Festanlässen in Toulon, in Marseille, in Bordeaux, ja sogar in Paris einatmen, wurden oft in Genua oder in Florenz zusammengestellt. So wird der Luxusgartenbau immer mehr zu einer Industrie. Wenn Sie diese Industrie noch vervollkommnen, wird daraus eine neue Kunstrichtung entstehen, eine Malkunst, die den Garten als Palette benutzt.

Aber welches auch immer die Verdienste des industriell betriebenen Gartenbaus in den Augen des Ökonomen sein mögen, wir müssen ehrlich sein und zum Kern der Sache kommen; denn, meine Herren, nicht darin liegt der wesentliche, der ewige Zauber der Gärten. Nein! Was die Menschen – besonders die empfindsamsten unter ihnen, die Gelehrten, die Literaten, die Dichter, die Weisen, die Schriftsteller, die Philosophen, sogar die Staatsmänner und die Krieger – von jeher an dieser schönen Kunst fasziniert hat, ist die damit verbundene engere Beziehung zur Natur, die beim Studium ihrer Phänomene empfundene Verzauberung, die fromme Betrachtung der Pflanzenwelt, die Verzückung, die sich bei der Beobachtung dieses vielfältigen Lebens, dieser den Gewächsen innewohnenden und sichtbaren, stummen Intelligenz immer wieder einstellt, der verwischten Grenzen zwischen dem Pflanzen- und dem Tierreich, welche alle Elemente zu vereinen scheinen, die trotz ihrer angeblichen Verschiedenheiten und Vereinzelungen eine geheimnisvolle Einheit bilden. Wegen dieser Überzeugung, daß die Natur göttlich sei, habe ich mich oft selbst des Pantheismus bezichtigt. Ich bin kein Pantheist, meine Herren! Nein, ich bin nicht wie das Kind, das beim Anblick einer im Spiegel reflektierten Gestalt glaubt, die Gestalt und der Spiegel seien ein und dasselbe, und das die Hand ausstreckt, um nach dem Spiegelbild zu greifen. Die Natur ist in meinen wie auch in Ihren Augen nur der unermeßlich große, unendliche, strahlende Spiegel, der das Bild ihres Schöpfers reflektiert. Aber ich empfinde sie als so lebendig, so intelligent und so göttlich, daß

Die Väter der Gärten: Salomo, Theophrast,
Dioskurides, Plinius und Kyros
Kupferstich von Lambert Visscher (1633–nach 1690)

ich jene verstehe, die mir zu Unrecht vorwerfen, die Natur mit ihrem Schöpfer zu verwechseln, und ihnen deshalb verzeihe.

Dies sind also die Verlockungen, welche die Seele der Denker aller Epochen gefesselt haben, wenn sie dem Keimen, dem Blühen, dem Reifen der Früchte in den Gärten zusahen. Denken Sie an Pythagoras, der seinen Jüngern das weise Gebot auferlegte, in den ländlichen Gegenden *das Echo anzubeten!* An Scipio in Liternum! An Diokletian, der auf ein Weltreich verzichtet, um in seinen Gärten von Salona Lattich zu pflanzen! An Horaz in Tibur*! An Cicero unter seinen gaetanischen Orangenbäumen! An Plinius, der seine mit Buchsbaum eingefaßten Alleen für die Nachwelt beschrieb und ein Verzeichnis seiner zu Pflanzenstatuen zurechtgeschnittenen Bäume erstellte! An den alten Homer, der zweifellos an sein väterliches Besitztum dachte, als er den kleinen Garten von Laertes beschrieb, in dem dreizehn Birnbäume gepflanzt worden waren, die ihn beschatteten! An Petrarca in Fontaine-de-Vaucluse oder auf seinem Hügel in Arquà! An Theokrit unter seinen sizilianischen Kastanienbäumen! An Gessner unter seinen Zürcher Tannen! An Madame de Sévigné in ihrem Schloßgarten von Les Rochers oder in ihrem Park der Abtei von Livry, als sie mit jenen ergreifenden Worten, die allein für sich ein Mausoleum aufwie-

* Später Tivoli genannt

gen, in einem ihrer Briefe ihren Gärtner unsterblich machte: «Monsieur Paul, mein Gärtner, ist tot; meine Bäume sind deshalb sehr traurig!» Und an Montesquieu, der, weniger weit von uns entfernt, in den breiten Alleen seines Schlosses Brède die Schatten der Kaiserreiche und den Geist der Gesetze heraufbeschwor wie vor ihm – und größer als er – Machiavelli in seiner ländlichen Einsiedelei von San Miniato auf den Hügeln der Toskana! An Voltaire, der sich abwechslungsweise in Les Délices oder in Ferney aufhielt und mit dem Horizont seiner Gärten den Genfersee und die italienischen Alpen einfaßte! An Buffon in Montbard, der es wie Plinius in Rom verstand, die Größe der von ihm beschriebenen Natur in den großartigen lebenden Museen seines Parkes zu genießen! Denken Sie schließlich an Rousseau, den ich fast vergessen hätte und der wollte, daß seine Asche auf einer Insel inmitten des letzten Gartens unter einer Pappel ruhen möge! O ja, dieser Mensch, im Arbeiterstand geboren und in einer fast sklavischen Umgebung aufgewachsen, spürte zweifellos stärker als andere die Andacht und den Trost, welche die Einsamkeit spendet! Wie oft ging ich in meiner frühen Jugend – in der ersten phantasie- und seelenvollen Leidenschaft für große Namen und für empfindsame Genies –, wie oft ging ich doch allein oder in Begleitung eines Freundes, den ich unterwegs verlor, Rousseaus geliebten Weiler Les Charmettes besuchen, das kleine Haus, den schmalen

Garten, die, zwischen den Hügeln von Chambéry in einem kaum als Tal zu nennenden Hohlweg verborgen, indessen von den schönen savoyischen Kastanienbäumen beschattet sind! Wie viele Stunden, wie viele lange Tage habe ich doch unter der kleinen Weinlaube verbracht, die er so sehr liebte, um von ihm zu träumen, um sein Leben nochmals zu leben, um zu sehen, wie die Strahlen der Abendsonne durch die herbstlich gelben Blätter der Reben sickerten, als suchte ich dort immer noch den sensibelsten und beredtesten Betrachter der Natur, der Pflanzenwelt und unseres Gottes! (Ein Applaus unterbricht den Redner.)

Es würde kein Ende nehmen, meine Herren, wollte ich alle Berühmtheiten aufzählen, deren Andenken in den Gärten zu finden ist. In der Tat könnte man die Geschichte aller großen Geister neu schreiben aufgrund der Geschichte der ländlichen Schlupfwinkel, die sie bewohnten, liebten oder mit ihren Fußspuren berühmt machten: der Mensch ist doch so sehr mit der Erde verbunden, sowohl in der Wiege als auch während des Lebens und in der Gruft ihres Besitzers! Und die Natur nimmt doch ihren Platz selbst im Dasein jener Menschen wieder ein, die am weitesten von ihr entfernt und den einfachen, reinen Freuden des Bodens und seiner Bebauer am meisten entfremdet zu sein scheinen! (Applaus.)

Und glauben Sie ja nicht, meine Herren, daß diese Freuden nur den Großen der Welt, nur den reichen Parkbesitzern vorbehalten sind. Nein, es braucht keinen Reichtum, keine Größe, keine weiten Landstriche, um all das Glück genießen zu können, das Gott in der Pflege oder in der Beobachtung der Pflanzenwelt verborgen hält. Es gibt Genüsse, welche die Vermögenden sich nicht einfach aneignen und für sich allein beanspruchen können. Die Natur ist nie aristokratisch, zumindest hat sie für den Genuß ihrer Freuden den Reichen keine anderen Sinne als den Armen, den Müßiggängern keine anderen als den Arbeitsamen verliehen: wie groß oder wie klein auch der Platz sei, der dem Menschen für diese Freuden zur Verfügung steht, es gelangt immer dieselbe Dosis von Empfindungen und Wonnen durch die Sinne in seine Seele. Die menschliche Seele ist so geartet, weil sie keine Grenzen kennt; denn die menschliche Seele ist mit einem so großen Kompressions- oder Extensionsvermögen ausgestattet, sie besitzt eine so große Elastizität, eine derartige Fähigkeit, sich zusammenzuziehen oder auszudehnen, daß sie aus einer Welt, die ihr zu eng ist, ausbrechen und wie Alexander ausrufen kann: «Gebt mir andere Welten, diese hier ist zu eng für mich!» oder daß sie sich völlig auf einen nicht einmal wahrnehmbaren Punkt im Weltall konzentrieren, zurückziehen, zusammendrängen und wie der Weise von Tibur aus dem hintersten Winkel eines mit Malven bewachsenen, mit einem dünnen Wasserstrahl befeuchteten halben Morgen Bodens ausrufen kann: «Dieses kleine Stück Boden wiegt mir alle Welten auf.» Sie können sicher sein, daß ebensoviel Freude, Genußfähigkeit, Empfindsamkeit, Hingabe und Rührung in Rousseaus Herz vorhanden war, wenn er zusah, wie die Sonne hinter der Weinlaube des kleinen Besitztums in Les Charmettes unterging, als in Buffons Herz beim Anblick des Tagesanbruchs über den Zedern seines Parks in Montbard! Sie können sicher sein, daß der Besitzer von Tausenden von bepflanzten, in Gärten aufgeteilten und bewässerten Morgen Landes auf den Hügeln Englands, Schottlands oder in der Pariser Region der Natur gegenüber keine großartigeren, überschwenglicheren, frommeren Gefühle hegt als Sie, wenn Sie sich sonntags auf Ihrem kleinen, mit einer Weißdornhecke oder einer Lehmmauer* eingefriedeten Besitztum ausruhen unter einigen wenigen blühenden Bäumen, die Sie selbst veredelt haben, neben Ihren zwei, drei Bienenstöcken, die in der Sonne summen, am Rand des Gartenbeetes, wo Sie den Spaten, den Sie morgen wieder in die Hand nehmen werden, hingelegt haben!

Und wer kann das besser nachempfinden als ich? Denn wenn Sie das Lateinische ebensogut verstehen würden, wie Sie die universelle Sprache der Pflanzenwelt verstehen, könnte ich mitten unter Ihnen mit dem Schafhirten Vergils ausrufen: *«Et in*

---

* *Pisé:* Mauerwerk aus tonhaltiger Erde, die mit Kieselsteinen und Stroh versetzt und gepreßt wurde.

«Regum aequabat opes animis»
Vergil («Georgica» 4, 132)
Kupferstich von Michiel van der Gucht (1660–1725)

Arcadia ego!», was heißen will: «Und auch ich war Gärtner!» Ja, und auch bei mir war die erste Wiege ein kleiner, von einer Trockenmauer umgebener Bauerngarten auf einem dieser kargen, düsteren Hügel, die Sie von hier aus am fernen Horizont erblicken. Es gab dort (das mehr als bescheidene Vermögen meines Vaters erlaubte es gar nicht) weder weite Flächen noch stattliche Laubbäume, weder Springbrunnen noch seltene Blumen, weder Frühobst noch Luxuspflanzen, sondern lediglich ein paar mit rotem Sand belegte Gartenwege, die mit wilden Nelken, Veilchen und Primeln gesäumt waren und die Gemüsebeete einfaßten, welche der Ernährung der Familie dienten. Nun, dort – und nicht in den Gärten Italiens oder der großartigen Parkbesitzer Frankreichs, Deutschlands oder Englands – erlebte ich die erste Ergriffenheit, welche die Natur einem Herzen, einer kindlichen oder jugendlichen Phantasie zu bescheren vermag! Ich bewohne jetzt größere und kunstvoller bepflanzte Gärten; aber immer noch habe ich eine Vorliebe für jenen Winkel: ich bewahre ihn als Kostbarkeit in seiner früheren armseligen Existenz aus Schatten, Wasser, Blumen, Früchten; und wenn ich über ein paar seltene Stunden der Freiheit und des Alleinseins verfüge, die ich mir trotz öffentlicher Angelegenheiten, trotz Geistesarbeit vorbehalte, um sie meinen undefinierbaren Selbstgesprächen zu widmen, so verbringe ich sie in diesem Garten! (Erstaunen und Zeichen der Rührung in der Versammlung.)

Ach ja, verzeihen Sie mir, daß ich solche Intimitäten preisgebe, daß ich auf das Privatleben zurückgreife. Indessen ist es hier nicht fehl am Platz; wir sind alle Mitbürger, Freunde, alle aus dem gleichen Fleisch und Blut. Wir wollen doch für einen Augenblick nur ein Herz und eine Seele sein, so wie wir nur ein Vaterland haben! (Allgemeine Ergriffenheit und Unterbrechung der Ansprache.)

O ja, auf jenem armseligen Gelände, das seit langem verlassen, ausgestorben ist, auf den von Unkraut, Moos und von Nelken aus den Rabatten überwucherten Gartenwegen, unter den alten Baumstämmen, bei welchen die Säfte, nicht aber die Erinnerungen versiegt sind, auf dem kaum geharkten Sand suche ich mit den Blicken immer noch die Fußspuren meiner Mutter, meiner Schwestern, meiner früheren Freunde, der alten Diener unserer Familie und lehne mich an den Zaun dem Haus gegenüber, das mit den Jahren immer mehr unter dem Efeu begraben wird, im Schein der untergehenden Sonne, beim Summen der Insekten, beim Rascheln der Eidechsen im alten Gemäuer, die ich als ehemalige Gäste des Gartens wiederzuerkennen glaube und mit denen ich mich, so scheint es mir, zumindest noch über die früheren Zeiten unterhalten könnte! (Zeichen einer allgemeinen und lang anhaltenden Ergriffenheit.)

Nun, meine Herren, diese ersten Freuden des Menschen, der ins Leben tritt, diese ersten Gewohnheiten, diese erste hingebende Begeisterung, diese ersten Lebensregungen an dem einsamen ländlichen Ort, an dem jetzt erkalteten und erloschenen Herd der Familie, erweckten bei mir schon früh eine Vorliebe für die Gärten und für die einfachen, intelligenten Menschen, welche sie bebauen. Und diese Vorliebe führt mich ganz von selbst und auf sehr angenehme Weise zu den jedes Jahr stattfindenden Gesprächen in Ihre Mitte zurück. Der Spaten, die Asthippe, der Rechen, die Gießkanne, allein schon der Blumentopf am Fenster des armen Arbeiters sind in meinem Herzen untrennbar verbunden mit diesen immer wiederkehrenden Erinnerungen an meine Jugendzeit auf dem Lande, inmitten der Arbeiten und Beschäftigungen in einem Bauernhaus und in einem bescheidenen Garten. Wollen Sie mich deshalb entschuldigen, daß ich als Unkundiger zu Ihnen darüber gesprochen habe. Sie sind Gärtner dank Ihrer Geschicklichkeit, Ihrem Wissen, Ihren Studien, Ihrer praktischen Erfahrung – ich bin es nur aus Empfindsamkeit und Ergriffenheit! (Der Redner wendet sich an die hinter dem Komitee sitzenden Gärtner:) Und nun, meine Herren, möge jeder von uns seinem Beruf nachgehen! Mögen *Sie* hingehen, ermutigt durch die liebevolle Unterstützung Ihrer Mitbürger, durch das rührende, einstimmige Interesse der Menschenmenge, welche dieses Theater besser füllt als bei jeder Darbietung einer belanglosen Kunst, angesichts der herzlichen Anteilnahme an Ihrer Institution, die sogar die Frauen durch ihre Gegenwart bezeigen, mögen Sie hingehen und die Blumen, die Früchte, die Gemüse, diese Wunder des kunstvollen Pflanzenbaus pflegen in Ihren Gartenbeeten, in Ihren Treibhäusern, in Ihren Laboratorien an der prallen Sonne!

Ich hingegen kehre in den alten, verwahrlosten Garten meines Vaters zurück, von dem ich Ihnen vorhin erzählt habe, um das zu pflegen, was *wir* armen Geistesarbeiter pflegen und dabei oft ebenso müde werden wie Sie: das Studium der Literatur, der Bücher, der Philosophie, der Geschichte, der Politik, der Kunst, die Menschen zu führen, die Gesellschaft zu erziehen, die Lebensbedingungen des Volkes zu verbessern, damit die Zivilisation reifere und vollkommenere Früchte hervorbringe! (Ergriffenheit und Applaus.) Aber ich kehre dorthin zurück, um vor allem das Andenken an die geliebten, verlorenen Dinge und Menschen zu pflegen, die Erinnerungen an vergangene Zärtlichkeiten, die lebendigen, oft blutigen Spuren eines Lebens, das bereits zur Hälfte verflossen ist. (Der Redner hält einen Augenblick inne, als ob er nach einem Wort suchte oder etwas überlegte.) Ich zögere, meine Herren! Ich zögere: soll ich noch weitergehen? (Er hält nochmals inne.) Nein, ich werde nicht mehr darüber sagen. Es gibt gegenüber allen tiefen Gefühlen eine schamhafte Zurückhaltung; man soll nicht die letzten Schleier von der menschlichen Seele reißen; es gibt Tränen, die nur in der Stille und in der Verschwiegenheit des Herzens fließen dürfen! Wie gesagt, ich werde an diesem Zufluchtsort meiner Kindheit Verlockungen wiederfinden, die für Sie, für uns alle stärker sind als die reichste und wohlriechendste Blütenpracht Ihrer Ausstellungen: den Duft der Erinnerungen, den Geruch der Vergangenheit (Ergriffenheit), die eigentlichen Wonnen jener Melancholie, welche die herbstliche Blume des Menschenlebens ist (starke Erregung); alles Dinge, meine Herren, die uns wie Ausdünstungen des Bodens vorkommen, wie ferne Wohlgerüche, wie ein Vorgeschmack auf jene Elysien, auf jene Gärten Eden, auf jene ewigen Gärten, wo wir alle die Personen glücklich anzutreffen hoffen, die wir geliebt und in Tränen gebadet verlassen haben ... alles Dinge, die dem naturnahen Menschen – wie weit weg, wie tief hinab oder wie hoch hinauf das Schicksal ihn auch geschleudert haben mag – den Wunsch einflößen, seine Tage auf dem Stück Erde zu beenden, auf dem er geboren wurde, und zumindest in dem Garten begraben zu sein, in welchem seine Wiege stand! (Einhellige Ergriffenheit und Rührung.)

HEINRICH VON KLEIST

1777–1811

■

Die Bedingung des Gärtners

Eine Fabel

Ein Gärtner sagte zu seinem Herrn: «Deinem Dienst habe ich mich nur innerhalb dieser Hecken und Zäune gewidmet. Wenn der Bach kommt und deine Fruchtbeete überschwemmt, so will ich mit Hacken und Spaten aufbrechen, um ihm zu wehren. Aber außerhalb dieses Bezirkes zu gehen und, ehe der Strom noch einbricht, mit seinen Wogen zu kämpfen: das kannst du nicht von deinem Diener verlangen.»

Der Herr schwieg. Und drei Frühlinge kamen und verheerten, mit ihren Gewässern, das Land. Der Gärtner triefte von Schweiß, um dem Geriesel, das von allen Seiten eindrang, zu steuern: umsonst; der Segen des Jahrs, wenn ihm die Arbeit auch gelang, war verderbt und vernichtet.

Als der vierte kam, nahm er Hacken und Spaten und ging aufs Feld.

«Wohin?» fragte ihn sein Herr.

«Auf das Feld», antwortete er, «wo das Übel entspringt. Hier türm' ich Wälle von Erde umsonst, um dem Strom, der brausend hereinbricht, zu wehren: an der Quelle kann ich ihn mit einem Fußtritt verstopfen.»

JULES RENARD

1864–1910

■

Im Garten

Der Spaten: «*Fac et spera.*»
Der Karst: «Tu' ich auch.»

Die Blumen: «Wird wohl heut die Sonne scheinen?»
Die Sonnenblume: «Gewiß, wenn ich will.»
Die Gießkanne: «Aber wenn ich will, wird's regnen, und wenn ich meine Brause abnehme sogar in Strömen.»

Der Rosenstock: «Oh! Dieser Wind!»
Der Pfahl: «Ich bin ja da.»

Die Himbeere: «Warum haben eigentlich die Rosen Dornen? Die Rosen werden ja nicht gegessen.»
Der Teichkarpfen: «Richtig bemerkt! Weil ich gegessen werde, steche ich, mit meinen Gräten.»
Die Distel: «Ja, aber zu spät.»

Die Rose: «Findest du mich schön?»
Die Hummel: «Man müßte auch dein Inneres kennen.»
Die Rose: «Komm herein.»

Die Biene: «Nur Mut! Alle sagen mir, wie fleißig und tüchtig ich sei. Am Monatsende werde ich gewiß zum Rayonchef* befördert.»

Die Zwiebel: «Puh, wie es hier stinkt!»
Der Knoblauch: «Ich wette, es ist wieder die Nelke!»

Der Spargel: «Mein kleiner Finger sagt mir alles.»

Die Kartoffel: «Ich glaube, ich habe soeben Junge geworfen.»

Der Apfelbaum (zum benachbarten Birnbaum): «Tu dich nicht so mit deiner weichen Birne!»

---

* *Le rayon* heißt auch «die Wabe».

PAUL VERLAINE

1844–1896

■

Après trois ans

Ayant poussé la porte étroite qui chancelle,
Je me suis promené dans le petit jardin
Qu'éclairait doucement le soleil du matin,
Pailletant chaque fleur d'une humide étincelle.

Rien n'a changé. J'ai tout revu: l'humble tonnelle
De vigne folle avec les chaises de rotin . . .
Le jet d'eau fait toujours son murmure argentin
Et le vieux tremble sa plainte sempiternelle.

Les roses comme avant palpitent; comme avant,
Les grands lys orgueilleux se balancent au vent.
Chaque alouette qui va et vient m'est connue.

Même j'ai retrouvé debout la Velléda,
Dont le plâtre s'écaille au bout de l'avenue.
– Grêle, parmi l'odeur fade du réséda.

PAUL VERLAINE

1844–1896

■

Nach drei Jahren

Ich stieß die schmale Türe auf, die wankt und greint,
Ich wollt' den alten, kleinen Garten wieder fühlen,
In dem betaute Blumen auf den niedern Bühlen
Auf Morgensonne warten, die sie früh bescheint.

Es ist noch immer alles, wie ich es gemeint,
Die Geißblattlaube mit den alten Eisenstühlen ...
Und die Fontäne mit dem Silberstrahl, dem kühlen,
Die alte Espe, welche endlos bebt und weint.

Ich kenn' die Rosen alle, die wie einst sich biegen,
Die großen, stolzen Lilien, die im Wind sich wiegen,
Und jeder Lerche reger Flug ist mir bekannt.

Ich fand sogar noch dort die Statue der Veleda,
Nur etwas mehr als eh' verwittert, ganz am Rand
Des Laubengangs, sehr schlank, umduftet von Reseda.

JOSEPH VON EICHENDORFF

1788–1857

Der alte Garten

Kaiserkron' und Päonien rot,
Die müssen verzaubert sein,
Denn Vater und Mutter sind lange tot,
Was blühn sie hier so allein?

Der Springbrunn plaudert noch immerfort
Von der alten schönen Zeit,
Eine Frau sitzt eingeschlafen dort,
Ihre Locken bedecken ihr Kleid.

Sie hat eine Laute in der Hand,
Als ob sie im Schlafe spricht,
Mir ist, als hätt' ich sie sonst gekannt –
Still, geh vorbei und weck sie nicht!

Und wenn es dunkelt das Tal entlang,
Streift sie die Saiten sacht,
Da gibt's einen wunderbaren Klang
Durch den Garten die ganze Nacht.

WALTER DE LA MARE

1873–1956

■

Nachbarn

Miss Guthries mühseliger Arbeitstag mündete in vollständige Erschöpfung. Körper und Geist gleichermaßen gaben sich nach ungemeiner Anstrengung nun gänzlich der Entspannung hin. Tatsächlich war es bislang stets Miss Pugh gewesen, die schöpferisch den Kurs bestimmt hatte: während es ihr, Miss Guthrie, nur dank unablässigen und äußersten Bemühens gelungen war, ihrer Rivalin den Triumph vorzuenthalten, indem sie unverzüglich und mit gleicher Waffe den forsch geführten Angriff zu parieren suchte. Der heutige Tag indessen war in der fiebrigen Hoffnung zugebracht worden, daß ihre eigene, wenngleich vielleicht etwas prosaische Emsigkeit zu guter Letzt nun doch einmal die Oberhand gewinnen könnte über die wundersam gelassene und aus sich selbst genährte Genialität, die ihrer Nachbarin nicht abzusprechen war.

Schon lange vor der Stunde, zu der es sich gewöhnlich erst geziemt, außer Haus zu gehen, hatte sie in einem entfernten Viertel einen Blumenladen aufgesucht, um, samt Wurzeln, den absolut neuesten Edelrosenstock nach Hause zu tragen. Der ganze Vormittag wurde dann darauf verwendet, so genaue wie geheime Vorbereitungen zu treffen. Und am Nachmittag schließlich hatte sie sich, in der wohlbegründeten Annahme, daß Miss Pugh ein Ruhestündchen einlegen und daher nicht in Sichtweite der beiden Gärten sein würde, ihre alten, der Arbeit im Garten dienenden Lederhandschuhe übergestreift, hatte das Loch gegraben, die Lehmerde über den Wurzeln festgetreten, und schon war das so unscheinbare wie hoffnungsvolle Etwas kerzengerade an seinem Platze eingepflanzt. Von dort aus, wagte sie zu hoffen, würde es zur Reifezeit so unvermutet vorpreschen und so jäh den Sieg an sich reißen, daß an Gegenwehr nicht mehr zu denken wäre.

Und nun also saß sie todmüde, in Unterrock und Hausschuhen, den «Schocker» aufgeschlagen zwar, doch unbeachtet unter der Leselampe, lustlos und bar jeden Interesses herum. Der Kampf war vorläufig zumindest vorbei; sie war nun nicht mehr aufs äußerste, ja nahezu über alle Maßen gefordert, und sie starrte fast wie in Panik durch die Brillengläser hindurch in eine Zukunft trostlos und leer. Hatte das Leben, um Sinn und Zweck zu haben, denn nicht stets der nachbarlichen Feindseligkeit bedurft?

«Darauf lief es wohl hinaus», dachte sie und stellte sich für einen Augenblick vor, welch vernichtende Übermacht Miss Pugh allein dadurch bewies, daß sie die Herausforderung ganz einfach ignorierte. Der Kampf war zur dümmlichen Farce geworden, schäbig und nutzlos. Um wieviel besser wäre es gewesen, hätte sie selber sich nur aus allem herausgehalten, ja nicht einmal die Existenz einer Fehde zur Kenntnis genommen! Um wieviel einfacher hätte ihr Leben seitdem doch sein können, wäre sie nur, zermalmende Überlegenheit demonstrierend, der nachbarlichen Kampfansage mit ausgesuchter Höflichkeit entgegengetreten. Ihre Arbeit in Kirche und Pfarrgemeinde, ihre kleine Gesellschaftsrunde – all dies hätte dann nicht im mindesten Schaden zu nehmen brauchen. Wie oft wäre ihr eine schlaflose Nacht, wie oft die durch den Stachel des Grolls erzeugte Pein erspart geblieben! Wieviel würdevoller, um wieviel reicher auch hätte ihr Leben doch sein können, wäre sie nur, unerträglich strafend, ihrer Widersacherin mit souveräner Indifferenz begegnet, gerade soweit Notiz von ihr nehmend, als dies nötig gewesen wäre, um ihre erbärmliche Winzigkeit nur um so deutlicher zu unterstreichen.

Doch dazu war es nun längst zu spät. Der Ärger nahm kein Ende; der Pastor war zu einer jener unerreichbaren Früchte im Garten der Hesperiden geworden, deren sich ein dritter und sinnlicherer Widersacher bemächtigen würde. Selbst die vorzüglichsten unter ihren Bekannten, die entfernten Verwandten, Freunde, ihre Schwester: sie alle waren nun ganz Banner und Schlachtruf. Sie hörte sich wieder, wie sie sie im Gespräch mit Besuchern regelrecht aufmarschieren ließ – Worte, die ja auch gehört werden sollten. Der Garten, einst ihr ganzer Trost und Inbegriff wärmender Erinnerung – was war aus ihm geworden? – eine reine Nachahmung des angrenzenden, eine ideenlose, kraftlose Dreistigkeit.

«Gärten!» dachte sie mit plötzlichem Abscheu – wo doch keine der Damen sich öfter als einmal wöchentlich die Dienste des jeweils selben, reihum gehenden Aushilfsgärtners leisten konnte; und wo jede doch auf den allereinfachsten Luxus verzichten mußte, nur um all die teuren, scheußlichen und wirkungslosen Wundermittel zur Schädlingsbekämpfung erstehen zu können, die der Blumenzüchter gerade zu verordnen beliebte. Ein einziger Traumtanz der Eitelkeit: so kam ihrem ermatteten Geist das Leben vor. «Ein wenig Frieden nur!» jammerte sie immer wieder in sich hinein. «Nur einmal nicht an dieses Weib denken!» – das mit solch erhabener Leichtigkeit nahezu unerträgliche Schläge austeilte.

«Was wird von diesem Geschöpf wohl als nächstes zu gewärtigen sein?» fragte sie sich bang; doch bei diesem Gedanken fiel ihr wieder ihr eigener, hinterhältig inszenierter, geheimer Triumph ein. Sie stand auf und zog den Vorhang beiseite, um einen Blick auf eben jene neueste, ungeheuere Vergeltungswaffe werfen zu können. Am hinteren Ende des angrenzenden Gartens entdeckte sie Miss Pugh persönlich – im Mondschein, mit fiebrigem Eifer Pflanzen setzend.

Beobachten war nicht nötig. Ein Schlangenzahn hätte nicht giftiger sein können als ihre Phantasie, so daß sie sofort erkannte, worauf das Unternehmen hinauslief. Königsrose für Königsrose, Busch für Busch würde aufblühen, einer wie der andere, und jede einzelne Blüte trüge nichts anderes stolz zur Schau als ihre nur vermeintliche Einmaligkeit. Wie du mir, so ich dir! Ein Roland für einen Oliver! – das Gleichgewicht der feindlichen Kräfte war wiederhergestellt; die gewaltige Anstrengung hatte sich als vergeblich erwiesen.

Die ältliche Dame ließ den Zipfel des Vorhangs fallen. Mit Tränen in den Augen wandte sie sich ab, das Herz erfüllt von glühendem Zorn und Enttäuschung. So mächtig und voller Zerstörungswut war die Zornanwandlung, daß ihre Wangen feuerrot erglühten, als ihr ein Gedanke durch den Kopf schoß: «Wenn nur dieser Störenfried nicht wäre!» Hitzig erregt maß sie ihr Ebenbild im Spiegel: Kain, unverkennbar Kain, selbst im Bildnis.

Am folgenden Morgen dann war sie gefaßteren Gemüts. Es lag auf der Hand, daß dieser letzten Anstrengung eine kurze Ruhepause folgen mußte. Zwar war sie im ersten Moment versucht, ihren Rosenstock auf der Stelle wieder aus der Erde zu reißen, doch dann besann sie sich eines weiseren Vorgehens – so zu tun, als schenkte sie ihm keinerlei Beachtung, in der Hoffnung, daß er so, stärker vielleicht als erhofft, zu üppiger und farbenfroher

Blütenpracht sich entwickeln würde. Sonst allerdings wäre eine Rückkehr zu alter, hündischer Wachsamkeit wohl unumgänglich, zur immerwährenden Bereitschaft also, ohne jede Verzögerung zu Gegenmaßnahmen zu schreiten, ganz gleich, welche Taktik, welches neue Manöver ihre unermüdliche und unbeirrbare Widersacherin auch aushecken mochte.

Sie mußte, wie gewöhnlich, schon kräftig zupacken, um einigermaßen Schritt halten zu können. Unkraut jäten, auspflanzen, beschneiden, zurückbinden, spritzen, abdecken, düngen – um nur einige ihrer mühevollen Pflichten zu benennen. Die Pfarrgemeinde, das Pfarrhaus, die Bruderschaften, die Teekränzchen, die Missionen: dies alles bedeutete ebenfalls ständige Pflichterfüllung. Welches Ausmaß an Langeweile und Überdruß damit verbunden war, vermochte allein sie zu sagen.

Alles war in eine Flut von Licht getaucht, als die beiden Rivalinnen erneut einander gegenüberstanden. Während beide gebückt ihrer Arbeit frönten, traf es sich, daß sie sich plötzlich gemeinsam aufrichteten und einander über den trennenden Zaun hinweg von Angesicht zu Angesicht erblickten: Miss Pugh etwas verdeckt im Schatten eines dunklen Baumes, doch die Brillengläser silberweiß funkelnd; Miss Guthrie schmächtig, grau, schlampig und unscheinbar – nun in den blendenden Lichtschein der schrägstehenden Sonne getaucht.

Beide verneigten sich gegeneinander, höflich und abweisend, eine Wand des Schweigens zwischen sich, beredt nur der hochmütige Zug, der die Lippen umspielte. Um sie herum jedoch, Zeugnis ihres Trachtens oder vielmehr der allgewaltigen Natur, schäumten die kleinen irdischen Paradiese über vor lauter Leben und Glück – Duft, Farbe, Sonnenschein, Schatten; ein scheinbar verzückter, vibrierender Zusammenklang zweier Fluchtinseln.

Unwillkürlich fast wandten sich die beiden Damen voneinander ab und machten sich schon bald danach an Stellen zu schaffen, die gemessen an ihren eingezäunten Domänen keinesfalls weiter hätten auseinanderliegen können.

Ein Ereignis allerdings stand immer noch aus, und auf dessen erschöpfenden Genuß blieb Miss Guthries Aufmerksamkeit nun gerichtet. Zu ihrem Erstaunen, ja Erschrecken, machte sie die Entdeckung, daß beim Vergleich der beiden seltensten aller Rosenstöcke der ihre ganz gewiß besser gedieh und einen frischeren und kraftvolleren Eindruck hinterließ. Die drängende Lebenskraft schien sich selbst noch in den Dornen zu zeigen, was dem Gegenstück keineswegs attestiert werden konnte. Siechtum, nun ja, darum handelte es sich vielleicht noch nicht ganz, aber daß sich ein Wachstumsstopp abzuzeichnen begann, das war mehr als wahrscheinlich.

Miss Pugh verharrte dort und erschauerte inmitten solch üppiger Fruchtbarkeit. An Knospen bestand kein Mangel, doch waren sie welk und kamen auf den durch Schädlingsbefall geschwächten und immerfort schwankenden Stengeln kaum je zur Ruhe. War es denn Schädlingsbefall? Oder eine organische Schwäche? Oder war Miss Pugh ein Schnitzer unterlaufen?

Miss Guthries Augenlider verengten sich im Gefühl höhnischer und schadenfroher Erwartung, aber auch in ratloser Verwirrung. Miss Pugh war nämlich überhaupt noch nie etwas mißglückt. Was für eine Art Triumph mochte also dieser scheinbare Fehlschlag wohl wieder in sich bergen? Angesichts dieses ganz unfreiwillig gezollten Tributs an die Fähigkeiten der Rivalin fühlte sie von neuem Haß in sich aufsteigen.

Miss Guthrie ließ natürlich nicht nach darin, den nachbarlichen Garten zu beobachten, etwa von ihrem Badezimmerfenster aus auf ihn hinunterzuspähen, und alsbald boten sich ihrem vielgeübten Auge allenthalben und in zunehmendem Maße kaum faßliche Symptome – alles Anzeichen kurzfristiger Pflichtversäumnis; Warnungen, wie sie schon Isaac Watts' legendärer Faulpelz in den Wind geschlagen hatte. Bislang handelte es sich, höchst subtil, um nichts weiter als darum, daß die allgegenwärtige penible Exaktheit um eine Nuance weniger perfekt war, Zeichen eben einer Natur, die sich künstlicher Fesseln zu entledigen sucht. Sie streifte ihre steifen und schmutzigen Handschuhe ab und faltete sie zusammen. Eine heiße Welle boshafter Schadenfreude durchflutete ihren Körper, und dies wieder war der Grund, weshalb sie sich mit einem Mal auch der Empfindung nicht erwehren konnte, daß ein rauher Wind durch den Garten blies – ein absolut unparteiischer, absolut indifferenter Wind.

Sie warf einen raschen und neugierigen Blick auf Miss Pughs Fenster; irgendwie gefiel es ihr nicht, so allein zu sein. Was sind Blumen denn schon, wenn ihre Schönheit verwelkt und ihr Zauber dahin ist? «Ihr etwas sagen, das schadet nur allem, ihrer Zeit und mir...» Mit einem angeekelten Schulterzukken wandte sie sich von all der Hinfälligkeit, der unnützen Schönheit, dem sinnlosen Gepränge ab. Sicher, sie hatte sich nie durch Verstand ausgezeichnet, war nie sonderlich klug gewesen. Sie konnte der Lösung eben einfach nicht auf die Spur kommen, und es gelang ihr auch nicht, sich dahingehend Klarheit zu verschaffen, welche Dinge in ihrem Leben Gewähr bieten könnten, wirkliche und dauerhafte Zufriedenheit zu erzeugen. Wenn es ihr doch wenigstens gelänge, einen einzigen außergewöhnlichen und unvergleichlichen Gegenstand ausfindig zu machen und ihn jeder spitzfindigen Krittelei und jeden Vorwurfs zu entheben, so daß selbst Miss Pugh einräumen müßte, ehrenhaft besiegt worden zu sein. Dann – was wäre dann? Nun, dann – ihr Herz erwärmte sich bei dem Gedanken daran, welch freundlicher Mensch zu sein ihr dadurch erlaubt sein würde; wie wohltuend und leicht es wäre, Lob und Komplimente zu verteilen; wohingegen ehedem jeder ihrer Gedanken von Bitterkeit und von Verstellung gezeichnet war.

Doch so ein Talisman ließ sich von einer abgestumpften und ideenlosen Person nicht entdekken. Folglich sprang, wie gewöhnlich, die Betriebsamkeit ein, und das metallische Geräusch ihres Zwergrasenmähers übertönte das Gezwitscher des Vogels.

Am folgenden Tag holte Miss Pugh wieder auf. Die große, stark gebaute Frau arbeitete ohne einen Seufzer vom Morgengrauen bis in die Nacht hinein. Und dann war es getan: wieder einmal befand sich die Natur, so von ihr überhaupt die Rede sein konnte, in der Verbannung. Doch eine Sache überstieg alles Begreifen; sonderbarerweise, und ganz so, als ob sie damit wieder eine neue überwältigende Strategie verfolgte, schenkte sie ihrem neuesten, zuletzt eingepflanzten Rosenstock keinerlei Beachtung – der deutlich im Eingehen begriffen war. Sie zeigte, als sie an ihm vorbeiging, ein breites, boshaftes Lächeln, hörbar fast, selbst für Miss Guthrie, die wieder einmal hinter dem Vorhang hervorlugte und hinunterspähte. Sie legte auch weiter keine Pause ein, gab das Letzte, war tatkräftig wie ein Mann, leichthändig und geschickt wie eine Frau, und am Ende kehrte sie durch den Hintereingang ins Haus zurück, mit unendlicher Schwerfälligkeit ihren Blumenstrauß tragend, die Belohnung für alle Mühen, und der strahlende Glanz der Blüten spielte dabei auf ihrer geröteten, feuchten Stirn.

Danach schwanden die Tage wie im Nu. Das leuchtende Gras in Miss Pughs Garten wuchs und gedieh; ihre Blumen welkten dahin (gepriesen sei es!) und schossen herrlich in Samen. Raupen und Schnecken konnten sich ungehindert an der Pflanzenpracht laben. Das Grün des Blattwerks wich nach und nach dem Grün der Blattlausschwärme, ganzen Generationen davon, mit verheerender Wirkung für die Rosen. Und als dann endlich Miss Guthries Königsrose ihre Knospen öffnete und sich in zauberhafter Pracht der Sonne entgegenreckte, da war aus dem Gegenstück im nachbarlichen Garten wieder ein knospenloses Skelett mit verschrumpelten und lappenden Blättern geworden.

Doch Miss Guthrie stellte fest, daß, wie sie in jenem luziden Augenblick bereits vorhergesehen hatte, in unbemerktem und unverbuchtem Triumph nichts als Verderben lag. Ihr Garten war ihr zur Last geworden; der neue Pastor war einsilbiger als je zuvor, da keine mißgünstige Rivalin zur Stelle war, die seine umgängliche Freundlichkeit gebührend herausgekehrt hätte. Und zu dem allen kam noch hinzu, daß ein sonderbares und ungewohntes Mißbehagen von ihr Besitz ergriff.

Ihr ganzes Denken erschien ihr zusammenhanglos und abgehackt; so wenig Ordnung der eine Gedanke zu enthalten schien, so ungeordnet und unreif war auch der nächstfolgende. Sie verrichtete ihre Alltagsgeschäfte wie jemand, der einen allerliebsten Gegenstand verloren hat und nun fortwährend an nichts anderes zu denken vermag, als ihn wiederzufinden. Über Tage führte ihre Aufwartefrau unwidersprochen das große Wort. Sie wünschte, sonderbar in Sorge, von ihrer Nachbarin zu «hören». An welcher Krankheit litt sie denn eigentlich, und wann war wieder mit ihr zu rechnen? Immer noch war es nämlich diese Widersacherin, war es Miss Pugh, die als einzig klar umrissener Orientierungspunkt aus einem Nebelmeer herausragte, das aus Zweifeln und Befürchtungen bestand. Ihr Kopf schmerzte nahezu unaufhörlich, und es kam vor, daß ihr Gedächtnis sie gerade dann plötzlich im Stich ließ, wenn sie es am dringendsten benötigte. Sie sehnte sich beinahe gar danach, auch krank zu sein; einfach deshalb, um einen Grund zu haben, aufgeben zu können, die Waffen zu strecken, ein anderes, neues Leben zu beginnen. Und dennoch, sonderbarer noch, war es nur der Garten, besser gesagt Miss Pughs Garten, der ihr in ihrem Kummer etwas Trost bedeutete.

Dort nämlich konnte sie die bezaubernde, fast übermütige Unbeschwertheit der Natur bewundern, die in ungehemmter Entwicklung ihrer

Mittelalterlicher Gartenbau
Titelholzschnitt zu: Walahfrid Strabo, «Hortulus», 1512

Wege ging. Wie zwanglos unregelmäßig die Blüten sich doch zu Büscheln formten, wo der Wind des Nachts eingekehrt war; hier, wo des Hänflings Gesang schon genug war, um mit dem Verfall zu versöhnen. Alle Mißgunst war nun entschwunden, alle Boshaftigkeit vorbei. Wenn Miss Pugh nicht da war, schien sich nichts zu lohnen, schien nichts bedeutend und sinnvoll genug, um an Wettstreit auch nur zu denken. Verwunderlich war es schon, überlegte Miss Guthrie düster, auf welch schwachen Beinen ihre Feindseligkeit die ganze Zeit über einherstolziert war; wie jämmerlich bedeutungslos nahm sie sich nun aus, verglichen mit dem kalten Hauch der Einsamkeit und dem verblassenden Ruhm. Sie bedeckte ihre Augen mit der Hand, als ihr wieder zu Bewußtsein kam, wie finster und grotesk verzerrt das eigene, so wohlvertraute Antlitz ihr aus dem Spiegel entgegengeblickt hatte.

Einer plötzlichen Regung des Abscheus folgend, beraubte sie ihre Königsrose nahezu aller Blüten und hastete ins Haus, um ihrer Nachbarin, die auf derlei Freuden ja so lange hatte verzichten müssen, daraus einen Strauß zu binden. Aber als dieser dann fertig und die dazugehörige, kindlich anmutende Grußadresse beigefügt war, wurde sie von dem Gedanken bedrängt, daß jene schweigsame, herrische Seele vielleicht selbst in der Krankheit ihre Gabe zurückweisen könnte.

«Aber na und, was machte das schon aus»,

überlegte sie mit leuchtenden Augen, wenn ihr tatsächlich nichts als Verhöhnung und Zurückweisung widerfahren würde, denn immerhin hätte sie so den Versuch gewagt. Allerdings wäre es denkbar, daß ausgerechnet diese Blumen den Groll mit seiner qualvollen Pein – ein Miss Guthrie selbst nicht gänzlich unbekanntes Gefühl – heraufbeschwören könnten; also besann sie sich eines Beßren, steckte die Rosen in ein Gefäß und öffnete, barhäuptig und die Handschuhe in der Hand, die Haustüre, um den Blumenhändler aufzusuchen, der doch wenigstens wohl eine Blume würde anbieten können, welche in keinem der beiden Gärten zu finden war – vielleicht eine Sorte, die weitab vom Meer des Todes und weitab von aller Unversöhnlichkeit gedieh. Sie trat ins Freie, schloß die Türe und verharrte einen Augenblick am Gartentor, während ihr Blick zurückwanderte und sich verständnislos und kalt an die Fenster der Nachbarin heftete. Konnte es denn bei so wenigen Fenstern so viele Jalousien geben? Alle heruntergelassen, jede einzelne, alles, alles zu. Und Miss Pugh dann also tot!

Sie begab sich zurück zum Haus und stieg mit trockenen, bebenden Lippen die Stufen hinauf. Sie starrte auf die Geldbörse, mit der sie gerade zum Blumenhändler wollte. Unter dem überdachten Eingang verhielt sie den Schritt im Gefühl jämmerlicher Verlassenheit und Unschlüssigkeit. «Den Friedhof? Das Grab? Nein!» sagte sie sich.

Wenn ihre abgeschiedene Nachbarin ihre Absicht kennen würde, dann zöge sie es jetzt vor – und zwar ohne die geringste Bitterkeit und Schärfe –, allein gelassen zu werden. Eines Tages dann vielleicht würde sie ihr, und auch nur um ihrer selbst willen, ein paar wilde Blumen überbringen aus ihrem eigenen, nun verlassenen Garten.

FRIEDRICH RÜCKERT

1788–1866

■

Den Gärtnern

Ich zog eine Wind' am Zaune;
Und was sich nicht wollte winden
Von Ranken nach meiner Laune,
Begann ich denn anzubinden
Und dachte, für meine Mühen
Sollt' es nun fröhlich blühen.

Doch bald hab' ich gefunden,
Daß ich umsonst mich mühte;
Nicht, was ich angebunden,
War, was am schönsten blühte,
Sondern was ich ließ ranken
Nach seinen eignen Gedanken.

PAUL BOWLES

geb. 1910

■

Der Garten

Ein Mann, der in einer entlegenen Stadt des südlichen Landes lebte, arbeitete in seinem Garten. Weil er arm war, lag sein Grundstück am Rand der Oase. Den ganzen Nachmittag grub er Kanäle, und als der Tag um war, ging er zum oberen Ende des Gartens und öffnete das Tor, welches das Wasser zurückhielt. Und nun floß das Wasser in den Kanälen zu den Gerstenpflanzungen und den Granatapfelbäumchen. Der Himmel war rot, und als der Mann sah, daß der Grund seines Gartens wie Juwelen glänzte, setzte er sich auf einen Stein, um ihn zu betrachten. Als er ihn so ansah, schien er noch heller, und er dachte: «Es gibt keinen schöneren Garten in der Oase.»

Ein großes Glück erfüllte ihn, und er saß lange da und kam erst sehr spät nach Hause. Als er eintrat, schaute ihn seine Frau an und sah noch die Freude in seinen Augen.

«Er hat einen Schatz gefunden», dachte sie; aber sie sagte nichts.

Als sie sich beim Abendessen gegenübersaßen, dachte der Mann immer noch an seinen Garten, und ihm war, daß dieses erfahrene Glück ihn nie mehr verlassen würde. Er aß und blieb stumm.

Seine Frau schwieg auch. «Er denkt an seinen Schatz», sagte sie sich. Und sie war böse, weil sie glaubte, er wolle sein Geheimnis nicht mit ihr teilen. Am nächsten Morgen ging sie zu einer alten Frau und kaufte von ihr vielerlei Kräuter und Pulver. Sie nahm sie nach Hause und mischte und kochte sie tagelang, bis sie die gewünschte Medizin gebraut hatte. Dann begann sie ihrem Mann bei jeder Mahlzeit etwas *tseuheur* ins Essen zu geben.

Es dauerte nicht lange, und der Mann wurde krank. Eine Weile ging er noch jeden Tag in seinen Garten arbeiten, aber oft war er so schwach, wenn er ankam, daß er nur noch an eine Palme gelehnt dasitzen konnte. Es pfiff in seinen Ohren, und er konnte seinen Gedanken nicht mehr folgen. Trotzdem war er jeden Tag, wenn die Sonne unterging und er seinen Garten in ihrem Licht rot glänzen sah, glücklich. Und wenn er nachts nach Hause kam, sah seine Frau die Freude in seinen Augen.

«Er hat den Schatz gezählt», dachte sie und begab sich jetzt heimlich zum Garten und beobachtete ihren Mann im Schutz der Bäume. Als sie sah, daß er nur dasaß und auf den Boden schaute, ging sie wieder zu der Alten und erzählte ihr davon.

«Du mußt ihn schnell zum Reden bringen, bevor er vergißt, wo er den Schatz versteckt hat», sagte die Alte.

An diesem Abend mischte die Frau viel *tseuheur* in sein Essen, und als sie danach Tee tranken, gab sie ihm manch gutes Wort. Der Mann lächelte bloß. Sie versuchte lange, ihn zum Reden zu bringen, aber er zuckte nur mit den Schultern und machte Zeichen mit seinen Händen.

Am anderen Morgen, als er noch schlief, ging sie wieder zur Alten und sagte ihr, der Mann könne nicht mehr reden.

«Du hast ihm zuviel gegeben», sagte die Alte. «Jetzt wird er dir sein Geheimnis nie mehr verraten. Dir bleibt nichts anderes übrig, als schnell wegzugehen, bevor er stirbt.»

Die Frau rannte nach Hause. Ihr Mann lag auf der Matratze mit offenem Mund. Sie packte ihre Kleider und verließ die Stadt am selben Morgen.

Drei Tage lang lag der Mann in tiefem Schlaf. Am vierten Tag, als er erwachte, war es, als hätte er eine Reise zur anderen Seite der Welt gemacht. Er war sehr hungrig, doch er fand nichts im Haus als ein Stück trockenes Brot. Als er es gegessen hatte, ging er zu seinem Garten am Rand der Oase und pflückte viele Feigen. Dann setzte er sich und aß sie. An seine Frau dachte er nicht, weil er sie vergessen hatte. Als ein Nachbar vorbeikam und ihn grüßte, antwortete er höflich, wie einem Fremden, und der Nachbar ging verdutzt davon.

Langsam, langsam wurde der Mann wieder gesund. Er arbeitete jeden Tag im Garten. Wenn die Dämmerung kam, betrachtete er den Sonnenuntergang und das rote Wasser, dann kehrte er nach Hause, kochte sein Essen und schlief. Er hatte keine Freunde, denn man redete zwar mit ihm, aber er wußte nicht, wer die Leute waren, lächelte nur und nickte ihnen zu. Dann begann man in der Stadt zu bemerken, daß er nicht mehr in die Moschee beten ging. Es wurde darüber geredet, und eines Abends kam der Imam zu dem Mann, um mit ihm zu sprechen.

Als sie so dasaßen, horchte der Imam, ob er etwas von der Frau im Haus höre. Die Höflichkeit verbot es ihm, sie zu erwähnen, aber er dachte an sie und fragte sich, wo sie sein könnte. Er verließ das Haus voller Zweifel.

Der Mann lebte sein Leben weiter. Aber die Leute in der Stadt redeten jetzt von beinahe nichts anderem. Sie munkelten, er habe seine Frau umgebracht, und viele wollten zusammen aufbrechen und das Haus nach ihrem Leichnam durchsuchen. Der Imam war dagegen und sagte, er wolle noch einmal mit dem Mann reden. Und diesmal ging er bis zu dem Garten am Rand der Oase und fand ihn dort glücklich an der Arbeit mit den Pflanzen und Bäumen. Er schaute ihm eine Weile zu, dann trat er näher und wechselte einige Worte mit ihm.

Es war spät am Nachmittag. Die Sonne sank im Westen, und das Wasser am Boden färbte sich bereits rot. Da sagte der Mann zu dem Imam: «Der Garten ist wunderschön.»

«Ob schön oder nicht», sagte der Imam, «du solltest Allah dafür danken.»

«Allah?» sagte der Mann. «Wer ist das? Ich habe nie von ihm gehört. Ich habe diesen Garten selber gemacht. Ich habe jeden Kanal gegraben und jeden Baum gepflanzt, und niemand hat mir geholfen. Ich schulde niemandem etwas.»

Der Imam war erbleicht. Er holte aus mit dem Arm und schlug den Mann heftig ins Gesicht. Dann verließ er den Garten schnell.

Der Mann stand da und hielt sich seine Wange. «Er ist verrückt geworden», dachte er, als der Imam weglief.

In dieser Nacht berieten sich die Leute in der Moschee. Sie entschieden, daß der Mann nicht in ihrer Stadt bleiben konnte. Am nächsten Morgen früh ging eine große Schar Männer mit dem Imam an der Spitze in die Oase hinaus, zum Garten des Mannes.

Zwei kleine Jungen rannten den Männern voraus und kamen lange vor ihnen an. Sie versteckten sich in den Büschen, und als der Mann an der Arbeit war, begannen sie Steine zu werfen und ihn zu beschimpfen. Er achtete nicht auf sie. Dann traf ihn ein Stein am Hinterkopf. Er sprang schnell auf. Als sie wegrannten, fiel einer hin, und der Mann erwischte ihn. Er versuchte ihn festzuhalten, damit er ihn fragen konnte: «Warum werft ihr mit Steinen nach mir?» Aber der Junge schrie nur und wehrte sich.

Und die Leute aus der Stadt hörten von unterwegs das Schreien und kamen zum Garten gerannt. Sie zerrten den Jungen weg von dem Mann und begannen mit Hacken und Sicheln auf ihn einzuschlagen. Als sie ihn umgebracht hatten, ließen sie ihn zurück, sein Kopf lag in einem Kanal, und sie gingen wieder in die Stadt und dankten Allah, daß dem Jungen nichts passiert war.

Nach und nach starben die Bäume, und sehr bald war der Garten verschwunden. Es blieb nichts als Wüste.

GUY DE MAUPASSANT

1850–1893

■

Menuett

«Die großen Schicksalsschläge berühren mich nicht», sagte Jean Bridelle, ein alter Junggeselle, der als Skeptiker galt. «Ich habe den Krieg aus nächster Nähe gesehen; ich bin mitleidlos über Leichen gegangen. Die heftigen Brutalitäten der Natur oder der Menschen können uns dazu bringen, vor Grauen oder Empörung laut aufzuschreien; doch sie bewirken nicht jenes Zusammenkrampfen des Herzens, jenen Schauder, der einen im Angesicht von gewissen kleinen, kläglichen Dingen überläuft.

Der heftigste Schmerz, den man empfinden kann, ist bestimmt der Verlust eines Kindes für eine Mutter und der Verlust der Mutter für einen Mann. Das ist furchtbar, das ist entsetzlich, das überwältigt, das zerreißt einen, aber man kommt über diese Katastrophen hinweg, wie man von großen, blutenden Wunden geheilt wird. Nun, bestimmte Begegnungen, bestimmte erahnte, erratene Dinge, bestimmte geheime Kränkungen, bestimmte Gemeinheiten des Schicksals, die eine ganze schmerzliche Welt von Gedanken in uns aufrühren, die brüsk vor uns die geheimnisvolle Pforte von moralischen, komplizierten, unheilbaren Leiden öffnen, die um so tiefer sind, als sie gutartig, um so ätzender, als sie fast ungreifbar, um so hartnäckiger, als sie flüchtig zu sein scheinen, hinterlassen in unserer Seele gleichsam ein Kielwasser von Kummer, einen Geschmack von Bitterkeit, ein Gefühl der Enttäuschung, dessen wir uns lange nicht entledigen können.

Ich habe stets zwei oder drei Dinge vor Augen, welche andere bestimmt gar nicht bemerkt hätten und welche in mich eingedrungen sind wie tiefe, dünne, unheilbare Stiche.

Ihr werdet vielleicht die Wehmut nicht begreifen, die mir von solchen jähen Eindrücken geblieben ist. Nur einen davon will ich euch erzählen. Er ist sehr alt, aber lebendig, als wäre es gestern gewesen. Vielleicht war es auch nur meine Phantasie, der meine Rührung entsprungen ist.

Ich bin fünfzig. Damals war ich jung, und ich studierte Jus. Ein wenig vergrämt, ein wenig verträumt, von einer schwermütigen Philosophie durchtränkt, liebte ich keineswegs die geräuschvollen Cafés, noch die großsprecherischen Kameraden, noch die albernen Straßenmädchen. Ich stand früh auf; und eine meiner liebsten Vergnügungen war es, allein, gegen acht Uhr morgens durch den Ziergarten des Luxembourg zu wandern.

Ihr habt ihn nicht gekannt, diesen Ziergarten? Er war wie ein vergessener Park aus einem andern Jahrhundert, ein Park, reizend wie das sanfte Lächeln einer alten Frau. Dichte Hecken trennten die engen, regelmäßigen Alleen, stille Alleen zwischen den zwei Wänden von methodisch beschnittenem Blattwerk. Die große Schere des Gärtners säuberte unablässig die Mauern aus Zweigen; und hier und da stieß man auf Blumenbeete, auf Reihen von kleinen Bäumen, angeordnet wie Schüler beim Ausgang, Gemeinschaften herrlicher Rosen oder Regimenter von Obstbäumen.

Ein ganzer Winkel dieses entzückenden Haines war von den Bienen bewohnt. Ihre Häuser aus Stroh, mit kundiger Hand auf Brettern verteilt, öffneten ihre Türen, groß wie das Loch eines Fingerhuts, der Sonne; und man begegnete überall auf den Wegen den summenden, goldenen Insekten, den wahren Beherrscherinnen dieses friedlichen Ortes, den wahren Lustwandlerinnen in diesen stillen, Korridoren gleichenden Alleen.

Hierher kam ich beinahe jeden Morgen. Ich setzte mich auf eine Bank und las. Manchmal ließ ich das Buch auf meine Knie sinken, um zu träumen, um rund um mich Paris leben zu hören und die unendliche Ruhe dieser altmodischen Laubengänge zu genießen.

Bald aber bemerkte ich, daß ich nicht der einzige war, der diesen Ort gleich nach Öffnung der Tore aufsuchte, und manchmal stand ich an der Ecke eines Gebüschs einem seltsamen kleinen Greis gegenüber.

Er trug Schuhe mit silbernen Schnallen, eine

Architektonisches Frontispiz
von Pierre Vallet (1575–1657)

Hose mit Stegen, einen langen tabakfarbenen Rock, Spitzen anstelle der Krawatte und einen unwahrscheinlichen grauen Hut mit breiter Krempe und langen Borsten, der an die Sintflut denken ließ.

Er war mager, sehr mager, eckig, schnitt Grimassen und lächelte. Seine lebhaften Augen zitterten, regten sich unter einer ständigen Bewegung der Lider; und in der Hand trug er immer einen prächtigen Stock mit goldenem Knauf, der wohl für ihn ein kostbares Andenken sein mußte.

Zunächst fiel der gute Mann mir auf, dann aber interessierte er mich über die Maßen. Und ich beobachtete ihn durch die Blätterwand hindurch, ich folgte ihm in der Ferne und blieb bei Biegungen hinter dem Buschwerk stehn, um ungesehen zu bleiben.

Und da, eines Morgens, als er sich völlig allein glaubte, begann er eigenartige Bewegungen zu vollführen; einige kleine Sprünge zuerst, dann eine Verbeugung, dann machte er mit seinem dürren Bein einen noch recht gelenkigen Kreuzsprung, dann begann er, sich galant zu wenden, hüpfte, wackelte auf komische Art, lächelte wie vor einem Publikum, verbeugte sich, rundete die Arme, drehte seinen armseligen Marionettenkörper, richtete rührende, lächerliche kleine Grüße ins Leere. Er tanzte!

Ich war starr vor Staunen und fragte mich, wer von uns beiden wahnsinnig war, er oder ich.

Doch plötzlich hielt er inne, trat vor, wie es die Schauspieler auf der Bühne tun, dann verneigte er sich, trat mit anmutigem Lächeln und den Kußhänden einer Komödiantin zurück, Kußhänden, die er mit seinen zitternden Fingern zwei Reihen wohlgestutzter Bäume zuwarf.

Und dann setzte er bedächtig seinen Spaziergang fort.

Von diesem Tag an verlor ich ihn nicht mehr aus den Augen, und jeden Morgen begann er von neuem sein unwahrscheinliches Gebaren.

Mich packte eine tolle Lust, mit ihm zu sprechen. Ich wagte es, grüßte ihn und redete ihn an: ‹Schön ist es heute, Monsieur.›

Er neigte den Kopf.

‹Ja, es ist geradezu ein Wetter wie in früheren Zeiten.›

Acht Tage später waren wir Freunde, und ich kannte seine Geschichte. Er war zur Zeit Ludwigs XV. Ballettmeister an der Oper gewesen. Sein schöner Stock war ein Geschenk des Grafen von Clermont. Und wenn man zu ihm vom Tanz sprach, so öffneten sich alle Schleusen seiner Beredsamkeit.

Nun, eines Tages vertraute er mir an: ‹Ich habe die Castris geheiratet, Monsieur. Wenn Sie wollen, stelle ich Sie ihr vor, aber sie kommt erst später hierher. Dieser Garten, verstehen Sie, ist unsere Freude und unser Leben. Es ist alles, was uns von früher geblieben ist. Wir haben den Eindruck, als könnten wir nicht länger leben, wenn wir ihn nicht hätten... Er ist so alt und vornehm, nicht wahr? Ich glaube hier eine Luft zu atmen, die sich seit meiner Jugend nicht verändert hat. Meine Frau und ich, wir verbringen alle unsere Nachmittage hier. Ich aber, ich komme schon am Morgen, denn ich bin ein Frühaufsteher.›

Kaum war ich mit dem Mittagessen fertig, kehrte ich in den Luxembourg zurück, und bald sah ich meinen Freund, der zeremoniell einer uralten kleinen, schwarzgekleideten Frau den Arm gab, der ich vorgestellt wurde. Es war die Castris, die große Tänzerin, geliebt von Prinzen, geliebt vom König, geliebt von jenem ganzen galanten Jahrhundert, das der Welt einen Duft von Liebe hinterlassen zu haben scheint.

Wir setzten uns auf eine Steinbank. Es war Mai. In den wohlgepflegten Alleen schwebte der Geruch der Blumen, eine warme Sonne glitt durch die Blätter und säte große Tropfen von Licht über uns. Das schwarze Kleid der Castris war gleichsam von Helligkeit durchfeuchtet.

Der Garten war leer. Von weitem hörte man die Fiaker rollen.

‹Erklären Sie mir doch›, sagte ich zu dem alten Tänzer, ‹was eigentlich das Menuett gewesen ist.›

Er erbebte.

‹Das Menuett, Monsieur, ist die Königin der

Tänze und der Tanz der Königinnen. Verstehen Sie? Seitdem es keine Könige mehr gibt, gibt es auch kein Menuett mehr.›

Und er begann in geschraubtem Stil ein langes, begeistertes Loblied, von dem ich nichts verstand. Ich wollte mir die Schritte, alle Bewegungen, die Stellungen erklären lassen. Er verhaspelte sich; die Unfähigkeit, sich richtig auszudrücken, machte ihn nervös, brachte ihn zur Verzweiflung.

Und mit einem Mal wandte er sich zu seiner greisen Gefährtin, die stumm und ernst geblieben war.

‹Elise, willst du ... sag, das wäre nett von dir ... willst du, daß wir Monsieur zeigen, was es gewesen ist?›

Sie wandte beunruhigte Blicke nach allen Seiten, dann aber, ohne ein Wort zu sagen, erhob sie sich und stellt sich ihm gegenüber.

Und nun sah ich etwas Unvergeßliches.

Sie kamen und gingen mit kindischem Getue, lächelten einander zu, wiegten sich, verbeugten sich, hüpften wie zwei abgenützte Puppen, die eine alte, ein wenig zerbrochene, einst von einem sehr geschickten Handwerker nach der Art seiner Zeit konstruierte Mechanik tanzen ließ.

Und ich sah ihnen zu, das Herz von außerordentlichen Gefühlen aufgewühlt, die Seele von unaussprechlicher Schwermut gerührt. Mir war es, als sähe ich ein klägliches, komisches Schauspiel, den verblichenen Schatten eines Jahrhunderts. Ich hatte Lust zu lachen und das Bedürfnis zu weinen.

Plötzlich hielten sie an; sie hatten die Figuren des Tanzes beendet. Einige Sekunden lang blieben sie einander gegenüber aufrecht stehn, verzogen das Gesicht; und dann fielen sie einander in die Arme und weinten.

Drei Tage später fuhr ich in die Provinz. Ich habe sie nie wiedergesehen. Als ich nach zwei Jahren wieder in Paris ankam, hatte man den Ziergarten zerstört. Was war aus ihnen geworden ohne den teuren, altmodischen Garten mit seinen Irrwegen, seinem Duft der Gewesenheit und den anmutigen Verschlingungen der Laubengänge?

Sind sie tot? Irren sie durch die modernen Straßen wie hoffnungslose Verbannte? Tanzen sie, blasse Gespenster, bei Mondschein, ein phantastisches Menuett zwischen den Zypressen eines Friedhofs, längs der von Gräbern gesäumten Pfade?

Die Erinnerung an sie verfolgt mich, läßt mich nicht locker, quält mich, bleibt in mir wie eine Wunde. Warum? Ich weiß es nicht.

Ihr werdet das zweifellos lächerlich finden.»

JOHANN WOLFGANG GOETHE

1749–1832

■

Weit und schön ist die Welt! Doch o wie dank'
ich dem Himmel,
Daß dein Gärtchen, beschränkt, zierlich, mir
eigen gehört!
Bringt mich wieder nach Hause! Was hat ein
Gärtner zu reisen?
Ehre bringt's ihm und Glück, wenn er sein
Gärtchen besorgt.

SERGIO CORAZZINI

1886–1907

■

Giardini

O piccoli giardini addormentati
In un sonno di pace e di dolcezze,
O piccoli custodi rassegnati
Di sussurri, di baci e di carezze;

O ritrovi di sogni immacolati,
Di desideri puri e di tristezze
Infinite, o giardini ove gli alati
Cantori sanno di notturne ebbrezze,

O quanto v'amo! I sogni che rinserra
Il mio core, fioriscono, o giardini,
Lungo i viali, ne le vostre aiuole.

Io v'amo, io v'amo, o fecondati dal sole
Di primavera in languidi mattini,
O giardini, sorrisi de la terra!

SERGIO CORAZZINI

1886–1907

■

Gärten

O kleine Gärten, die so schweigend schlummern
In einem Schlaf von Frieden und von Süße,
O kleine Wächter, die so still ergeben
Von Liebesflüstern und Liebkosung wissen,

O Stelldicheins von unbefleckten Träumen,
Von reiner Sehnsucht und von Traurigkeiten
Unendlich, Gärten, wo geflügelt Sänger
Von nächtlich trunknen Seligkeiten singen,

Wie lieb' ich euch! Die Träume eingeschlossen
Im Herzen blühen mir, o schöne Gärten,
Längs der Alleen, aus euren Blumenbeeten.

Ich lieb' euch, lieb' euch, wenn von Frühlingssonne
Befruchtet ihr in morgendlicher Wehmut
Der Mutter Erde Lächeln widerspiegelt!

BARTHOLD HEINRICH BROCKES

1680–1747

■

Abschied vom Garten

Mein Gott! du hast auf dieser Welt
Mir so viel Herrliches geschenket,
Daß, wenn mein Geist es überdenket,
Er aller Gaben sich so gar nicht würdig hält.
Es lallet mein gerührter Sinn,
Voll Dank und Andacht: «Herr! ich bin
Nicht würdig der Barmherzigkeit,
Nicht würdig aller Treu' und Güte,
Die du an mir erzeigt die ganze Lebenszeit!»
So sprach ich jüngst, mit fröhlichem Gemüte,
Als ich in meinem Garten ging
Und dessen Schmuck und Lag' an zu betrachten
fing.

Daß alles hier so lieblich grünet,
Daß alles uns zur Anmut dienet,
Davor muß ich, Herr! dir allein,
In froher Demut, dankbar sein.
Daß du mir alles wollen gönnen,
Zumalen des Verstandes Kraft,
Daß ich es zierlich ordnen können,
Und so viel Witz und Wissenschaft,
Es so gefällig einzurichten,

Davor erfordern meine Pflichten,
In froher Ehrfurcht, dir allein,
Zu Ehren, froh und fromm zu sein.

Herr, von aller dieser Schönheit, von der Farbe
Harmonie,
Von dem schönen Licht und Schatten,
Von der blätterreichen Gänge Länge, Meng' und
Symmetrie,
Die, in fröhlichem Verband, alle hier sich lieblich
gatten,
Ja wodurch, in Pracht und Ordnung, alles sich
einander schmückt,
So, daß nicht leicht sonder Anmut es ein fremdes
Aug' erblickt,
Bin ich billig ganz erstaunt: sonderlich wenn ich
mich lenke,
Und, woher es eigentlich seinen Ursprung hat?
bedenke.

Du selber hast dies schöne Stück der Welt,
Das allen, die es sehn, gefällt,
Durch meine Hand, o Gott, gezieret.
Weswegen auch nur dir allein
(Da nichts von allem diesem mein,
Natur sowohl als Kunst und Wissenschaften dein,
Als die uns bloß von dir geschenket sein)
Lob, Ehre, Preis und Dank gebühret.

Muß ich nun gleich den schönen Ort,
Nach deinen Führungen, hinfort,
Und zwar auf lange Zeit, verlassen;
So such' ich mich, mit diesem Trost, hiebei,
Daß es, will's Gott, doch nicht vor immer sei,
In dem Verlust zu fassen.
Wie leicht läßt es der Schöpfer doch geschehn,
Daß ich ihn fröhlich wieder sehn,
Und sein aufs neu' genießen kann.
Ich fleh' ihn auch, wenn es sein Gnadenwille,
Darum hiemit, in Demut, an.
Will Gott es aber nicht; wohlan,
So halt' ich ihm, nach meinen Pflichten, stille,
Da Gottes Wahl auch billig meine Wahl,
Und seh' des Gartens Pracht, mit seiner Anmut Fülle.
Gelassen denn hiemit zum letzten Mal.
Mir fällt jedoch hiebei ein Wunsch, in Schwachheit, ein,
Den, wo er dir mißfällt, du gnädig wirst verzeihn;
Es preßt die Eigenliebe mir
Den Seufzer aus: «Ach, Herr! gefiel' es dir,
Daß wenigstens doch dieser Garten hier
Bei meinem künftigen Geschlechte,
Vergnügt und wohl gebraucht, verbleiben möchte!»

DESUPER HUMOR ALIT.

QUELLENNACHWEIS

■

Arnold, Gottfried
Spaziergang mit Jesu. Aus: Arnold, «Werke in Auswahl», München 1934.

Ayala, Francisco
Unser Garten. Aus: Ayala, «El jardín de las delicias», Mexico 1971, © Francisco Ayala.

Bacon, Francis
Über Gärten. Aus: Bacon, «Essays oder praktische und moralische Ratschläge», © Carl Schünemann Verlag, Bremen (Sammlung Dieterich) o.J.

Barea, Arturo
Der Garten. Aus: «Spanische Erzähler. Autoren im Exil», © Langewiesche-Brandt Verlag, Ebenhausen bei München 1971.

Beaumont, Joseph
Der Garten. Aus: Beaumont, «The Minor Poems», London 1914.

Beyath, Yahya Kemal
Fern von den Gärten. Aus: Schimmel, «Nimm eine Rose und nenne sie Lieder», © Eugen Diederichs Verlag, Köln 1987.

Blake, William
Der Garten der Liebe. Aus: «Lyrik der englischen Romantik», © Winkler Verlag, München 1967.

Börne, Ludwig
Der Garten der Tuilerien. Aus: Börne, «Sämtliche Schriften», Düsseldorf 1964.

Bowles, Paul

Der Garten. Aus: Bowles, «Collected Stories 1939–1976», Santa Rosa 1990, © Paul Bowles 1979. Abdruck mit Genehmigung der Black Sparrow Press.

Brockes, Barthold Heinrich

Abschied vom Garten. Aus: Brockes, «Irdisches Vergnügen in Gott», Hamburg 1724.

Calvino, Italo

Der verzauberte Garten. Aus: Calvino, «Abenteuer eines Lesers. Ausgewählte Erzählungen», © Carl Hanser Verlag, München-Wien 1986.

Campion, Thomas

Es ist ein Garten ihr Gesicht. Aus: Campion, «The Works of Thomas Campion», London 1967.

Čapek, Karel

Wie man Gärten anlegt. Aus: Čapek, «Das Jahr des Gärtners», © Weiss-Verlag, Dreieich 1937.

Chamberlain, Basil Hall

Japanische Gärten. Aus: Chamberlain, «ABC der japanischen Kultur», © Manesse Verlag, Zürich 1990.

Corazzini, Sergio

Gärten. Aus: Maurer, «Italienische Lyrik aus acht Jahrhunderten», © Manfrini Editori, Calliano 1985.

Dauthendey, Max

Der Garten ohne Jahreszeiten. Aus: Dauthendey, «Lingam – Zwölf asiatische Novellen», München 1920.

Donne, John

Der Twickenham-Garten. Aus: «Lyrik des Abendlands», © Carl Hanser Verlag, München 1963.

Eichendorff, Joseph von

Der alte Garten. Aus: Eichendorff, «Gedichte – Ahnung und Gegenwart», Zürich 1955.

Emre, Junus

Im Paradies die Flüsse all. Aus: «Lyrik des Ostens», © Carl Hanser Verlag, München-Wien 1978.

Frost, Robert

Unendlichkeit. Aus: Frost, «Gesammelte Gedichte», © Kessler Verlag, Mannheim 1952.

Gessner, Salomon

Lycas, oder die Erfindung der Gärten. Aus: Gessner, «Idyllen», Zürich 1756. (Die Orthographie wurde, unter Wahrung des Lautstandes, modernisiert.)

Goethe, Johann Wolfgang

Weit und schön ist die Welt. Aus: Goethe, «Gedichte», Bd. 1, Zürich 1949.

von Hofmannsthal, Hugo

Gärten. Mein Garten. Aus: Hofmannsthal, «Sämtliche Werke, Kritische Ausgabe», © S. Fischer Verlag GmbH, Frankfurt am Main 1984.

Jacobs, William Wymark

Ein Gartenstück. Aus: Jacobs, «Light Freights», London 1901.

Jacobsen, Jens Peter

Im Garten des Serails. Aus: Jacobsen, «Novellen und Gedichte», © Manesse Verlag, Zürich 1956.

Ji Shaoyu

Im Jianxing-Park. Aus: «Yutai xinyong» (um 545 kompiliert). Shin shaku kambun taikei, Tokio 1975.

Prinz Kadono

Frühlingstag – ergötzender Oriol in den Pflaumenblüten. Aus: «Kaifūsō» (751 kompiliert). «Kaifūsō/Bunkashūreishū/Honchōmonzui». Nihon koten bungaku taikei 69, Tokio 1968.

Kipling, Rudyard
«Sie». Aus: Kipling, «Meistererzählungen», © Manesse Verlag, Zürich 1987.

Kitahara Hakushū
Vorne im Garten. Eine Ecke im Garten. Aus: «Hakushū zenshū», Tokio 1984.

Klaj, Johann
Christus in der Gestalt des Gärtners. Aus: «Redeoratorien», in: «Deutsche Barocklyrik», © Manesse Verlag, Zürich 1977.

Kleist, Heinrich von
Die Bedingung des Gärtners. Aus: Kleist, «Sämtliche Werke und Briefe», München 1982.

la Mare, Walter de
Nachbarn. Aus: de la Mare, «The Beginning and Other Stories», London 1955, © Erbengemeinschaft Walter de la Mare und die «Society of Authors» als ihre Vertreter.

Lamartine, Alphonse de
Worte an die Gärtner. Aus: Lamartine, «Lectures pour tous», Paris 1860.

Machado, Manuel
Der schwarze Garten. Aus: «Spanische Lyrik des 20. Jahrhunderts», © Philipp Reclam jun., Stuttgart 1985.

Marvell, Andrew
Der Garten. Aus: Hans Feist, «Ewiges England», Zürich 1944.

Maupassant, Guy de
Menuett. Aus: Maupassant, «Fünfzig Novellen», © Manesse Verlag, Zürich 1963.

Melville, Herman

Der Garten des Metrodorus. Aus: Melville, «Collected Poems of Herman Melville», Chicago 1947.

Mīr, Mīr Taqī

Der Frühling kam, die Blüten ... Aus: Schimmel, «Nimm eine Rose und nenne sie Lieder», © Eugen Diederichs Verlag, Köln 1987.

Mörike, Eduard

Der Gärtner. Aus: Mörike, «Gedichte und Erzählungen», Zürich 1945.

Nizami

Was die persische Prinzessin am Freitag in der weißen Venuskuppel erzählte. Aus: Nizami, «Die sieben Geschichten der sieben Prinzessinnen», © Manesse Verlag, Zürich 1959.

Platon

In eines Haines Schatten. Aus: «Anthologia Lyrica Graeca», Tübingen 1940.

Polo, Marco

Der Alte vom Berge und seine Assassinen. Aus: Polo, «Il Milione», © Manesse Verlag, Zürich 1983.

Praz, Mario

Der Giardino del Cavaliere. Aus: Praz, «Fiori freschi», Florenz 1943, © Garzanti Editore, Mailand.

Renard, Jules

Im Garten. Aus: Renard, «Naturgeschichten», © Manesse Verlag, Zürich 1960.

Rilke, Rainer Maria

Singe die Gärten, mein Herz, die du nicht kennst. Aus: Rilke, «Duineser Elegien / Die Sonette an Orpheus», © Manesse Verlag, Zürich 1951.

Rückert, Friedrich
Den Gärtnern. Aus: Rückert, «Werke», Bd. 2, Hildesheim 1979.

Rumi, Dschalaluddin
Morgens ging ich in den Garten. Aus: Rumi, «Traumbild des Herzens», © Manesse Verlag, Zürich 1992.

Sacchetti, Franco
Blumenleserinnen. Aus: «Italienische Gedichte. Von Kaiser Friedrich II. bis Gabriele D'Annunzio», © Manesse Verlag, Zürich 1953.

Sei Shonagon
Garten an einem Herbstmorgen. Aus: Shonagon, «Das Kopfkissenbuch der Hofdame Sei Shonagon», © Manesse Verlag, Zürich 1952.

Sender, Ramón José
Mary-Lou. Aus: Sender, «La llave y otras narraciones», Madrid 1967, © Erbengemeinschaft Ramón J. Sender.

Sologub, Fjodor
Der vergiftete Garten. Aus: Sologub, «Der vergiftete Garten», © Buchverlag Der Morgen, Berlin 1988.

Strindberg, August
Mein Garten. Aus: Strindberg, «Kleine Prosa, Werke», Bd. 5, © Albert Langen–Georg Müller Verlag, München o. J.

Strong, Leonard Alfred George
Der Schuß im Garten. Aus: «Irische Erzähler», © Manesse Verlag, Zürich 1952.

Swinburne, Algernon Charles
Der verlassene Garten. Aus: «Lyrik des Abendlands», © Carl Hanser Verlag, München-Wien 1963.

Tolstoi, Leo
Der Gärtner und seine Söhne. Aus: Tolstoi, «Das neue Alphabet», © Rütten & Loening Verlag, Berlin 1960.

Verlaine, Paul
Nach drei Jahren. Aus: Verlaine, «Gedichte», © Verlag Schneider Lambert, Heidelberg 1970.

Walser, Robert
Der Park. Aus: Walser, «Das Gesamtwerk», Bd. 1, © Suhrkamp Verlag, Zürich/Frankfurt a. M. 1978. Abdruck mit Genehmigung der Inhaberin der Rechte, der Carl-Seelig-Stiftung, Zürich.

Wells, Herbert George
Die Tür in der Mauer. Aus: Wells, «Der Apfel vom Baum der Erkenntnis», © Paul Zsolnay Verlag, Wien–Hamburg 1980.

Xie Lingyun
Südlich der Felder an einem schnell dahinfließenden Bach habe ich einen Garten mit einer Hecke gepflanzt. Aus: «Xiekang shixuan» (Xuan Xie Lingyun shi), Taipei 1976.

■

Seite 11

Der Gärtner betrachtet die Lilie, Symbol der jungfräulichen Geburt. Blatt aus der Folge «La Vie de la Mère de Dieu représentée par des emblèmes».

Seite 25

Die Vase gehörte zur Antikensammlung im Garten der Villa Medici in Rom auf dem Monte Pincio, der im Altertum «Collis hortorum» genannt wurde; dort lagen u.a. die Gärten von Pompejus, Lucullus, Sallust.

Seite 47

«Paradisi in Sole» des englischen Apothekers und Botanikers John Parkinson (1567–1640) ist unterteilt in die Kapitel «Blumengarten», «Küchengarten» und «Obstgarten».

Seite 78

Das Titelkupfer aus «Horti Medici Amstelodamensis» zeigt den Autor Commelin, Direktor des Amsterdamer Botanischen Gartens. Dank seinen Verbindungen zur East India Company erhielt er früh Pflanzen aus Übersee.

Seite 95

Der Bildtypus des Liebesgartens hat sich aus dem «hortus conclusus», dem verschlossenen Garten des Hohenliedes, und dem Paradiesgarten entwickelt. Ein vom Baum- und Wiesengarten abgetrennter Kraut- und Blumengarten war Aufenthalt der Maria, später auch von Liebespaaren.

Seite 111

Die lateinische Ausgabe der «Schedelschen Weltchronik» wurde bei Anton Koberger in Nürnberg gedruckt.

Seite 134

Der Gärtner steckt Lilien und hofft im nächsten Jahr auf eine blühende Pflanze, wie sie neben ihm gedeiht. Holzschnitt aus einer deutschen Ausgabe von Piero de Crescenzis «Opus Ruralium Commodorum».

Seite 184

Titelkupfer zu John Drydens Übersetzung von Vergils «Georgica».

Seite 197

Johann Theodor de Brys «Florilegium Novum» war eines der frühesten Blumenbücher dieser Art und erlebte etliche Auflagen. Die Ausgabe von 1641 wurde von Merian d. Ä., dem Schwiegersohn von de Bry, illustriert.

Seite 246

1713 schuf der italienische Jesuit Matteo Ripa dreißig Stiche des kaiserlichen Sommerpalastes in Jehol. In «The Perspective Views of the Emperor of China's Palace at Pekin», London um 1760, nahm man Ripas Illustrationen zum Vorbild.

Seite 277

Boeckler war Baumeister und Ingenieur, lebte in Nürnberg und verfaßte zahlreiche fachwissenschaftliche Werke. Die Illustration stammt aus «Architectura Curiosa» (1664).

Seite 289

Das Titelkupfer aus der Kostümfolge «Le Jardin de la noblesse française» gibt den Blick frei in eine symmetrische französische Gartenanlage zur Zeit Ludwigs XIII.

Seite 356

Das Frontispiz aus dem «Catalogus Plantarum» der «Society of Gardeners» klassifizierte und listete neue Pflanzen auf. Herausgeber war Philipp Miller (1691 bis 1771), der den Botanischen Garten von Chelsea zum damals berühmtesten in Europa machte.

Seite 378

Der anonyme Holzschnitt des in Florenz gedruckten Werkes zeigt einen italienischen Klostergarten, in dem Heilpflanzen in Töpfen gezogen werden. Vorbild ist der «hortus conclusus». Der Pfau, Symbol der Eitelkeit, findet keinen Eintritt in den umschlossenen Garten, wo der Mönch die reine Lilie pflückt.

Seite 382

Der Holzschnitt «Christus erscheint Magdalena» stammt aus der Folge «Die kleine Holzschnittpassion», 1508–10.

Seite 393

Titelkupfer aus «Plantarum Exoticarum Centuria Prima» des Amateurbotanikers Jakob Breyne (1637 bis 1697) aus Danzig. Der Stich zeigt von links nach rechts Salomo als angeblichen Verfasser des Hohenliedes; Theophrast schrieb die Pflanzenkunden «De Causis Plantarum» und «De Historia Plantarum»; Dioskurides' Kräuterbuch «De Materia Medica» blieb bis ins Mittelalter die populärste Arzneimittellehre. Plinius d. Ä., ein Zeitgenosse von Dioskurides, gab mit seiner «Historia Naturalis» ebenfalls eine Darstellung der Pflanzenwelt. Kyros d.J., Sohn des Perserkönigs Darius, soll in Celenae nach eigenen Plänen einen großen Garten angelegt haben.

Seite 399

Frontispiz zu «The Retir'd Gardener», Band 2, London 1706. Es ist eine Übersetzung von «Le jardinier fleuriste» von Louis Liger.

Seite 423

Der Holzschnitt erschien in der Nürnberger Ausgabe von 1512. Der Reichenauer Abt nennt in seinem «Hortulus» aus dem Jahr 827 mehr als zwanzig Pflanzenarten.

Seite 437

Dieses Florilegium diente Maria von Medici und ihren Hofdamen als Stickmusterbuch.

Nachweise:

Graphische Sammlung der ETH, Zürich: Seiten 11, 25, 111, 289, 382.

Galerie Kornfeld, Bern: Seite 95.

Metropolitan Museum of Art, New York: Seiten 134, 246, 378.

University of York Library, Heslington: Seite 184.

Vadianische Sammlung, St. Gallen: Seite 423.

Victoria and Albert Museum, London: Seiten 47, 78, 197, 356, 393, 399, 437.

INHALT

■

Diese Buchausgabe der *Manesse Bibliothek der Weltliteratur*
wurde mit der Berthold Bembo BQ gesetzt, im
Bogenoffset gedruckt und in Fadenheftung gebunden.
Alle verwendeten Materialien entsprechen alterungs-
beständiger Qualität, und die Papiere sind
chlor- und säurefrei.

Die Deutsche Bibliothek – CIP-Einheitsaufnahme

Gärten: Texte aus der Weltliteratur /
hrsg. von Anne Marie Fröhlich
Zürich : Manesse Verlag, 1997
(Manesse Bibliothek der Weltliteratur)
ISBN 3-7175-1836-4 Gewebe
ISBN 3-7175-1837-2 Ldr.

NE: Fröhlich, Anne Marie [Hrsg.]

Copyright © 1993 by Manesse Verlag, Zürich
Alle Rechte vorbehalten